日本国際政治学会編

アメリカ

――対外政策の変容と国際秩序――

国　際　政　治

複写される方へ

本誌に掲載された著作物を複写したい方は，（社）日本複写権センターと包括複写許諾契約を締結されている企業の従業員以外は，著作権者から複写権等の行使の委託を受けている次の団体より許諾を受けて下さい。著作物の転載・翻訳のような複写以外の許諾は，直接本会へご連絡下さい。

〒107-0052　東京都港区赤坂9-6-41　乃木坂ビル
学術著作権協会
TEL: 03-3475-5618　FAX: 03-3475-5619
E-mail: kammori@msh.biglobe.ne.jp

本誌の電子ジャーナルについて

本誌に掲載された論文を、自らの研究のために個人的に利用される場合には、電子ジャーナルから論文のPDFファイルをダウンロードできます。独立行政法人・科学技術振興機構（JST）の以下のURLを開き、『国際政治』のサイトにアクセスしてご利用ください。なお、刊行後2年間を経過していない新しい号については、会員のみを対象として限定的に公開します。

J-STAGE　http://www.jstage.jst.go.jp/browse/kokusaiseiji

目次

序章　アメリカの対外政策の変容と国際秩序……西山隆行…一
アメリカ外交の長期的展開・変容と国際秩序……佐々木卓也…一五
「リベラルな国際主義」の変容と新冷戦2.0……西田竜也…三一
内側から侵食される「リベラルな国際秩序」……三牧聖子…四七
境界線に投影される国際秩序の二面性……大津留（北川）智恵子…六三
トランプ・バイデン政権の対中半導体紛争——相互依存の武器化と粘着性——……大矢根聡…七九
二つの「一つの世界」——ローズヴェルトの「平和連盟」とウィルソンの国際連盟——……三島武之介…九六
なぜ米国はイラクに侵攻したのか?——開戦事由をめぐる論争とその再評価——……溝渕正季…一一三
〈独立論文〉
ASEANのミャンマー問題への対応——「自律性の希求」の観点から——……渡辺理子…一二八

〈書評論文〉

植民地独立と国連平和維持活動の起源から見えるもの……………………………山田哲也…一四〇
ハニー・ヒルミー著『非植民地化、主権そして平和維持――国連緊急軍（UNEF）、一九五六―一九六七』
アラナ・オマリー著『非植民地化の外交――一九六〇―六四年のコンゴ危機におけるアメリカ、イギリス、国際連合』

デジタルシルクロードは中国的価値観の普及・拡大ツールとして機能しているか…伊藤和歌子…一五四
持永大著『デジタルシルクロード　情報通信の地政学』
ジョナサン・E・ヒルマン著『デジタルシルクロード　世界をつなぐ中国のインフラ戦略』

湾岸アラブ諸国研究の新潮流は生まれるか……………………………松尾昌樹…一六五
ヘラ・ミニアウィ編『湾岸協力会議諸国における経済開発：レンティア国家から経済多様化へ』
モハンメド・アカセム、デニス・ディクソン、ジョン・レオナルド・フォルクナー編『中東における石油、制度、持続可能性：市民のエンパワーメントを通じたラディカル・アプローチ』
クジェティル・セルヴィク、ビヨルン・オラフ・ウトゥヴィク編『新しい中東における産油国、反乱と安定性』

〈書　評〉

土屋由香著
『文化冷戦と科学技術――アメリカの対外情報プログラムとアジア』……………武田悠…一七四

谷一巳著
『帝国とヨーロッパのあいだで――イギリス外交の変容と英仏協商　一九〇〇―一九〇五年』
……………………………………………………………………………後藤春美…一七七

五百旗頭真監修、井上正也・上西朗夫・長瀬要石著
『評伝福田赳夫――戦後日本の繁栄と安定を求めて』……………………若月秀和…一八一

編集後記……………………………………………………………………………一八五

英文目次・要約……………………………………………………………………1

日本国際政治学会編『国際政治』第213号「アメリカ——対外政策の変容と国際秩序——」（二〇二四年三月）

序章　アメリカの対外政策の変容と国際秩序

西山隆行

一　アメリカの国際的地位の変化と国際秩序

冷戦終焉後、アメリカは唯一の超大国として世界秩序の形成を模索してきた。だが今日ではアメリカもグローバル化の波に巻き込まれ、対外的にも国内的にも、そのあり方が問い直されている。

これまで、今後の世界の在り方をめぐって「Gゼロ」「ポスト・アメリカ」「極なしの世界」「誰のものでもない世界」など、様々な見方が提示されてきた。新興国が台頭し、感染症などのグローバルな争点が重要性を増す今日では、もはや単独の国家が世界を支配する時代を想定することはできず、地域機構や非国家組織が同時に併存し、影響を及ぼしあうようなマルチプレックスな世界秩序が構築されつつあるとの指摘も存在する（1）。

これらの議論では前提として、アメリカの力が相対的に衰退しているという認識が共有されている。ただし、アメリカの衰退という表現が意味するところは曖昧である。実際、例えば購買力平価では中国がアメリカを抜いているし、東アジア地域におけるアメリカの軍事的優位は失われ始めている。だが、アメリカは軍事力や経済力など様々な面で依然として世界一の座を占めている。このように考えれば、アメリカ衰退論で念頭におかれているのは、アメリカ自体が衰退しているというよりも、アメリカを中心とする世界秩序が存在感を低下させているということであろう。アメリカが今後しばらく世界で最も強い国であり続けたとしても、アメリカを中心とする世界秩序が崩れることは十分に考えられる（2）。

また、アメリカ自身が国際秩序を維持する上で重要な役割を担おうとする意志を失いつつあることも事実である。二〇世紀以降、アメリカは単に軍事力や経済力の点で秀でていただけではなく、世界秩序を構築しようとする意志と能力を持っていた。アメリカ外交を狭義の国益のみで説明することはできない。アメリカはこれまで、様々な国際公共財を提供することで世界の秩序を維持しているという自己認識を持ってきた。自由貿易を推進するためのルールや枠組みを構築したり、国際紛争が発生する場合には兵力を派遣したりするなど、寛大で自己犠牲を厭わない国だという自己認識を持ち合わせてきたのである。[3]

だが、アメリカも主権国家である以上、その国内政治の事情に沿った決定を行うのは当然である。アメリカが大きな財政的資源を対外政策に投じる余裕がなくなり、積極的な対外関与について国内からの反発が強まっている。アメリカによる覇権的な秩序は、対外的な要因だけでなく、アメリカ自身が抱える問題によっても揺るがされているのである。

二　政治社会の分断と極端主義者が対外政策に及ぼす影響

近年のアメリカ政治を特徴づけるキーワードは、政治的分断と対立激化である。[4]アメリカの二大政党は政党規律が弱く、日本流の党議拘束が存在しないこともあり、いくつかの主要争点では対立したとしても、その他の争点については協調が可能だとかつては説明されてきた。とりわけ外交上の重要問題には超党派で臨み、国内の政治的分断の影響が及ばないというのが当然の前提とされてきた。[5]

その背景には外交エリートに対する信頼があった。エリート間では党派を超えてコンセンサスが存在した。中でも、アメリカを自由と民主主義の盟主として君臨する例外的な国と見なすことは当然とされてきた。ヴェトナム戦争期にジョン・F・ケネディ（John F. Kennedy）大統領とリンドン・B・ジョンソン（Lyndon B. Johnson）大統領を支えた「ベスト&ブライテスト」と呼ばれるエリートの失敗で戦争が長期化したという認識が強まった際にはエリートに対する不信も強まったものの、ロナルド・レーガン（Ronald Reagan）政権による「強いアメリカ」という主張を経て冷戦が終結する頃には、外交エリートに対する信頼は復活した。

だが、イラク戦争を開始し、長期化させたジョージ・W・ブッシュ（George W. Bush）政権の外交を支えたエリートの判断に対する疑念が強まり、内政面でも反エリート主義を特徴とするポピュリズムが蔓延するようになると、エリート外交に対する批判が再び強まった。また、アメリカが内向き志向を強めていく中で、外交に対する理解に乏しい、場合によると外交に関心を持っているかも疑わしい人物が連邦議会で要職を占めるようになると、アメリカ外交も変質を迫られた。

反エリート主義的言説は、とりわけ左右の極端主義者から示されている。例えば右派の極端主義者には、経済的な意味で小さな政府の立場を追求する人々と、宗教的信念を追求する人々が存在する。前者は財政支出削減を目指す観点からアメリカの積極的な対外関与に否定的である。一貫して減税を主張して財政赤字を拡大させ、時に連邦政府の一時閉鎖すら辞さないかに見える彼らは、連邦政府は専ら内政に注力すべきだと主張する傾向が強く、ウクライナ支援にも消極的である。他方、後者は人権問題や中絶問題、イスラエル支援などに強い情熱を示しており、減税には賛成しつつも、特定分野については積極的な関与を支持する傾向がある。

左派の極端主義者の例としては、気候変動（環境問題）重視派や人権重視派、アイデンティティ重視派などがあげられる。一般的には、国内の経済格差重視派なども含めて左派として一括りにされる傾向が強いが、実際には各争点についての見解に大きな相違がある。いずれの立場も単独争点にのみ熱心に取り組む傾向が強く、例えばアイデンティティ重視派や経済格差重視派は表面的には他の左派の主張に賛成しつつも、根本的には内向きの志向が強く、国外の問題に興味がない場合も多い。

これら極端主義者の立場は右派、左派それぞれの内部でも相互に対立しているが、大統領職や連邦議会の多数派を握っていない状況では、他党を批判していれば足りるため、互いの整合性を考慮する必要はない。だが、一旦権力の座につくと整合性が問題となる。

今日のアメリカでは二大政党の対立が激化しているので、政権が示す方針に非政権党が賛同する可能性は低い[6]。二大政党の勢力が均衡していることを考えると、政権党は、党内議員の賛同はいかにしても確保する必要がある。その結果として、数の上では少数派に属する極端主義者の意向が政権を揺るがす事態が頻発しているのである。

三　保護主義化するアメリカ

外交エリートに対する不信が強くなり、左右両極からの批判にさらされる状況であっても、外交政策を展開するためには一定の支持を確保する必要がある。コンセンサスが得られる政策領域があれば、それが追求されるようになる。

例えば、国内の雇用を重視して保護貿易の立場をとり、財政支出を伴わずに経済制裁を実施することについては超党派的な賛同が得られる可能性が高い。二〇二一年二月にピューリサーチセンターが行った世論調査によれば、アメリカ国民が「外交政策の長期的な最優先課題」として選んだのは、驚くべきことに雇用だった[7]。テロや大量破壊兵器、軍事的優位性よりも国内の雇用を外交政策上の課題とするべきだという経済ナショナリズム的な世論を踏まえ、ドナルド・トランプ（Donald J. Trump）政権は「アメリカ・ファースト」を強調し、ジョー・バイデン（Joe Biden）政権は「中間層のための外交」を展開すると主張している[8]。

近年のアメリカでは、右派ポピュリストと位置付けられることの多いトランプも、左派ポピュリストと呼ばれるバーニー・サンダース（Bernie Sanders）やエリザベス・ウォーレン（Elizabeth Warren）も、中間層の利益に資する政策をとるよう主張する。彼らが掲げる対外政策はいずれも平均的な収入を得る勤勉なアメリカ国民が犠牲とならないように彼らに裨益する外交政策を採るということで、とりわけ経済政策の文脈で用いられている。製造業従事者や低学歴労働者の利益を追求し、対外関与のコスト削減を目指している。

ただし、左右両派で念頭に置かれている中間層には、若干の相違がある。トランプ大統領が念頭に置いていたのは、富裕層でも最貧層でもない人々である。トランプの岩盤支持層となった保守的な白人労働者が納税者としてのアイデンティティを強く持ち、「働く能力があるにもかかわらず働いていない怠惰なマイノリティとは違う」という自己意識を強く持っているためである。他方、民主党はマイノリティや貧困者をその支持基盤としていることもあり、バイデン政権の言う中間層とは富裕層を除く人々という意味で、トランプ政権よりも広範囲の人々を対象としている。これは、バイデン大統領が自らの経済政策であるバイデノミクスを、トップダウンではなくミドルアウトとボトムアップから経済を構築するものだと説明していることとからも理解できるだろう。[9]

このような動向は、アメリカの国際経済政策に大きな変化をもたらしている。アメリカは長らく国際経済秩序の確立に積極的に関与し、自由貿易を推進してきた。第二次世界大戦後、アメリカは自由、無差別、多角主義を理念とする関税及び貿易に関する一般協定（GATT）を中心とする自由主義的国際経済秩序を構築してきた。世界貿易機関（WTO）の機能不全が指摘されるようになって以降は、ルールの順守を重視するタイプの自由貿易協定（FTA）を二国間、多国間で締結するよう推進することで、自由主義的国際経済秩序を維持しようとしてきた。

だが近年、アメリカの世論は自由貿易に懐疑的になっており、アメリカは先進国の中でも自由貿易に対する不満が最も強い国となっている。[10]バラク・オバマ（Barack H. Obama）政権期に推進された環太平洋経済連携（TPP）からの離脱をトランプ大統領が表明して以降、政権レベルで自由貿易が推進されることはなくなった。これは、自由貿易が全ての人を豊かにするという考えがもはや共有されなくなったこと、また、経済的相互依存の推進を通して平和を実現するというよりも経済安全保障を重視するべきだとのコンセンサスが国内で生じたことの表れでもあろう。[11]これは、アメリカのナショナル・アイデンティティに変容を迫る問題でもある。

四　アメリカ的信条と理念に基づく外交

建国期以来一貫して多くの移民を受け入れてきたアメリカは、民族や言語、宗教などにナショナル・アイデンティティの基礎を求めることはできず、自由や民主主義、法の支配などの理念の共有にナショナル・アイデンティティの核を求めてきた。これらの理念は時にアメリカ的信条とも呼ばれ、様々な政策を正統化する上で重要な役割を果たした。[12]

アメリカの外交エリートの間では、アメリカ的な理念や原則を世界に広めることが重要だという合意があった。アメリカ建国当時のヨーロッパ諸国では、外交は支配階層であるエリートが担うものとされて一般国民の関与は想定されていなかった。だが、共和国として成立したアメリカでは外交に専従するエリートが存在しなかった。一九世紀以後に民主主義が統治原理としての正統性を獲得する中で、対外政策形成過程に一般国民の意思を反映させるのは当然との認識が強まり、対外政策も内政の延長線上に位置づけられた。

このようなアメリカの対外政策の在り方は、ウェストファリア条約締結以後の国際政治の基本原則とは相いれない性格を持っていた。そこでは、価値の多元性を主権国家同士が相互に承認し、理念の点で相容れない相手との間でも交渉を通して自国に有利な条件を引き出すことが外交の基本とされた。だが、米ソ冷戦が価値観をめぐるものと位置付けられる中で、少なくともアメリカ国内では使命的な世界観が共有され、理念に基づいて国際問題に関与するのは当然のものとされていった。ジミー・カーター（Jimmy Carter）政権期の人権外交や、W・ブッシュ政権期にアフガニスタンやイラクに自由と民主主義を定着させようとしたことは、その代表例だと言えよう。そして、今日においても民主主義対専制主義という意識は根強く存在している。

もっとも、外国に政策の変更を迫るような活動は内政干渉と見なされ、原則的には容認されないはずである。だがアメリカの場合は例外的にそれが認められるという議論がアメリカでは有力となり、そのような議論はアメリカ例外主義論と呼ばれるようになった。さらには、そのような規範はアメリカのソフトパワーの源泉だという議論も提起されていった[13]。

だが、理念に基づく外交という主張が一貫して支持されてきたわけではない。W・ブッシュ政権は、イラク戦争に際し、イラクに自由と民主主義を定着させると表明したものの、諸外国を十分に説得することができずに単独主義的な行動をとった。これは、湾岸戦争に際し、父親のジョージ・H・W・ブッシュ（George H. W. Bush）大統領が国際世論の動向に配慮して国連総会などの場で様々な説得を行った上でイラク攻撃を決定したのとは対照的だった。アメリカは単独で国際秩序の在り方を変更したが、それはアメリカの軍事力と経済力が他の諸国を圧倒していたことの表れであった。だが、アメリカの単独主義的行動は国際的な批判を浴び、アメリカに対する反発が強まる結果となった。

これは、アメリカの単独主義的行動がアメリカの唱える規範と乖離しすぎたことの結果、いうなれば、ハードパワーの大きさを過信してソフトパワーを蔑ろにした結果として、世界の国々のアメリカに対する信頼度を低下させ、反米感情を強めたということである。ジョセフ・ナイ（Joseph S. Nye）は、軍事力の圧倒的優位が結果的に国際関係においてアメリカに弱みをもたらす現象を「アメリカのパワーの逆説」と呼んだ[14]。この逆説はトランプ政権期にも発生した[15]。

トランプ政権の四年間を反面教師とするバイデン政権は、国際協調路線を重視して民主主義や法の支配などの理念を強調しながら外交を展開している[16]（ただし、バイデン政権が実際に自らの掲げる原則の実現にこだわっているかは別問題である）。これは、長らく外交に携わってきたというバイデンの自負心の現れであるとともに、民主党内左派の主張に対応するものでもある。今日の先進国では内政面においても外交面においても倫理的な側面を強調する傾向が強まっている。軍事や経済で定義されるような国益を追求するだけでは十分でないという認識が一般化しつつあることの反映でもあるだろう。

だが、様々な規範や原則を前面に掲げることが果たして好ましい結果を生んでいるのかは、改めて問い直す必要がある問題である。

世界的に見て、民主主義や法の支配等の規範を重視しているとは言えない国は、とりわけ途上国に多い。それら途上国が、経済支援を求めた場合、アメリカや欧州諸国は条件として民主主義や人権の重視を求める傾向がある。他方、中国やロシアはそのような条件を付けることなく、狭い意味での国益に合致しさえすれば支援を行う。アメリカの経済面での優位が衰える中、国際政治の場で民主主義や法の支配などの理念を重視すると、かえって権威主義諸国と接近する国が増大する現象も発生しているのである。

五　多国間主義と国際機構

第二次世界大戦後にアメリカは、リベラルな国際秩序を構築する際に、様々な国際機構を創設した。国際連合、世界銀行、国際通貨基金（ＩＭＦ）、ＷＴＯなどがその例である。

リベラルな覇権論や覇権安定論の提唱者は、覇権国が国際機構や制度を構築するのは、自国の利益に適うからというだけではなく、他の国の利益にもなるためだと主張する。実際、アメリカが自らが構築した国際機関や自由貿易体制から利益を享受した一方で、同盟国や友好国もアメリカの安全保障の傘や市場の恩恵を享受した。(17)(18) 第二次世界大戦後に多国間協力や制度が急増したのは覇権を担ったのがアメリカだったからだという認識は、リベラルな国際秩序の重要性を強調する人々の間では前提となっているといえるだろう。(19)

そしてアメリカの衰退が指摘される今日、それらの国際機構も影響力を保持し続けるか否かに注目が集まっている。アメリカが作り上げたリベラルな国際秩序が今後も維持されるという立場の論拠とされているのは、台頭しつつある新興諸国も既存のリベラルな国際秩序から多大な恩恵を受けてきたため、それを維持することに同意するはずだということである。(20)

だが、この秩序は第二次世界大戦直後という例外的な時期に、ごく短期間で構築されたものであった。例えば国際連合は第二次世界大戦における連合国の結束を基礎とするとともに、大国間協調を前提としたものだった。そのため、その当初の主要構成メンバーではなかった国々は、利益や戦略上の観点からそれを活用することはあっても、当事者意識をもって積極的に関与する意思を持っていない可能性が高い。自国に有利な結果が得られるという確信がない場合は、国家主権が制約されるとの懸念から国際機構への積極的関与に消極的になる場合もあるだろう。リベラルな国際秩序を国策として支持できるのは、ある程度リベラルな価値を共有している国に限られる可能性もある。いずれの国も、安全保障上の考慮だけではなく、国内政治の事情から対外政策が制約されるのである。

そもそも、アメリカにとっても多国間主義は、とりうる選択肢の一つにすぎず、多国間主義への支持は一貫したものとは言えなかった。Ｗ・ブッシュ政権は二〇〇二年に国際刑事司法裁判所からの撤退を表明したし、トランプ政権期にはＷＴＯなどのアメリカ自身が構築した国際機構から離れようとした。今後、通商体制としてＷＴＯは残るだろうが、世界銀行に対抗する形で作られた中国主導のアジアインフラ投資銀行（ＡＩＩＢ）などが存在感を増すと、既存の国際機関を補完する可能性もあれば、空洞化させる可能性もあるだろう。

それに追い打ちをかけたのがロシアによるウクライナ侵攻である。安全保障理事会の常任理事国であるロシアが一方的に侵攻を始めた事の重大さを考えれば、国際連合の安全保障理事会の正統性はさらに低下すると言わざるを得ないだろう。新たな国際秩序を構築するとともに、それを適切に管理するための体制を構築することができるかが、今後問われるだろう。そのためには、アメリカがどのような秩序構想を持っているかは言うに及ばず、諸外国といかに協力して体制を構築していくかが重要になるといえよう。

六　本特集号の論文の概要と意義

(1)　アメリカと国際秩序の関係

本特集号は、以上のような問題を考える上で有益な諸論稿から成る。以下では五つの項に分けて収録論文の概要とその意義を紹介させていただきたい。

本特集号のうち二章は、アメリカと国際秩序との関係を考える上で不可欠な歴史的検討と、政権ごとの検討を行うものである。長らく孤立主義の立場をとってきたとされるアメリカが国際秩序の形成に積極的に関与するようになったのは一九世紀末以降のことだが、それ以降の大きな歴史的趨勢の中に現在を位置づけることをしなければ、今後の状況を予想しようとしても見誤ることになるだろう。また、アメリカは現在有効な成文憲法としては世界最古で、一七八七年に起草され翌年発効した合衆国憲法を今日でも持ち続けていることに象徴されるように長期的な安定性の強い国だが、他方で政権が変わるごとに政策が大きく変化することでも知られている。政権ごとの政策の違いを分析する作業が重要なのは、論を俟たないだろう。(21)

佐々木卓也「アメリカ外交の長期的展開・変容と国際秩序」は、アメリカが国際政治の舞台に本格的に登場した一九世紀末以降に、アメリカが提起した国際秩序構想と国際政治の推移、国際秩序の展開を検討している。検討に際し、アメリカ国内の政治状況と外交論にも十分な配慮をしながら論じていることが、本稿の大きな特徴である。具体的には、本稿は当該時期を、二〇世紀前半、第二次世界大戦期、冷戦期、冷戦終結後、二〇一六年以降の五つに区分しているが、その検討に際し、大統領と連邦議会の関係、世論の動向、外交の進め方をめぐる国内論争がどのような影響を与えているかを描き出している。佐々木によれば、アメリカの二〇世紀外交の基調となったのはウッドロウ・ウィルソン（Thomas Woodrow Wilson）的な国際主義であり、アメリカは理念の魅力と圧倒的国力で国際社会を牽引してきた。だが、ウィルソンがリベラルな国際秩序構想を掲げた百年後に登場したトランプ大統領が「アメリカ第一主義」を宣言してアメリカ外交を大きく変質させた。今後の外交基調はいまだ明確にはなっていないものの、リベラルな国際秩序の変質と後退がほぼ不可避なこと、そして、その背景にはアメリカ外交を支える政治社会の変化があることが、明らかにされたといえるだろう。

西田竜也「「リベラルな国際主義」の変容と新冷戦2.0」は、その「リベラルな国際主義」とはいかなるものであったかを、先行研究を踏まえつつ様々なデータ（具体的には、実質国内総生産、軍事支出、「自由」とされる国家の数の推移）を用いて明らかにした上で、冷戦終焉後のアメリカの外交政策、とりわけ、軍事介入、多国間協議、対中政策の三点が、ビル・クリントン（Bill Clinton）からバイデンに至る五つの政権でどのように変化したかを比較検討している。そして、普遍的だとみなされてきたリベラルな国際主義が大きな限界に直面していることを明らかにした上で、今後はリベラルな国際主義がより限定的で排他的なものとなる可能性が高いことを指摘し、将来の国際秩序がどのようなものになるかを予測している。西田は今の状況は冷戦初期のころよりはるかに厳しい状況にあることを強調した上で、今後の米中新冷戦がウクライナ戦争により「新冷戦2.0」もしくは米中二極体制＋αへと移行したという見方を提示し、現在の紛争を第三次世界大戦、特に核兵器を用いた紛争に発展させないようにするための現実的な紛争管理の重要性を指摘している。

(2) リベラル民主主義秩序に対する見直し

アメリカが掲げるリベラル民主主義の秩序に対する見直しが求められてきたことは本章でも既に指摘した。三牧論文と大津留（北川）論文は、国内と国外の両方から見直しを迫る声が強まっていることを詳細に論じている。

三牧聖子「内側から浸食される「リベラルな国際秩序」」は、アメリカが主導したリベラルな国際秩序が内側から侵食されている現状を分析している。W・ブッシュ政権が始めたテロとの戦いがアメリカを疲弊させた後、オバマ大統領はアメリカのパワーが縮小するという現実と、国際秩序の盟主として果たすべき役割の折り合いを目指そうとした。他方、トランプ大統領は世界への利他的な関与を否定し、ひたすら国益を追求する「アメリカ第一」の姿勢を鮮明にして、伝統的なアメリカ例外主義を放棄した。だが、国際的な秩序の形成や維持よりも国内問題を優先するという考え方は、二〇一六・二〇二〇年大統領選挙の民主党予備選挙で注目を集めたサンダースや、彼を支持する若者からも支持されている。[22] アメリカはこれまで過剰に世界に介入して自国を疲弊させてきたという意識は党派を超えて共有されるようになっており、民主主義や人権、自由などの価値を掲げるバイデン政権の外交政策でさえも、このような世論によって制約されている。三牧は、権威主義国とのイデオロギー的な競合関係で優位するには、国内において民主主義や自由主義を回復させることが不可欠だとの認識を示し、新たな国際秩序の構築を模索する必要性を提起している。

大津留（北川）智恵子「境界線に投影される国際秩序の二面性」は、アメリカが設定した「我々の側とそうでない側」という境界線に投影される、国際秩序の二面性を描き出す。アメリカが秩序維持者となったリベラル民主主義の秩序は、普遍性を掲げつつもアメリカの利害が追及されるという二面性を持ち合わせている。それが端的に示されるのは人権をめぐる領域であり、脆弱な立場にある難民をめぐる対応に顕著に表れる[23]。アメリカは、冷戦期にはリベラルで民主的な我々の世界と異質な共産圏との間の境界線を、また九一一テロ事件以後は自由な社会とそれを脅かす危険を持つ人々という境界線を強調した。いずれの場合も境界線の外に起源を持つ難民を受け入れる意志が示され、アメリカは世界で最も多くの難民を受け入れていた。他方、難民がアメリカ内部から秩序を覆す恐れがあるのではないかとの懸念も示され、難民を受け入れた場合でも国内での序列化が行われた。そもそも、アメリカの政策の失敗が難民を生み出した側面もある。このように考えれば、アメリカが設定した境界線の外側に位置する人々から見れば、アメリカの掲げる理念とそれに基づくリベラル民主主義の秩序には、先に記した二面性が顕著に見えることとなる。境界線を乗り越える対外政策を行うためには、アメリカが自らの価値観を相対化する作業が必要だと提唱する。

(3) 米中関係という難問

アメリカでは、中国の台頭を背景として、アジアを重視する傾向が鮮明になっている。このような動きはオバマ政権期の「アジア旋回」で顕著になり、トランプ政権期に一度勢いを失ったものの、バイデン政権の下で本格化した。その中で、米中関係をどのように理解するかはとりわけ重要な争点となっている。

今日、ワシントンの実務家の間で、グレアム・アリソン（Graham Allison）の「トゥキディディスの罠」をめぐる議論と、ハル・ブランズ（Hal Brands）とマイケル・ベックリー（Micheal Beckley）による「デンジャー・ゾーン」をめぐる議論が注目を集めている[24]。前者は、急速に台頭する新興国家と覇権国の間に生じた構造的ストレスが、戦争を避けがたいものとするという見方である。他方、後者は国力のピークを迎えて将来の手詰まりを自覚した大国（中国）がチャンスの窓が閉じる前に行動しなければならないと焦るようになる結果、二〇二〇年代が米中新冷戦の最も危険な時期（デンジャー・ゾーン）になるという議論である。米中対立の可能性が高くなっていると指摘するこれらの議論は、理論的な新しさや厳密さをめぐって様々な批判もあるものの、一流の研究者によって提起されたものであり、政治的インパクトが極めて大きい。

ただし、米中間の対立をことさらに強調するだけでなく、個別の政権が様々な争点をめぐってどのような態度をとっているかを精緻に検討することも重要である。アメリカの対外政策は大統領の交代に伴って大きく変化するが、その傾向はとりわけトランプ政権からバイデン政権への移行に際して強く表れたと指摘されることが多い。具体的には、トランプ政権が単独主義的、自国中心的な政策を展開して同盟関係を軽視する傾向が強かったのに対し、バイデン政権は多国間主義的、国際協調的で、同盟を重視しているとされる。だが、米中関係に関しては、両政権の連続性が強く、中国に厳しい立場をとっていると指摘されることも多い。

大矢根聡「トランプ・バイデン政権の対中半導体紛争——相互依存の武器化と粘着性——」は、そのような指摘を踏まえつつ、半導体分野に着目しながら、トランプ政権とバイデン政権の連続性と非連続性について分析している[25]。半導体紛争はアメリカ政府が経済制裁や貿易制限措置を打ち出し、中国政府がそれに対抗する中で激化していった。その様を分析する枠組みとして大矢根は「相互依存の武器化」の議論を援用しつつも、それに重要な修正を加える。相互依存を武器化するのは政府だが、企業や産業組織などの経済主体は政府の方針に抵抗したり、独自の政策アイディアを提起したりする。相互依存の武器化に対峙し、相互依存の持続や進展を促す力学（それを大矢根は相互依存の粘着性と呼ぶ）が交錯する様を、アメリカ半導体産業協会（ＳＩＡ）の動きに注目しつつ解明している。トランプとバイデンの両政権を通じて半導体紛争は発生したものの、その展開は自覚的な政策決定の結果というよりも他の問題（トランプ政権期には通商法三〇一条による制裁、バイデン政権においては半導体供給不足）に付随して発生したこと、また、トランプ政権の措置が非体系的で各社への個別的対応を通して中国に譲歩や自制を求めるものだったのに対し、バイデン政権の措置はより体系的で包括的であったこと、さらには、バイデン政権の政策も実は単独主義的な色彩も帯びていたことなどが明らかにされている。

(4) 国際機構の在り方をめぐって

ここまで指摘してきた通り、単独で状況を形成する意思と能力を持った唯一の国という、かつてのアメリカの姿はもうない。その結果生まれる（かもしれない）新たな秩序の全貌がまだ明らかになっていないこともあり、アメリカが衰退すると世界も不安定化するとの見方も、アメリカの政界関係者の間で共有されている。新興国の台頭は政治体制や価値観との関連からも重要な意味を持っており、民主主義や人権問題の位置づけについて考察する必要がある。また、ロシアによるウクライナ侵攻を踏まえると、国際連合を中心とする秩序の変化について考察することは重要である。安全保障理事会は機能しない可能性が高く、秩序破壊行為にいかに対処すべきかという大問題に世界は直面している。

アメリカが世界において特別な存在となったのは、国際連盟、国際連合という国際秩序構想を提示することのできる大統領が存在したためでもある。前者を構想したウィルソンについては、その構想をアメリカ国内で承認させるのに必要な議会対策を十分に行わなかったために失敗した面や、国際連盟の理想主義的な側面に伴う問題についての批判は存在するものの、彼が国際秩序に対するアメリカの責任について真剣に考えていたことは間違いない。

三島武之介「二つの「一つの世界」――ローズヴェルトの「平和連盟」とウィルソンの国際連盟――」は、シオドア・ローズヴェルト（Theodore Roosevelt）の掲げた「平和連盟」構想とウィルソンの国際連盟の構想を比較しつつ、その国際主義解釈の違いの背景に両者の思い描く世界秩序の姿が異なっていたことを明らかにしている。両者の外交思想は全く異なると一般的には認識されているが、両者は欧州流の勢力均衡体制の有効性を疑い、二〇世紀の世界秩序を維持するにはアメリカの関与と国際平和機構の創設が必要だとの認識を共有していた。ただし、文明観や歴史認識、国益の考え方などをめぐる認識の違いが、具体的な制度構想における相違をもたらした。互いの連盟に対する批評を詳細に検討すれば、理念と強制力の関係、司法手続きや大国の判断と合意の関係、大国と小国の関係、文明国とその他の国の関係など、今日の国際主義や世界秩序の在り方をめぐって検討すべき問題が先取りして論じられていたことがわかるだろう。

(5)　イラク戦争の開戦事由

冷戦期のアメリカは圧倒的な力を持ちつつも、冷戦構造の制約によって、その力を世界各地で発揮する機会が限られていた。だが、冷戦終結によって力がアメリカに一極集中し、圧倒的優位を手にすると、アメリカは多国間主義に基づいて行動する誘因を持たなくなった。それがW・ブッシュ政権の単独主義的行動につながったことは、既に指摘したとおりである。イラク戦争をめぐるW・ブッシュ政権の決定は、結果的にアメリカの威信を低下させ、国際関係を大きく変更させた。また、イラク戦争は、アメリカと中東、そして世界全体に大きな傷跡を残した。

ここで考えるべきは、何故アメリカは当時、あのような決定をしたのかということだろう。

危機の時代においては当事者の不信感が強くなるとともに、相手方との接触、コミュニケーションは限定的になる。危険が切迫していると考えられる場合は迅速な決定が必要になるのに加えて、情報漏洩の危険も考えると、決定に関与する人員が限定されがちである。入手できる情報が通常以上に限定的になるかもしれないし、政策決定者の先入観に基づく認知の歪み、集団浅慮などが発生する可能性もある。[26]このような条件が存在するため、政策決定の誤りが発生してしまう可能性がある。このような危険を低下させるためにも、イラク戦争開戦時の政策決定について詳細に検討し教訓を得る必要がある。

溝渕正季「なぜ米国はイラクに侵攻したのか?――開戦事由をめぐる論争とその再評価――」は、W・ブッシュ政権がイラクに侵攻した理由をめぐる論争を整理した上で、開示された文書、回顧録や伝記的研究、著者自身が実施したインタビュー調査などを基に、その再検証を試みている。溝渕は、イラク戦争の開戦事由として提起されてきた仮説を、大量破壊兵器仮説、ペトロダラー仮説、イスラエル・ロビー仮説、ネオコン仮説、パフォーマティブ・ウォー仮説の五つに整理しているが、そのうち、イスラエル・ロビー仮説とネオコン仮説については比較的根拠が薄弱であるとする。また、ディック・チェイニー（Dick Cheney）副大統領とドナルド・ラムズフェルド（Donald Rumsfeld）国防長官の好戦的姿勢はパフォーマティブ・ウォー仮説に適合的ながらも、W・ブッシュ大統領自身は戦争推進派の高官から影響を受けつつも、最後まで外交的解決を模索していたことを明らかにしている。また、ペトロダラー仮説については状況証拠は存在するものの、その妥当性については留保せざるを得ないとの立場をとっている。勿論、公開されている資料の限界もあり、この試みは今後も続けていく必要があるだろうが、大国が戦争に至るまでにたどった意思決定過程の在り方を検討することは、今後の世界秩序の在り方を考える上で重要な教訓を与えてくれる。

おわりに

現在のアメリカは、地政学的に見ても、冷戦終結後の三〇年で最も困難な状況におかれている。ヨーロッパではウクライナ情勢が長期化しているし、中東ではハマスとイスラエルによる武力紛争が激化している。二極構造の時代には国際システム自体を揺るがす可能性のある主要国間の戦争がなければよいという認識が先進国では一般的だったが、多極化傾向が鮮明になった今日では、特定の国家や地域にのみ注目しておけば足りるという状況ではなくなった。国際社会において警察にあたる機構が存在しないこともあり、アメリカによる問題解決への期待は根強く存在する。にもかかわらず、アメリカも様々な地域の状況に十分に目を向け、対応する政治的、財政的余裕を持ち得なくなっている。

今後の国際秩序がどのような様相を呈することになるかを予測することは容易ではない。だが、本特集号に収められた様々な分析を検討することで、今後考えていくべき様々な論点が浮かび上がってくる。本特集号がアメリカの内政と外交に関する理解を促進し、理論的にも実践的にも有益な情報を提供することができるならば幸いである。

（1）Ian Bremmer, *Every Nation for Itself: Winners and Losers in a G-Zero World* (Penguin, 2012); Fareed Zakaria, *The Post-American World* (W. W. Norton, 2008); Richard Haas, "The Age of Nonpolarity," *Foreign Affairs*, May-June, 2008; Charles A. Kupchan, *No One's World: The West, the Rising Rest, and the Coming Global Turn* (Oxford University Press, 2012); アミタフ・アチャリア（芦澤久仁子訳）『アメリカ世界秩序の終焉――マルチプレックス世界のはじまり』（ミネルヴァ書房、二〇二二年）。

（2）アメリカは現在でも大きな経済力を維持しているのに比べて、日欧の経済力は大きく衰退している。他方、中国やインドなどの新興国に加えて、グローバル・サウスとも呼ばれる開発途上国の経済力は増大している。欧米先進諸国とその他の地域での経済バランスの変化は、世界秩序の在り方を大きく変化させつつある。

（3）G. John Ikenberry, *Liberal Leviathan: the Origins, Crisis, and Transformation of the American World Order* (Princeton University Press, 2011).

（4）アメリカ政治に関する基本的な情報は、西山隆行『アメリカ政治入門』（東京大学出版会、二〇一八年）。アメリカの内政やナショナル・アイデンティティに関する本稿の議論は、当該拙著と重なる部分があることをお断りしておきたい。

（5）Robert J. Lieber, "Politics Stops at the Water's Edge? Not Recently," Daniel J. Hopkins and John Sides eds., *Political Polarization in American Politics* (Bloomsbury, 2015).

（6）近年のアメリカでは政党規律が強まっており、主要争点については党指導部の掲げる方針に基づく投票が増えている。党派別の投票行動については、例えば二〇二二年の数値は以下のサイトで見ることができる。Niels Lesniewski and Ryan Kelly, "2022 Vote Studies: Division Hit New High in Senate, Fell in House," https://rollcall.com/2023/03/24/2022-vote-studies-division-hit-new-high-in-senate-fell-in-house/（二〇二三年一一月一五日にアクセス）

（7）雇用が七五％、テロが七一％、感染症が七一％、大量破壊兵器が六四％、同盟強化が五五％、軍事的優位性が四八％、中国の影響力とその制限が四八％、気候変動が四四％であった。Pew Research

Center, "Majority of Americans Confident in Biden's Handling of Foreign Policy as Term Begins" February 24, 2021, https://www.pewresearch.org/politics/2021/02/24/majority-of-americans-confident-in-bidens-handling-of-foreign-policy-as-term-begins/（二〇二三年一一月一五日にアクセス）

（8）Donald J. Trump, "Ending China's Currency Manipulation," *Wall Street Journal* November 9, 2015, https://www.wsj.com/articles/ending-chinas-currency-manipulation-1447115601（二〇二三年一一月一五日にアクセス）; Joseph R. Biden, Jr., "Why America Must Lead Again: Rescuing U.S. Foreign Policy After Trump," *Foreign Affairs* (March/April 2020), https://www.foreignaffairs.com/articles/united-states/2020-01-23/why-america-must-lead-again（二〇二三年一一月一五日にアクセス）

（9）西山隆行「トランプ政権下における福祉国家・税をめぐる政治と『中間層』」高端正幸・近藤康史・佐藤滋・西岡晋編『揺らぐ中間層と福祉国家――支持調達の財政と政治』（ナカニシヤ出版、二〇二三年）、渡辺将人「内政と連動する外交――『中間層外交』を中心に」佐橋亮・鈴木一人編『バイデンのアメリカ――その世界観と外交』（東京大学出版会、二〇二二年）。

（10）自由貿易は理論上は国全体の富を増大させるが、その増大分をどのように分配するかは大問題となる。利益を得る産業と不利益を被る産業の間での利害関係の調整が課題となる。不利益を被る産業に対する補填を行う必要があるならば、自由化がもたらすメリットをその調整コストが上回る可能性もある。西山隆行「アメリカ――自由貿易への支持低下と党派対立」大矢根聡・大西裕編『FTA／TPPの政治学――貿易自由化と安全保障・社会保障』（有斐閣、二〇一六年）。

（11）鈴木一人「ミドルクラスのための経済安全保障」佐橋他編、前掲書。

（12）Samuel P. Huntington, "American Ideals versus American Institutions," *Political Science Quarterly* 97-1 (1982); Samuel P. Huntington, *American Politics: The Promise of Disharmony* (Harvard University Press, 1981); 西山隆行「アイデンティティ政治がもたらす分断――〈契約国家アメリカ〉のゆくえ」新井誠・友次晋介・横大道聡編『〈分断〉と憲法――法・政治・社会から考える』（弘文堂、二〇二二年）。

（13）ソフトパワーについては、Joseph S. Nye Jr., *Bound to Lead: The Changing Nature of American Power* (Basic Books, 1990).

（14）Joseph S. Nye Jr., *The Paradox of American Power: Why the World's Only Superpower Can't Go It Alone* (Oxford University Press, 2002).

（15）トランプ大統領は民主主義の重要性を否定し、民主主義を体現する国家としてのアメリカの信頼度を低下させたという指摘も存在する。トランプ大統領は自らの意向に基づいて迅速な決定を行うことを主張し、しばしば独裁者を称賛することもあった。民主主義体制は、決定に至るまでに非専門家の意見を含む多様な見解をぶつけ合うことを最大の特徴としており、その決定方法は迅速性を保証しないし、最適な方法につながるという保証もない。その一方で、民主主義は政治体制の暴走を防ぐためのガードレールとしての役割を果たすこと、すなわち、権力者が暴走したとしても最悪の事態を防ぐことができるのが大きな特徴だとされてきた。トランプは二〇二〇年大統領選挙の結果を受け入れない意向を示しており、その支持者も同大統領選挙の結果はバイデン大統領によって盗まれたという主張を支持している。近年ではアメリカの民主主義に対する疑念が様々な形で提起されている。

（16）バイデン政権の対外政策については、佐橋他編、前掲書。中山俊宏『理念の国がきしむとき――オバマ・トランプ・バイデンとアメリカ』（千倉書房、二〇二二年）。

（17）もっとも、第二次世界大戦後に作られた機構と制度は、冷戦構造という大きな枠組みから大きな制約を受けていた。例えば、第三世界諸国においては平和と安全が維持されなかったし、人権や民主主義というリベラルな規範も犠牲にされていた。このような、リベラルな国際秩序の影の部分に注目する必要があることも忘れてはならないだろう。

（18）この点を踏まえれば、覇権国が国際機関や制度を維持するために、他国にもその維持費用を負担させるのは当然だという認識がある。Ikenberry, *op.cit.*

（19）John Gerard Ruggie ed., *Multilateralism Matters: The Theory and Praxis of an Institutional Form* (Columbia University Press, 1993).

（20）Robert O. Keohane, *After Hegemony: Cooperation and Discord in the World Political Economy* (Princeton University Press, 2005).

（21）アメリカの外交史に関しては優れた書籍が複数存在する。代表的なものを挙げると、斎藤眞・古矢旬『アメリカ政治外交史　第二版』（東京大学出版会、二〇一二年）、佐々木卓也『冷戦――アメリカの民主主義的生活様式を守る戦い』（有斐閣、二〇一一年）、佐々木卓也編『戦後アメリカ外交史　第三版』（有斐閣、二〇一七年）、西崎文子『アメリカ外交史』（東京大学出版会、二〇二二年）、青野利彦・倉科一希・宮田伊知郎編『現代アメリカ政治外交史――「アメリカの世紀」から「アメリカ第一主義」まで』（ミネルヴァ書房、二〇二〇年）。

（22）アメリカの人口の二割を占めるZ世代の政治に対する関わり合いについては、三牧聖子『Z世代のアメリカ』（NHK出版新書、二〇二三年）。

（23）難民をめぐる問題については、大津留（北川）智恵子『アメリカが生む／受け入れる難民』（関西大学出版部、二〇一六年）。

（24）Graham Allison, *Destined for War: Can America and China Escape Thucydides's Trap?* (Houghton Mifflin Harcourt, 2017); Hal Brands and Micheal Beckley, *Danger Zone: The Coming Conflict with China* (W. W. Notron, 2022).

（25）半導体をめぐる国際関係に関する研究として、大矢根聡『日米韓半導体摩擦――通商交渉の政治経済学』（有信堂、二〇〇二年）、クリス・ミラー（千葉敏生訳）『半導体戦争――世界最重要テクノロジーをめぐる国家間の攻防』（ダイヤモンド社、二〇二三年）。

（26）Robert Jervis, *Perception and Misperception in International Politics* (Princeton University Press, 1976); Irving Janis, *Groupthink: Psychological Studies of Policy Decisions and Fiascoes* (Houghton Mifflin, 1982).

（にしやま　たかゆき　成蹊大学）

日本国際政治学会編『国際政治』第213号「アメリカ——対外政策の変容と国際秩序——」(二〇二四年三月)

アメリカ外交の長期的展開・変容と国際秩序

佐々木卓也

はじめに

本論文は、アメリカ合衆国(以下アメリカ)が国際政治の舞台に本格的に登場した一九世紀末から二一世紀初頭までを対象に、アメリカが進めた外交、提起した国際秩序構想とそれらに重大な影響を受けた国際政治の推移、そして国際秩序の展開を検討する試みである。検討を行う過程ではまた、国内の政治状況と外交論に関心を払う。それはアメリカでは、世論や連邦議会の動向、さらには外交をめぐる国内論争が、政府の政策に大きな影響を与えるケースが多かったからである。

本論文では時期を五つ——二〇世紀前半、第二次世界大戦期、冷戦期、冷戦終結後、そして二〇一六年以降——に分けて、考察を進める。

一 二つの国際主義——ローズヴェルト的国際主義とウィルソン的国際主義[1]

アメリカは一九世紀末の米西戦争に圧勝し、海外に植民地をもつ有力国として一躍国際舞台に出現した。この頃までにアメリカはイギリスを抜いて世界第一位の経済大国に、英独に次ぐ海軍強国に躍進するところであった。アメリカ国内では、豊かな国力を背景に大国にふさわしい外交——「遠大な国策」——を唱えるエリートの台頭があり、『海上権力論』を著したマハン(Alfred Mahan)大佐、ロッジ(Henry Cabot Lodge)共和党上院議員やT・ローズヴェルト(Theodore Roosevelt)らは、建国以来の外交的国是である孤立主義を墨守するのではなく、アメリカがしかるべき国際的役割を果たすように説いたのである。

偶然とはいえ、このグループの中心にいるローズヴェルトが二〇世紀に入ってすぐに大統領（共和党）に就任した。ローズヴェルトはヨーロッパ的な勢力均衡論に親しみ、アメリカは必要であれば、イギリスに代わってバランサーの役割を果たさなければならないと考えていた。彼が対英協調をアメリカ外交の基本方針に据えたことは重要であった。ローズヴェルトはモロッコをめぐる独仏対立、日露戦争では仲介、調停の労をとり、アメリカの力をヨーロッパと東アジアの国際関係に適用する画期的な外交を展開した。

これに対して連邦議会は慎重であった。上院はアメリカがヨーロッパの問題に「巻き込まれる」ことを警戒し、大統領が開催に努力したモロッコに関するアルヘシラス会議で結ばれた条約の批准案に同意はしたものの、その履行にあたり拘束を受けないという留保を付けた。またローズヴェルトが開催を発議した第二回ハーグ国際平和会議で調印されたハーグ条約についても、議会の態度は同様であった。ヨーロッパ国際政治の圏外に立つことを求める孤立主義の伝統は依然として健在であった。ローズヴェルト自身、その圧倒的な人気にかかわらず、国民に孤立主義からの脱却を正面から訴えることはなかった(2)。

皮肉にも、二〇世紀アメリカ外交の基調を設定したのが、外交を得意とするローズヴェルトではなく、外交問題にむしろ疎いウィルソン（Woodrow Wilson）大統領（民主党）であった。ウィルソンは一九一四年夏、ヨーロッパの戦争勃発の報を聞くや、それはアメリカに一切関係がなく、その原因についてもアメリカは関係がないと明言した。そして国民に「思考の上でも行動の上でも中立」であるように要請し、アメリカの中立を宣言したのである。ウィルソンの理解では、戦争は軍拡競争、大常備軍、同盟、勢力均衡、秘密条約などが体現するヨーロッパ国際体系の欠陥、そして破綻を示す事態であった。戦争が未曾有の、そして悲惨な大戦争へと発展し、やがてアメリカが英仏側にたって参戦を余儀なくされる過程で、ウィルソンはアメリカ的な理念に基づく新たな外交原理に基づく戦後国際秩序構想を提示し始めた。

ウィルソンは「勝利なき平和」と「一四カ条の原則」をもとに、秘密外交の禁止と公開外交、公海の自由、国際通商障壁の撤廃、軍縮、民族自決、国際機構の設立（国際連盟）を骨子とする、いわゆるリベラルな国際秩序構想を打ち上げた。さらにウィルソンは一七年四月の対独宣戦教書で、「平和のための堅固な協調は民主主義国家群のパートナーシップによって以外には維持できない。いかなる専制的政府も国内で信義を守り、あるいは約束を遵守すると信頼することはできない。……世界を民主主義にとって安全なものにしなければならない」と述べ、アメリカの参戦を理念的に正当化するとともに、平和で協調的な国際秩序の要諦は国内の民主主義的政治体制と民主主義国家の協力にあると主張したのである。ウィルソン構想の中核にある国際連盟は旧来の同盟や勢力均衡に代わる集団安全保障の原則により、加盟国が協力して相互に安全を守ることを約束した機構であった。集団安全保障を具体的に規定したのが、連盟規約第一〇条であった。

上院と下院は対独宣戦布告案を大差で可決し、アメリカはまもなく四〇〇万人の軍隊を組織した上でその半分をヨーロッパ戦線に送り、一八年三月のロシアのボリシェヴィキ政権との講和後、西部戦線で大攻勢をかけたドイツ軍を敗退に追い込む上で決定的な役割を果たした。ウィルソンはさらに日英仏などの連合国とともに一八年夏、ロシア革命に対する軍事干渉を始め、内戦下でレーニン(Vladimir Lenin)政権と戦う反ボリシェヴィキ勢力を支援した。(3)

ウィルソンは現職の大統領として初めて大西洋を渡ってパリ講和会議に出席し、自らの構想の実現に努めた。しかし彼の政治的基盤は盤石ではなかった。大戦の終結直前の一八年一一月の中間選挙で共和党が上下両院を制し、しかも新しい上院外交委員長に、大統領の政治的仇敵ともいうべきロッジ上院議員が就いたからである。ロッジはイギリスなど主要国との協調を重視し、「文明国」の連合を構想するローズヴェルト的な国際主義者であり、決して孤立主義者ではなかった。しかし彼は国際連盟案に極めて批判的であり、とくに連盟規約第一〇条に基づく行動をアメリカがとる場合には議会の事前同意を必要とする留保を付けた。さらに共和党内には伝統的な孤立主義者が依然少なからず存在しており、彼らの影響力には侮りがたいものがあった。

最終的に、ウィルソンが提案する連盟規約案もロッジが付けた留保案も上院で三分の二の支持を得ることに失敗した。アメリカは自らが提案した戦後国際機構に参加することを拒否するという異例な事態であった。アメリカ外交において、対外行動に対する国際的な制約・制限、主権への侵害を嫌う単独(一国)主義の強さを示した出来事であった。(4)

二〇年の大統領選挙では、ハーディング(Warren Harding)共和党候補が「正常への復帰」を唱えて大勝したが、二〇年代の共和党政権はもはや孤立主義に回帰することなく、ウィルソン的理念に影響を受けた外交を実施した。今や世界のほぼ半分を占める経済力、英国と並ぶ金融力と海軍力を背景に、共和党政権は海軍軍縮、不戦条約、経済的相互依存、先進国間の協調を進めた。ヨーロッパのロカルノ体制、アジア太平洋のワシントン体制を支えたのがドルであり、アメリカの経済力、金融力がヨーロッパと東アジアの資本主義的な国際秩序を維持する構図である。ドイツ賠償問題の処理においても、ドルの投下は不可欠であった。

ただし二〇年代のアメリカは対外的な制約・拘束を拒否し、自由な外交裁量に固執する外交方針を堅持した。ハーディング大統領はワシントン諸条約(海軍軍縮条約、九カ国条約と四カ国条約)の批准案の承認を上院に求めた時、それらが「同盟、巻き込まれ、介入」を意味していないと保証したのである。(5)また戦後世界の経済再建に向けたアメリカの指導力は十分ではなかった。まず戦債問題では、アメリカは旧連合国に貸した約一〇〇億ドルの借款の取り立てに固執したことで、この問題と事実上連動するドイツ賠償問題の解決をより困難なものとした。アメリカは債務の返済利率の削減には応じたが、債務本体の取り消しは拒否する姿勢を貫いた。三二年以降、世界恐慌に喘ぐ旧連合国が相次いで対米債務の支払いを止めたことに米議会は怒り、三四年戦債支払いを完済しない国に対する新たな借款を認めない法案（ジョンソン法）を可決したのである。

さらにアメリカは戦後世界経済の回復を助けたであろう低関税を拒否し、自国本位の高関税制度に復帰した。自国本位という点では、二四年の排日移民法も同様であった。議会が大局的な対日関係に配慮することなく、社会に横溢する人種差別・排外的意識、国内の政治事情を優先した結果であった。

結局二〇年代のアメリカには、経済史家のキンドルバーガー（Charles Kindleberger）が指摘するように、世界経済システム――ひいては国際システム――の維持に責任を負う意思はなかった[6]。二九年秋の株式市場の崩壊、恐慌の発生はまもなく世界恐慌に発展し、戦後国際秩序のあり方に不満を持つ国々が現状の変革を武力で試みる行動にでた時、アメリカはこれを事実上黙認し、国際秩序の崩壊を傍観した。戦債問題の紛糾、大恐慌の深刻化、海外の不穏な情勢を背景に、アメリカ国内では内向き・孤立主義の風潮が高揚し、三〇年代半ば以降、議会主導で三度の中立法が制定された。アメリカは海外紛争への関わりを一切拒絶する態度を鮮明にしたのである。

二　「二度目の機会」[7]――第二次世界大戦とリベラルな国際秩序構想

一九三九年九月にヨーロッパで再び大戦が勃発するや、F・D・ローズヴェルト（Franklin D. Roosevelt）大統領（民主党）は四半世紀前と同様に、アメリカの中立を宣言した。しかし彼は国民に対して思考の上で中立を求めないと述べた。国民の間ではナチス・ドイツの侵略行為に対する反感がさすがに強く、世論の支持は英仏にあったからである。ローズヴェルトはすぐに議会に対し、ドイツと戦う国々に経済・軍事支援を行うために中立法の改正を求め、議会は一一月までに、英仏が「現金自国船」主義でアメリカの武器・弾薬など軍需品を購入できるように中立法を改正した。

翌年春のフランスの対独降伏後、ローズヴェルトは有力な共和党員であるスティムソン（Henry L. Stimson）前国務長官とノックス（Frank Knox）前副大統領候補をそれぞれ陸軍長官と海軍長官に起用し、事実上の挙国一致内閣を組織した。さらに九月英国との間で、アメリカは駆逐艦を供与する代わりに西インド諸島を中心に西半球に点在する英軍基地を九九年間使用する協定を結び、二週間後には、史上初の平時の選抜徴兵制の導入を議会から取り付けた。

一一月の大統領選挙で未曾有の三選を果たしたローズヴェルトは、軍事的・金融的苦境にたつイギリスを救うために、一二月末国民に対してアメリカが「民主主義の兵器廠」にならなければならないと訴えた。そして彼は翌年一月の一般教書演説で、武器貸与法の成立を議会に求めるとともに、将来に向けて世界は四つの自由――自由と表現の自由、信教の自由、欠乏からの自由、恐怖からの自由（軍備縮小）――を重視するように主張した。武器貸与法はジョンソン法への抵触を避けるために、「侵略国」と戦う国々に対して借款を供与するのではなく、軍需品やその他の物品を売却、貸与、交換することを容認し、返済手段については柔軟に対処するというものであった。

武器貸与法に対して、孤立主義者・非介入主義者から成る「アメリカ第一委員会」は激しい反対運動を展開した。一方政府の方針を支持する立場で、出版業界の雄であるルース（Henry Luce）は四一年二月、自らが主宰する雑誌に「アメリカの世紀」と題する論説を発表し、孤立主義からの脱却、アメリカの国際的な責務と指導力を説いた。武器貸与法案は激論を経て、三月までに上下両院で十分な票差で可決された。武器貸与法により、大統領の判断で対外軍事・経済援助を与えることが可能となった。チャーチル（Winston Churchill）英首相はこれを歓迎し、英議会で「歴史上最も無私な行為」と呼んだが、武器貸与法は極めて戦略的な援助法であった。アメリカは援助を梃子に、自由で多角的で開放的な戦後貿易体制の実現を目ざしていたからである。

ローズヴェルトは八月にチャーチルとの最初の首脳会談に臨み、会談後、領土不拡大、政治体制の選択の自由、貿易上の無差別の実現、軍縮、公海の自由、恒久的な平和機構の設立などからなる大西洋憲章を発表した。これはウィルソンの一四カ条の原則を彷彿させる内容であった。ローズヴェルトは未だ参戦前ながら、リベラルな戦後国際秩序構想を披露したのである。アメリカは四一年一二月の日本の真珠湾攻撃、そして独伊の対米宣戦を契機に、第二次世界大戦に正式に参加し、戦後構想の実現に向けた作業を本格化させた。(8)

ローズヴェルト政権はウィルソン政権の失敗を教訓に、アメリカの交渉力が最も高まる戦時中に、米英中ソを中心とする国際連合、自由で開放的な経済・金融・貿易体制をめざし世界銀行、国際通貨基金（ＩＭＦ）、国際貿易機構（ただし国際貿易機構は戦後、米議会の反対で不成立に終わり、関税及び貿易に関する一般協定〈ＧＡＴＴ〉が発足した）の創設を進めた。国連の設立を話し合ったダンバートン・オークス会議、世銀とＩＭＦの樹立を協議したブレトンウッズ会議にはソ連の代表も出席し、アメリカ主導の国際秩序に協力する姿勢を見せた。

ローズヴェルト政権はこれらの国際機構の創立にあたり、国民の支持を求め周到な広報、議会対策を進めた。とくに野党共和党の協力を巧みに仰ぎ、ヴァンデンバーグ（Arthur Vandenberg）上院議員をサンフランシスコ国連創設会議の米代表団の一員に、党外交顧問のダレス（John Foster Dulles）を代表団の顧問に任命し、さらに四四年の大統領選挙で共和党候補のデューイ（Thomas Dewey）ニューヨーク州知事の支持も取り付けた。リベラルな国際秩序構想を超党派が推進したのである。国連憲章案は上院で、ブレトンウッズ協定案は上下両院で、大戦の終結までに大差で承認された。(9)

三　冷戦とリベラルな国際秩序

第二次世界大戦の終結後、アメリカ主導の国際秩序に挑戦したのがソ連であった。米ソ両国は東ヨーロッパ・ドイツの戦後処理、東地中海地域、原子爆弾の国際化などをめぐり対立を深めたが、根源的には、アメリカが奉じるリベラルな資本主義体制とソ連の社会主義体制、米ソの理念・価値が相容れなかったのである。いわゆる冷たい戦争（冷戦）の勃発である。ソ連は国連には常任理事国の一員として参加したものの、一九四五年末までにブレトンウッズ体制には参加しないことを明らかにした。

ソ連の脅威に対抗するためにアメリカ政府が採択した政策が、ケナン（George F. Kennan）の提案による「封じ込め」であった。封じ込めは冷戦の持久化を前提に、ソ連の膨張を阻止することでその体制の変質、変容を迫る政策であった[10]。アメリカは封じ込めの一環として、西ヨーロッパと東アジア太平洋の反共諸国の経済再建に莫大な資源を投じるとともに、これらの国々と多国間、あるいは二国間の安全保障条約を結び、西ヨーロッパと東アジア太平洋の安全の維持に最終的な責任を負った。ただしアメリカが結んだ安保条約は旧態依然たるヨーロッパ的な同盟ではなく、また単なる軍事的な結び付きではなかった。北大西洋条約は国連憲章が認める個別的・集団的自衛権の行使を定め、さらに価値の共有、民主主義の諸原則、経済協力を謳った。アメリカが東アジア太平洋の反共諸国と締結した安保条約の多くも同じ体裁であった。トルーマン（Harry S. Truman）民主党政権はマーシャル援助、北大西洋条約では超党派外交の立役者であるヴァンデンバーグ上院議員の強力な協力を得、対日講和担当の大統領特使にはダレスを任じた。

だが冷戦の長期化の様相に伴い、アメリカ国民の間では不満が高まった。戦争でも平和でもない冷戦はアメリカにとって初めての対外経験であり、多くの国民はその膠着状態に苛立ちを募らせたからである。マッカーシー（Joseph McCarthy）共和党上院議員が扇動した反共主義と赤狩りに対する喝采、朝鮮での戦争方針をめぐり、戦争の拡大を唱えて国連軍司令官を解任されたマッカーサー（Douglas MacArthur）将軍が帰国した時の熱狂的な歓迎に、国民のフラストレーションが投影されていた。

共和党ではローズヴェルト政権が行政協定を多用したこと、さらには国際条約がアメリカの国内法に抵触することに反発するブリッカー（John Bricker）上院議員——一九四四年の副大統領候補である——が、条約のみならず行政協定についても議会の同意を求めること、アメリカ市民の権利を監督する権限を国際機構に与えてはならないとする憲法修正案（ブリッカー修正案）を提出した。ブリッカー修正案は超党派の支持を受け、五四年二月に上院で否決されたものの、可決に必要な三分の二の賛成に一票足りないだけであった。修正案に反対するアイゼンハワー共和党政権（Dwight Eisenhower）を代表してダレス国務長官は上院司法委員会の証言で、修正案の可決を阻止するために、政府は国連の人権条約を批准しないことを約束した。彼の証言通り、アメリカは四八年のジェノサイド条約の最初の調印国でありながら、アイゼンハワー政権は条約案への上院の同意を求めることはなかった[11]。

ブリッカー修正案は共和党右派に根強く存在する単独主義の現れであり、それはまた六四年の大統領選挙で党候補に指名されたゴールドウォーター（Barry Goldwater）上院議員の主張にも現れていた。彼は部分的核実験禁止条約への反対、国連批判、対ソ関係の断絶の示唆、冷戦の「勝利」、対外経済援助の廃止を唱えるなど、単独主義的行動を説いたからである。共和党の右派とは違い、民主党のリベラル派からは、海外関与の縮小の観点から冷戦外交に対する批判が提起された。七二年の大統領選挙では、ベトナム戦争への反対と米軍の全面撤退、そして国防費の大幅削減を訴えるマクガヴァン（George McGovern）上院議員が党候補に指名された。七〇年代前半には上院院内総務を務めるマンスフィールド（Mike Mansfield）上院議員が在欧米軍の半減を求める決議案を上程した[12]。

だがゴールドウォーター候補もマクガヴァン候補も現職の大統領に大差で敗れ、マンスフィールド修正案も上院で三分の一程度の支持を得たに過ぎなかった。冷戦期を通じ歴代政権は党派を超えて封じ込め政策の大枠で合意し、リベラルな国際秩序の維持、発展に努めたのである。

冷戦期にアメリカがおかした最大の失態がベトナム戦争であった。アメリカはいわゆるドミノ理論に基づき、インドシナの共産化は東南アジアのみならず東アジア太平洋全域の共産化につながると警告し、北ベトナムに対抗する南ベトナムの梃子入れを進めた。そして六〇年代半ばに地上軍を含む軍事介入に踏み切り、ピーク時には五〇万人を超える地上軍を派遣して南ベトナムを支援したが、戦局は思わしくなく、やがて七三年一月の和平協定後に撤退に追い込まれた[13]。ベトナム戦争はアメリカに重い負担を課し、多額の国防支出、大規模な財政赤字の派生とインフレの昂進、ドルの海外流出を招き、さらに日本と西ヨーロッパ諸国の経済発展、そして核軍備でのソ連の追い上げがあり、六〇年代末までにアメリカをとりまく国際環境は悪化した。国内でも若者を中心とする反戦運動、マイノリティの権利拡大をめざす公民権運動、女性の解放運動が高揚し、ニクソン（Richard Nixon）共和党政権は内外で対応を迫られた。

ニクソン政権は事態を打開するために、大胆な外交に訴えた。まずニクソンはベトナム戦争のベトナム化を打ち出し、米地上軍の撤退と南ベトナムによる軍事的責務の肩代わりを開始した。次いでグアム・ドクトリン（後にニクソン・ドクトリン）を発表し、アメリカのアジア大陸に対する関与を抑制する方針を表明した。第三に、アメリカは朝鮮戦争以来、敵対関係にあった中国との和解に乗り出した。ニクソンとキッシンジャー（Henry Kissinger）大統領補佐官は、六〇年代末に国境軍事衝突に発展するまで対ソ関係が悪化した中国に働きかけ、中国をアメリカ主導の東アジア太平洋国際秩序に引き寄せることに成功した。ニクソンは米大統領として初めて、七二年二月に訪中し、米中関係の事実上の正常化を果たしたのである。

第四に、ニクソンとキッシンジャーはソ連との間でデタント外交を本格化させ、対ソ関係を大いに進展させた。アメリカはソ連との間でＳＡＬＴ（戦略兵器制限）協定、ＡＢＭ（弾道弾迎撃ミサイル）制限条約をはじめ多くの取り決めを結ぶことで、多角的な利害網を形成し、長期的にソ連をアメリカ主導の国際秩序に組み込むことをはかった。

第五に、ニクソン政権は西側同盟諸国との関係の調整を強引に進めた。ニクソンは七一年八月に発表した新経済政策でドルと金の兌換の停止を発表し、ブレトンウッズ体制の根幹であるドル・金本位制に終止符を打つとともに、一方的にドル高の是正をはかった。日本や西ヨーロッパ諸国はアメリカの高圧的な姿勢に反発したものの、同盟関係の堅持を確認したことで、負担増に応じた。

また内政面では、ニクソンは「法と秩序」を掲げて、断固たる治安対策をとると言明し、さらに民主党政権が進めた公民権法案に反発を強める白人保守層、とくに南部の保守層の支持を獲得するために、公民権問題では連邦政府は差別是正の積極策をとらず、州政府の自主性に委ねる「南部戦略」に打って出た。(14)

ニクソンとキッシンジャーの中国政策は冷戦の帰趨に重大な影響を与えた。まもなく中国の最高指導者となる鄧小平は改革・開放路線を導入し、西側諸国との政治・経済関係の強化に舵を切った。米中は七九年に正式に外交関係を正常化した。皮肉にもアメリカ政界切っての反共論者、親台湾派で知られたレーガン（Ronald Reagan）大統領（共和党）の下で、八〇年代の米中関係は「黄金時代」を迎えた。レーガンが対ソ冷戦戦略の文脈で現実的な中国政策を実施し、台湾寄りの姿勢を封印したからである。

レーガンの現実性は、対ソ外交にも反映された。戦後の大統領のなかで最も保守的であるレーガンは対ソ・デタントを否認し、アメリカの軍事的優位の回復を唱え、政権初期においては激しい修辞で対ソ非難を展開し、大規模な軍備増強に乗り出した。米ソ軍備管理交渉は八三年末に決裂し、両国関係は三三年に国交を樹立して以来、キューバ危機と並ぶおそらく最も危険な状態に陥った。しかしレーガンは強硬な対ソ姿勢を翌年初頭までに修正し、対話による関係の改善に踏み出した。米ソ関係は八五年三月にソ連共産党書記長に就いたゴルバチョフ（Mikhail Gorbachev）の登場によって、新たな段階に入った。レーガンはゴルバチョフの呼びかけに応じ、八八年末までに一連の会談、協議を通じて、冷戦終結の道筋をつけるのである。レーガンは決して硬直した反共・反ソ主義者ではなかった。

冷戦終結の立役者レーガン大統領は、七〇年代以降のアメリカを苦しめたスタグフレーションから脱却し、経済を立て直すため、減税と規制緩和を柱とする政策（レーガノミクス）を打ち出し、経済の再活性化に成功した。レーガノミクスによるアメリカの力の再建と強化は、アメリカに冷戦の勝利をもたらす上で、おそらく必要な処方箋であった。しかし同時にそれは、大きな所得格差と富の偏在を生んだ。この経済格差はその後是正されることなく、むしろ拡大していくのである。アメリカに冷戦の勝利をもたらしたレーガノミクスの皮肉な代償、副産物であった。

共和党右派を基盤とするレーガン政権はまた、国際機関に対する不信・猜疑心を継承し、単独主義的外交を実践した。レーガン政権は七〇年代半ば以降国連総会がしばしば反米的な姿勢をとることに苛立ち、国連に行財政改革を迫り、国連分担金の一方的削減を決めたばかりか、分担金の滞納を始めた。さらに過度の政治化を理由に、ユネスコ（国連教育科学文化機関）からの脱退を決定した（八四年）。通商外交も単独主義に傾斜し、ＧＡＴＴを迂回して一方的な制裁措置に訴える方針を採用した。大統領が熱心に推進したＳＤＩ

（戦略防衛構想）にも単独主義的発想が濃厚であった。SDIによるミサイル迎撃体制が整うと、同盟国や敵対国に関係なく、煩雑な軍備管理交渉を行う必要もなく、アメリカが単独で安全を守ることが期待できるからである。(15)

四　ポスト冷戦の時代とリベラルな国際主義の行方

冷戦は東欧諸国の自由化・民主化、西ドイツ主導のドイツ統一と統一ドイツのＮＡＴＯ（北大西洋条約機構）帰属という形で、アメリカのほぼ条件通りに終結した。一九九〇年夏のイラクのクウェート侵攻は、翌年一月に湾岸戦争に発展し、米軍を中心とする多国籍軍が圧勝した。冷戦終結後の世界におけるアメリカの圧倒的な優位を誇示した戦争であった。ブッシュ（George H. W. Bush）共和党大統領が提唱した「新世界秩序」構想はアメリカがパートナーとして想定するソ連の崩壊、宗教・民族紛争の頻発、そしてブッシュの再選の失敗があり、不首尾に終わったが、クリントン民主党政権（Bill Clinton）は市場経済と民主主義の拡大を軸とする安保戦略を打ち出し、とくに経済に比重を置いたグローバル化を推進した。アメリカ主導の国際秩序の形成は着々と進んでいるようであった。

しかしその国内基盤は強固ではなかった。冷戦終結後のアメリカは急速に内向きの様相を深めたからである。ニクソン、レーガン両政権のスタッフであったブキャナン（Pat Buchanan）は九二年の共和党大統領予備選挙に出馬し、現職のブッシュ大統領に対して二三％の得票率を得て善戦した。ブキャナンは「アメリカ第一」を掲げ、自らを「ナショナリスト」、ブッシュを「グローバリスト」と呼び、リベラル派に対する「文化戦争」を唱えた。「外交大統領」を自任するブッシュはブキャナンの挑戦を退けたものの、一一月の本選挙では、「変化」(change)と「国民第一」(putting people first)をスローガンとするクリントン民主党候補に敗退した。しかもこの本選挙には自由貿易への反対、国内優先を唱える実業家ペロー（Ross Perot）が第三政党（改革党）から出馬し、一九％の得票率を得た。これは第三政党の候補としては異例に高い数字で、一二年に革新党のＴ・ローズヴェルト元大統領が獲得した二七％に次ぐ高さであった。

九四年の中間選挙では共和党が大勝し、上下両院を制した。共和党が下院で多数派を掌握したのは、実に四〇年ぶりであった。ギングリッチ（Newt Gingrich）を指導者とする共和党下院の選挙公約「アメリカとの契約」は一〇項目のうち内政関係が九項目を占め、それは均衡財政、減税、福祉改革などにより「小さな政府」をめざし、ニューディール以来の「大きな政府」を縮小するというものであり、また僅か一項目の安保関係は米軍を国連軍の指揮下に置かないことと国防力の強化を謳うに過ぎないなど、全体に極めて保守的で内向きの公約であった。ギングリッチは九五年一月に下院議長に就任すると、クリントン政権と徹底的に対決、対立する路線をとり、党派対立が激化した。

上院では外交委員長に就いたヘルムズ（Jesse Helms）は国連嫌いの単独主義者として知られ、アメリカに敵対するキューバ、イラン・リビアに対する経済制裁法案を主導し、これらの国々で活動する第三国の企業をアメリカの国内法に基づき制裁対象とした。これは、いわゆる「超単独主義的な」法律であった。議会共和党はさらに国連に対するアメリカの分担金を削減し、上院はクリントン政権が調印した包括的核実験禁止条約（ＣＴＢＴ）の批准案を拒否した。

メディアでは九六年にＦＯＸニュースのテレビ放映が始まり、保守的な立場からクリントン政権に対する激しい批判を展開し、右翼系のラジオ・パーソナリティであるリンボー（Rush Limbaugh）は自らが主宰するラジオ番組で、リベラル派、フェミニスト、環境保護論者らを嘲弄、冷笑し、九〇年代に聴取者を一気に増大させた。(16)

外交分野の経験と知見に乏しく、内政優先を求める世論に敏感なクリントンは、国内経済に貢献するか否かを外交の主要な判断基準とした。彼は経済的安全保障を重視する立場から国家経済会議を新設し、前政権が調印した北米自由貿易協定（ＮＡＦＴＡ）に議会の同意を得た。さらに、アジア太平洋経済会議の非公式ながら首脳会談（シアトル）を主催し、九五年ＧＡＴＴのＷＴＯ（世界貿易機関）への改組を推進するなど、自由貿易の発展に努めた。対外政策の経済優先の姿勢は東アジア政策に端的に表れた。クリントン政権はこの地域の長年の同盟国である日本に対し、貿易黒字の削減を要求して経済制裁も辞さない構えで通商交渉に臨み、同盟関係を軽視したことで、九〇年代前半の日米関係は「戦後最悪」の状態に陥った。日本経済がまもなく低迷期に入ると、クリントン政権は躍進著しい中国市場に目を付け、中国との経済関係の強化に邁進した。

クリントンは政権発足当初、中国の人権問題に厳しい態度をとり、対中最恵国待遇の供与を人権改善に結びつける決定を下したが、中国政府の猛反発と中国市場への進出を求める米実業界の働きかけを前に、すぐに後退した。大統領は九四年五月の記者会見で、経済を始めとする多くの分野での「関与」が中国で「自由を前進させる最善の方策である」と述べ、最恵国待遇と人権改善の問題のリンクを解除した。既にブッシュ大統領が八九年春の天安門事件後も中国との関係を断つことなく、「関与」を続けることが「積極的な変化」をもたらすと釈明したが、クリントンはそれを踏襲し、対中関与政策を全面的に推進したのである。

クリントンは米大統領として天安門事件後初の訪中を九八年に果たし、米中の「建設的で戦略的パートナーシップ」を謳い、台湾問題については「三つのノー（台湾の独立、『二つの中国』、台湾の国連加盟を認めない）」を約束した。彼は中台間の問題は「いずれ自然に解決する」と考え、中国の政治が「正しい方向へ発展している」と確信したのである。クリントンは中国のＷＴＯ加盟を積極的に支持し、二〇〇〇年九月までに対中最恵国待遇の恒久的付与を盛り込んだ貿易法案を議会で成立させた。(17)

クリントン政権の中国政策に反発を強めたのが、共和党であった。下院で多数派を占める共和党は九七年、九九年に相次いで中国の人権状況、軍備強化を牽制する決議案を、二〇〇〇年には台湾の安全に対するアメリカの関心を確認する台湾安全強化法を可決した。さらに下院は二〇〇〇年、対中最恵国待遇を承認する代わりに、米中経済安全保障調査委員会の設置を決め、米中関係の現状とアメリカの安全保障に与える影響について年に一度の報告の提出を義務づけたのである。[18]

議会共和党の対中警戒論を二〇〇一年に発足したブッシュ（George W. Bush）共和党政権が引き継いだ。ブッシュ政権は中国を「戦略的パートナー」ではなく、「競合国」と位置づけ、ライス（Condoleezza Rice）大統領補佐官は中国を「潜在的な脅威」と述べ、クリントン政権の中国「傾斜」を批判した。またブッシュ政権はレーガン政権以来の単独主義的傾向を一層強め、京都議定書からの離脱、経済協力開発機構が提案したタックス・ヘイブンへの規制強化への反対、ＣＴＢＴの批准放棄、国連小型武器会議での行動計画への反対、さらにはＡＢＭ条約からの脱退を進めた。ブッシュ政権の単独主義の頂点が、ブッシュ・ドクトリン（先制攻撃論）の採択であった。

ブッシュ政権は九・一一事件を契機に、対中関係をすぐに改善し、アフガニスタンとイラクに対する大規模な軍事介入に踏み切った。とくにイラク開戦においては、ブッシュ大統領は国際規範・国際法に関係なく、独自の判断でアメリカに脅威を与える国に対して先制攻撃を行うと宣言し、それを実行に移したのである。ブッシュ政権は〇五年になり、中国に対して国際秩序の「責任ある利害共有者」として行動するように求め、財務長官級の戦略的経済対話を始めたが、それは中国関与政策の継続であった。しかし中東の戦争に足をとられるブッシュ政権のアジアに対する持続的関心の維持は困難であり、核開発を進める北朝鮮に対する制裁の後退、東南アジアに対する一貫した政策の不在はブッシュ政権のアジア軽視の印象を与えた。

ようやくオバマ（Barak Obama）民主党政権が、長年の外交懸案であった東南アジア友好協力条約に調印して、オバマは米大統領として初めてＡＳＥＡＮ（東南アジア諸国連合）首脳会議、東アジア首脳会議に出席した。オバマ政権はまた当初、中国との対話に積極的な姿勢を見せ、戦略的経済対話を戦略・経済対話に拡大・改組したが、中国が南沙諸島、西沙諸島、尖閣諸島などをめぐって近隣諸国と摩擦、対立を引き起こすと、武力による現状変革に反対する姿勢を打ち出した。中国は一〇年に日本を抜いて、世界第二位の経済大国になるところであった。

オバマ政権は一〇年にＴＰＰ（環太平洋パートナーシップ協定）交渉を開始した。環太平洋地域にモノの関税のみならず、サービスや投資の自由化、知的財産、金融サービス、電子商取引、国有企業の規制など幅広い分野での新たなルール作りをめざすＴＰＰを、オバマはアジアにおける「再均衡」の「中核的な柱」と位置づけ、中国に「グローバルな世界経済の規則を書かせるわけにいかない」と強調した。彼は翌一一年の豪州訪問で米海軍の中心をアジア太平洋に置く方針を明らかにし、この地域の安全保障を「最優先課題」と位置づけたのである。

ＴＰＰは一六年二月に調印されたものの、国内では自由貿易協定の単なる焼き直しであると不評であった。民主党大統領候補のＨ・クリントン（Hillary Clinton）も共和党候補のトランプ（Donald Trump）もＴＰＰに反対する立場を表明し、上院のＴＰＰ同意も困難な情勢であった。また南シナ海仲裁裁判所が一六年七月、中国が南シナ海で一方的に進める人工島の造成や領有権を主張する環礁をめぐりフィリピン政府の立場を全面的に認める判決を下した時、オバマ政権は判決を「ただの紙屑」と罵倒する中国を批判したが、実際の対抗措置は極めて微温であった。アメリカは国際規範に反する中国の行動を事実上容認したのである。アジアにおける「再均衡」は曖昧な成果を残して、終わった。(19)

オバマ大統領は一〇年八月イラクからの米地上軍の撤退を発表し、一三年九月シリア内戦に米地上軍を送らないと言明し、その上で「アメリカは世界の警察官ではない」と宣言した。彼は中東での戦争の終了を射程に入れ、アメリカの資源を中国の急速な台頭に充てなければならないと考えていたが、この「アメリカは世界の警察官ではない」発言はおそらくオバマの思惑以上に大きな衝撃、波紋を内外に投じた。プーチン（Vladimir Putin）露大統領がウクライナ領のクリミアを一方的に併合したのは半年後のことである。(20)

五　岐路に立つリベラルな国際秩序

二〇一六年のアメリカは一九六八年と類似していた。海外の戦争の長期化とその重い負担、経済的・軍事的に強力な外国の台頭、同盟諸国との関係の再調整の必要、アメリカ主導の国際秩序の揺らぎである。だが二〇一六年のほうが状況ははるかに深刻であった。

民主党では「民主的社会主義者」を自称するサンダース（Bernie Sanders）上院議員が大統領予備選挙で四三％の得票率を得て、本命のクリントン候補を追い詰めて善戦した。より劇的であったのが、共和党であった。不動産業界出身で、政治家として全く未知数のトランプが予備選挙を勝ち抜き、本選挙でクリントン民主党候補に対して辛勝とはいえ、勝利を収めたからである。

トランプは「アメリカ第一」と「アメリカを再び偉大に」をスローガンに、アメリカ主導の国際秩序に背を向け、自国の利益を最優先する外交・経済政策を公約した。彼の躍進の背景には、経済のグローバル化の恩恵を受けることが少なく、広がる一方の経済格差に直面する中低所得層――とくに白人労働者階級――の不満、さらに中東の戦争に八兆ドルを超える戦費を使う安保政策に対する有権者の不信があった。冷戦終結以来、国内で累積する諸課題を解決するために、有権者はアメリカの理念、国際的責任を語ることなく、経済的実利の露骨な追求を説き、人種差別的・排外的言動を繰り返す人物をホワイトハウスに送り込んだのである。

トランプは就任直後にTPPから離脱し、次いでNAFTAをはじめ自由貿易協定の見直し、地球温暖化に関するパリ協定、国連人権理事会、イラン核合意、WHO（世界保健機関）からの離脱を発表し、単独主義的外交を推進した。さらにNATO同盟諸国と防衛費をめぐって激しく対立した。トランプの度重なるNATO批判に対して、ドイツのメルケル（Angela Merkel）独首相は一七年五月、「われわれが他者に完全に依存することが出来た時代はもう過ぎたようである」と言明した。同様に、マクロン（Emmanuel Macron）仏大統領も一九年一一月、NATOが「脳死」状態にあると慨嘆した。一九年の先進国サミットは首脳間で意見がまとまらず、一頁の簡単な首脳宣言を発表しただけであった。西側同盟内の対立と亀裂は隠しようがなかった。

ただし奇妙なことに、大統領の言動とは異なり、トランプ政権が一七年一二月に発表した『国家安全保障戦略』は中国とロシアを修正主義勢力と位置づけて警戒を示し、NATOとの連携、「インド太平洋」では日本、韓国、オーストラリア、インド等との協力の強化を打ち出すとともに、中国の行動を「自由で開かれたインド太平洋」を脅かしていると強く批判した。そしてアメリカの政策は「中国の台頭、そして中国の戦後国際秩序への統合を支持することが中国を自由化するという考え」に立脚してきたが、中国の内外の行動はアメリカの「希望」に反するものであると断じ、中国関与政策の失敗を事実上宣言したのである。

まもなくしてアメリカはトランプ大統領の主導で、対中貿易赤字の是正を理由に中国からの輸入製品に高率の関税を課し、これに中国が報復したことで、米中間で貿易戦争が始まったが、一八年一〇月のペンス副大統領の演説が一九七二年以来の両国関係の転換点を明確に記した。そこでペンスは中国共産党体制を激しく非難し、過去の対中関与政策が功を奏さなかったとしてその終結を明言したからである。国務長官をはじめ他の閣僚もこれに続いた。議会も中国の人権弾圧を非難する決議する法案を可決するとともに、台湾を支援する法律を次々と制定した(21)。

トランプは二〇年の選挙で再選に失敗し、国際協調主義への回帰を掲げるバイデン（Joe Biden）民主党候補が勝利を収めた。しかし「中産階級のための外交」を唱えるバイデン政権はTPPに復帰することはなく、米製品を優遇する通商政策をとるなど、前政権の通商政策の重要部分を踏襲している。二一年夏の米軍の慌ただしいアフガニスタン撤退は中東におけるアメリカの影響力の低落を示す出来事であり、バイデン大統領はこの決定を、中国とロシアの挑戦と競争、国内の再建により多くの資源を注ぐ必要を強調して正当化した。バイデン政権は前政権が始めた中国政策を踏襲し、それを「最大の戦略的資産」である同盟国と協力して実施している。同様に、二二年二月二四日に始まったロシアのウクライナ侵攻に対しても、同盟諸国と協力しながら、ウクライナに対する大規模な軍事・経済支援と対ロ制裁を主導している。しかし国内ではトランプ前大統領が隠然たる影響力を保持し、二二年一一月の中間選挙では共和党が下院を奪取した。バイデン大統領の支持率は低迷しており、アメリカの国際的指導力の再確立は容易ではない(22)。

おわりに

国際政治に本格的な関与を始めたアメリカはT・ローズヴェルト的な国際主義ではなく、ウィルソン的な国際主義を採用し、これを二〇世紀外交の基調とした。ウィルソン大統領は一九一七年一月に「勝利なき平和」演説でアメリカ的理念によるリベラルな国際秩序構想を打ち上げ、三カ月後にアメリカを第一次世界大戦に導いた。それ以来アメリカは理念の魅力と圧倒的な国力により国際社会を牽引した。とくに第二次大戦以降の民主・共和両党の歴代大統領はウィルソンの理念を継承し、自由で開放的、多角的な国際秩序の建設と維持に努めた。この超党派の路線は冷戦の勝利に貢献し、冷戦終焉後もこの路線の継続があった。

しかしウィルソンがリベラルな国際秩序構想を明らかにしてちょうど百年後の二〇一七年一月、トランプが大統領就任演説で「アメリカ第一」を宣言した。第一次世界大戦がウィルソン的国際主義を生み出したように、二一世紀初頭の中東に対する軍事介入とその疲弊がトランプの「アメリカ第一」主義の政治的土壌を醸成した。しかも二一世紀に入り顕著となったグローバル化に伴う貧富の格差の拡大、〇八年の金融危機、「ブラック・ライブズ・マター」運動が改めて照射する深刻な人種差別、新型コロナウィルスによる一一〇万人を超える死者、二一年一月六日の連邦議会議事堂襲撃事件、そしてトランプ前大統領の度重なる起訴はアメリカが国内で抱える問題の深刻さを際立たせるだけではなく、アメリカの理念の魅力を大きく減殺させている。リベラルな国際秩序の基盤であったアメリカの力と理念の劣化は覆いがたい。

アメリカ外交は第一期が孤立主義の時代、第二期が国際主義の時代であったとするならば、二〇一六年を境に第三期に入った感がある。その外交基調はまだ明瞭ではないものの、国内優先を唱えるトランプ主義がその一部を構成するのは確かである。アメリカの力の相対的低落とアメリカ外交の変容に伴い、リベラルな国際秩序の変質、そしてその退潮は不可避であろう。国際社会はまさに海図なき航海に乗り出している。

（1）アメリカ的国際主義の二つの類型は、ヘンリー・A・キッシンジャー『外交』上（岡崎久彦監訳、日本経済新聞社、一九九六年）の第二章による。

（2）三島武之介『「アメリカの世紀」を興したリーダーたち――グローバル化に向けた国家改革』（松籟社、二〇一六年）、第一、六、七章。John M. Thompson, *Great Power Rising: Theodore Roosevelt and the Politics of U. S. Foreign Policy* (New York: Oxford University Press, 2019), pp. 86–87.

（3）ウィルソン外交については、西崎文子『アメリカ外交史』（東京大学出版会、二〇二二年）、第四章。ウィルソンの対独宣戦教書は、George M. Harper, ed., *President Wilson's Addresses* (Boston: IndyPublish, 2007), pp. 173–74.

（4）ロッジの構想は、William C. Widenor, *Henry Cabot Lodge and the Search for an American Foreign Policy* (Berkeley, Calif.: University of California Press, 1980), pp. 221–348. 主権に固執するアメリカの伝統については、Stewart Patrick, *The Sovereignty Wars: Reconciling America with the World* (Washington, D.C.: Brookings Institution Press, 2017).

（5）戦間期のアメリカ外交史、国際政治史は、Benjamin D. Rhodes, *United States Foreign Policy in the Interwar Period, 1918–1941: The Golden Age of American Diplomatic and Military Complacency* (Westport, Conn.: Praeger, 2001); Zara Steiner, *The Lights that Failed: European International History 1919–1933* (London: Oxford University Press, 2005); *The Triumph of the Dark: European International History 1933–1939* (London: Oxford University Press, 2011).

（6）簑原俊洋『アメリカの排日運動と日米関係――『排日移民法』は

なぜ成立したか』（朝日新聞出版、二〇一六年）。C・P・キンドルバーガー『大不況下の世界一九二九―一九三九』（石崎昭彦／木村一朗訳、東京大学出版会、一九八二年）、二六四頁。

（7）Robert A. Divine, *Second Chance: The Triumph of Internationalism in America During World War II* (New York: Atheneum, 1967).

（8）Warren F. Kimball, *The Most Unsordid Act: Lend-Lease, 1939–1941* (Baltimore: Johns Hopkins University Press, 1969); Theodore A. Wilson, *The First Summit: Roosevelt and Churchill at Placentia Bay, 1941*, revised edition (Lawrence: University Press of Kansas, 1991).

（9）二つの国際会議については、Stephen C. Schlesinger, *Act of Creation: The Founding of the United Nations: A Story of Superpowers, Secret Agents, Wartime Allies and Enemies, and Their Quest for a Peaceful World* (Boulder: Westview, 2003); エド・コンウェイ『サミット――一九四四年ブレトンウッズ交渉の舞台裏』（小谷野俊夫訳、一灯舎、二〇二〇年）。

（10）最近次のケナン研究が刊行された。鈴木健人『封じ込めの地政学――冷戦の戦略構想』（中公選書、二〇二三年）、Frank Costigliola, *Kennan: A Life between Worlds* (Princeton: Princeton University Press, 2023).

（11）ブリッカー修正案は、Duane Tananbaum, *The Bricker Amendment Controversy: A Test of Eisenhower's Political Leadership* (Ithaca: Cornell University Press, 1988).

（12）ゴールドウォーターについては、Rick Perlstein, *Before the Storm: Barry Goldwater and the Unmaking of the American Consensus* (New York: Hill and Wang, 2001), pp. 66–68, 269. マンスフィールド修正案は、ドン・オーバードーファー『マイク・マンスフィールド――米国の良心を守った政治家の生涯』下（菱木一美・長賀一哉訳、共同通信社、二〇〇五年）、一五二―五八頁。

（13）アメリカのベトナム介入は、松岡完『ベトナム戦争――誤算と誤解の戦場』中公新書、二〇〇一年。

（14）ニクソン＝キッシンジャー外交は、石井修『覇権の翳り――米国のアジア政策とは何だったのか』（柏書房、二〇一五年）。ニクソンの「南部戦略」は、松尾文夫『ニクソンのアメリカ――アメリカ第一主義の起源』（岩波現代文庫、二〇一九年）、第二章。

（15）米中「黄金時代」は、ジェームズ・マン『米中奔流』（鈴木主税訳、共同通信社、一九九九年）、第七章。レーガン政権の内政・外交に関する簡潔で要を得た研究は、Gil Troy, *The Reagan Revolution: A Very Short Introduction* (New York: Oxford University Press, 2009).

（16）冷戦後のアメリカ国内政治・社会状況は、Nicole Hemmer, *Partisans: The Conservative Revolutionaries Who Remade American Politics in the 1990s* (New York: Basic Books, 2022). 超単独主義は、Michael Mastanduno, "Extraterritorial Sanctions: Managing 'Hyper-Unilateralism' in U.S. Foreign Policy," in Stewart Patrick and Shepard Forman, eds., *Multilateralism and U.S. Foreign Policy: Ambivalent Engagement* (Boulder, Col.: Lynne Rienner Publishers, 2002), pp. 295–322.

（17）クリントン政権の政治・外交は、古矢旬『グローバル時代のアメリカ――冷戦時代から21世紀』（岩波新書、二〇二〇年）、第三章。川上高司「『日本の脅威』と戦後最悪の日米関係」アメリカ学会編『唯一の超大国』（原典アメリカ史第九巻）（岩波書店、二〇〇六年）。ブッシュ演説は、"The US and Asia: Building Democracy and Freedom," November 12, 1991, *US Department of State Dispatch* (November 18, 1991). クリントン発言は、ビル・クリントン『マイライフ――クリントンの回想』下（楡井浩一訳、朝日新聞社、二〇〇四年）、三六四、五〇七頁。

(18) 久保文明「共和党多数議会の『外交政策』――一九九五―二〇〇〇年」五十嵐武士編『太平洋世界の国際関係』（彩流社、二〇〇五年）、古城佳子「冷戦後アメリカ外交における経済と安全保障――アメリカの対中経済政策の論理と展開」山本吉宣編『アジア太平洋の安全保障とアメリカ』（彩流社、二〇〇五年）。

(19) 梅本哲也『米中戦略関係』（千倉書房、二〇一八年）、第三～五章。

(20) 高畑昭男『「世界の警察官」をやめたアメリカ――国際秩序は誰が担うのか？』（ウェッジ、二〇一五年）、第一章。

(21) "National Security Strategy of the United States of America," The White House, December 18, 2017, https://trumpwhitehouse.archives.gov/wp-content/uploads/2017/12/NSS-Final-12-18-2017-0905.pdf. トランプ外交は、Robert D. Blackwill, *Trump's Foreign Policies Are Better Than They Seem* (New York: Council on Foreign Relations, 2019).「アメリカ第一」なる用語の興味深い由来は、Sarah Churchwell, *Behold, America: A History of America First and the American Dream* (London: Bloomsbury Publishing, 2018).

(22) "National Security Strategy of the United States of America," The White House, October 12, 2022, https://www.whitehouse.gov/wp-content/uploads/2022/10/Biden-Harris-Administrations-National-Security-Strategy-10.2022.pdf.

（ささき　たくや　立教大学）

日本国際政治学会編『国際政治』第213号「アメリカ——対外政策の変容と国際秩序——」（二〇二四年三月）

「リベラルな国際主義」の変容と新冷戦2.0

西田竜也

はじめに

国際秩序は、大きな転換期を迎えているのかもしれない。アメリカの経済力や軍事力が相対的に低下する一方中国が台頭し、米中二極体制とか、米中新冷戦とか言われ、アメリカが第二次世界大戦以降主導してきた「リベラルな国際秩序」もトランプ（Donald Trump）政権による自由貿易体制や他の様々な国際制度からの一方的な離脱、そして二〇二二年二月のロシアによるウクライナ侵攻により大きな危機に直面した。

本稿は、これまで「自由」と「民主主義」を掲げ、そして冷戦に勝利し、唯一の超大国となったアメリカが中心となり築き上げた国際秩序がなぜこのような危機を迎えたのか、アメリカの外交政策と関連付けて分析を試みる。なぜなら、ラギー（John Ruggie）が述べたように、大国は自国の理念や制度を反映した国際秩序を構築するものであり、その外交政策の変化は国際秩序にも影響するからである。[1] 具体的にはまず、「リベラルな国際主義」の内容を明らかにし、それに基づく国際秩序が直面する危機が何を意味するかを幾つかの例と共に示す。特に、冷戦に勝利したことで「リベラルな国際主義」はクライマックスに達し、アメリカと対立していたソ連が崩壊したことは、「自由」と「民主主義」の正当性を証明するものとされ、また、米ソ二極体制からアメリカ中心の一極体制に移行したことも意味した。しかし、この一極体制への移行から三〇年以上が経った今、中国の急速な台頭とともに、「米中二極体制」とか、米中による「新冷戦」と呼ばれるに至った。[2]

以下ではまずは冷戦終焉後、「比類なき」（Unrivaled）と評されたアメリカ、そして、その外交を支えた「リベラルな国際主義」が直面する危機の事例を幾つか示す（第一節）。次に冷戦終焉以降のアメリカの外交政策、つまり、クリントン（William Clinton）、ブッシュ・ジュニア（George W. Bush）、オバマ（Barak Obama）、トランプ、バイデン（Joseph Biden）の外交政策や軍事介入を「リベラルな国際主義」の観点から整理し分析する（第二節）。本研究が、冷戦終焉後の五つの政権に絞って外交政策を比較するのは、研究の主眼が、冷戦の終焉後に出現したアメリカによる一極体制が揺らいだ中で、アメリカの外交政策がどのように変化したかを分析し、その上で、今後のアメリカ外交政策の行方をある程度見極めたいからである。よって第三節では、冷戦終焉以降のアメリカの外交政策や軍事介入の分析結果から、アメリカの外交政策や「リベラルな国際主義」がどのように変化したかを明らかにし、アメリカ外交の方向性につき、幾つかの示唆を得る。最後に、現在そして近い将来出現する国際秩序の可能性を描きたい。特に、ロシアによるウクライナ侵攻とそれに対するアメリカとその同盟国の対応は、今後の国際秩序形成に大きな影響を与える可能性がある。

予め断っておくと、本研究は、冷戦終焉以降のアメリカの外交政策を網羅的に検討したものではない。あくまで現在の国際秩序とアメリカの外交政策を「リベラルな国際主義」という限られた側面に光を当てて、アメリカの外交政策や国際秩序の特徴の幾つかを浮き彫りにする試みである。また、アメリカ外交に影響を及ぼす国内的要因の分析も十分ではない。その意味で、本研究は不完全であり、それは全て著者の責任である。

一　リベラルな国際主義とその危機

具体的に「リベラルな国際主義」とは何を意味するのか。まず、「リベラルな国際主義」が目指すのは、民主主義にとって安全な世界（a world safe for democracy）、つまり、民主主義諸国の安全保障、福利、そして進歩を促し、強化する国際秩序を組織し、また、改革する。つまり、民主主義諸国が相互利益のために協力し、互いの弱点を補完しあい、その生活様式を守りやすい環境づくりを目指すものである。(3) しかし、「リベラルな国際主義」には厳格に固定した定義づけがあるわけではなく、時代や科学技術の発展、戦争や経済危機、ナショナリズムや帝国主義等の思想に対して、変化し進化してきたとされる。(4) このような考え方は、国際関係論で言うところの自由や民主主義を重視し、自由民主主義諸国間の協力の促進に積極的であるという意味でリベラリズムとの親和性が高いと言えるが、リアリズムの考え方を必ずしも排除するものではない。民主主義にとって安全な世界を守り、促進するためには、国力の増大を重視するし、対立や紛争も厭わないこともあるからである。例えば、フランクリン・ルーズベルト（Franklin Roosevelt）大統領は第二次世界大戦でドイツや日本との戦いに勝利するために、イデオロギーで異なるソ連との同盟を結び勢力均衡を重視するなど現実的に対応したことはよく知られている。また、建国初期に見られたアメリカ外交の特徴の一つとされる「孤立主義」も自由と民主主義という理想のかがり火を「丘の上の町」に掲げるだけでなく、当時、欧州の列強に比べ国力が劣っていたアメリカが、欧州の権力政治に巻き込まれることなく、海外貿易の促進やアメリカ大陸での領土の拡大を図るという現実的な政策であったという指摘もある。[5] つまり、「リベラルな国際主義」とはリベラリズムに加えリアリズム的な考えも包含することもある。

それでは、「リベラルな国際主義」はなぜ今、危機にあるのか。特に、冷戦後のソ連崩壊により、アメリカにとってはライバルのいない優位な状況が出現したはずである。しかし、二〇一〇年代頃からアメリカがその優越的な地位を失い、国際政治で力の拡散が生じる「Gゼロ」の時代の到来を予測する研究[6]や、非リベラルな国、特に中国の台頭や、トランプ政権に代表されるアメリカ自身による「リベラルな国際主義」の否定に、警鐘を鳴らす議論が見られている。[7] こうした議論から窺えるのは、「リベラルな国際主義」やそれに基づく国際秩序が直面する危機は、概ね二つのことを意味すると考える。一つは、「リベラルな国際主義」を主導してきた米国自身の能力もしくは国力が相対的に低下していること、そしてもう一つは、「リベラルな国際主義」に基づく国際環境の拡大に限界が見られているということである。以下では、アメリカの能力を端的に示すと考えられる経済力と軍事力、次にリベラルな国際秩序の現状を示すと考えられる指標につき検討する。

まず、アメリカの経済力を示す一つの指標として最近三〇年程度の実質国内総生産（GDP）の推移[8]（図1）を見ると、アメリカの経済力は決して衰退しているわけではない。一九八九年から二〇二二年まで、アメリカは年平均で約二・四四パーセントのGDP成長率を実現し、これは先進国の中では高い水準である。同期間の欧州連合（約一・七八%）や日本（約一・〇五%）と比べても高い。ただし、それ以上に中国は高い成長を実現している。一時期の二桁成長のような勢いはないが、中国は引き続き高い成長率を維持し、二〇二一年には八・五%、二二年には二・九%と、日本（二一年は二・一%、二二年は一・〇%）やアメリカ（二一年は六・〇%、二二年は二・一%）より高くなっている。[9] 中国の実質GDPの規模で見た場合も中国は、二二年に約一六・三兆ドルと、日本（約四・五兆ドル）の四倍弱、そして、米国（約二一・〇兆ドル）の四分の三を超えるようになっている。

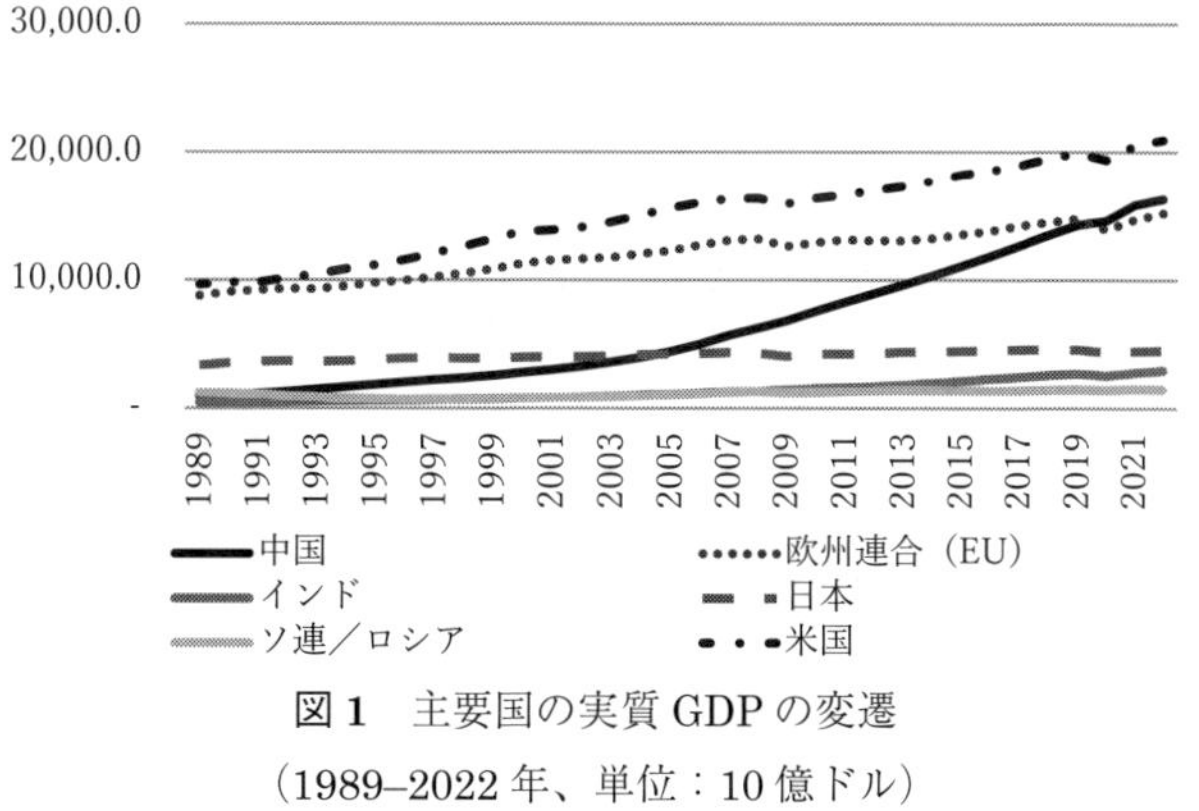

図1　主要国の実質GDPの変遷
（1989–2022年、単位：10億ドル）

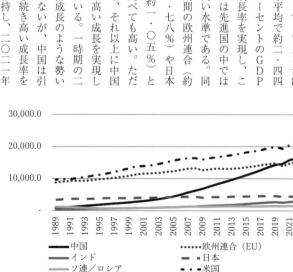

しかし、アメリカ経済は成長しているものの、相対的には低下している。図2が示す通り、アメリカのGDPの世界全体に占める割合は冷戦終焉後、最も高い時には二八・六%（一九九九年）だったが、二〇二二年には二三・三%に低下した。反対に、中国のGDPの世界全体に対する割合は八九年には二・八%に過ぎなかったが二二年までに一八・二%と大幅に増加した。また、自由民主主義国の集まりとしてEU諸国全体や先進主要七カ国（G7）全体のGDPを八九年から二二年にかけて世界全体と比較した場合、前者は二五・〇%から一七・〇%へと約一〇%、後者は六〇・〇%から四三・三%へと一七%低下した。つまり、アメリカ以上に主要な自由民主主義国家群の経済力が低下している。

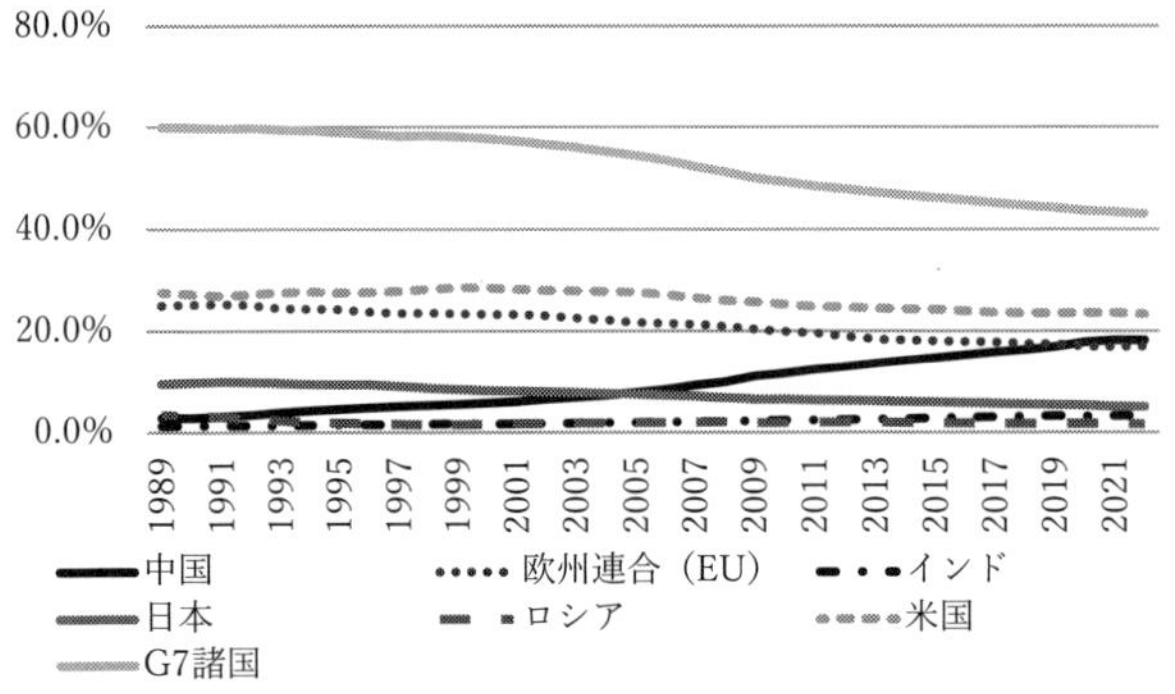

図2　主要国の実質GDPの世界全体に占める割合
（2015年を基準）

次にアメリカと主要国の軍事力を示す指標の一つとして、軍事支出の推移を見る。[10] 図3を見ると、中国の軍事支出は近年高い水準で伸びているものの、アメリカは中国を含む他の主要国よりもかなり大きな軍事費を支出している。[11] 二〇二二年を基準に実質ベースで見るとアメリカの軍事支出は、は約八一一六億米ドルである一方、中国は二九八〇億米ドルで、アメリカの約四割弱程度に留まる。しかし、中国の軍事支出は日本の約五四〇億米ドルと比較すると五倍を超える大きさであり、アメリカを除くインド太平洋地域にあるアメリカの主要同盟国の全体の軍事費の合計（約一四三五億米ドル）[12]の二倍を超える。また、図3は、アメリカの軍事支出は年ごとの増減が大きく、二〇〇二年から一三年にかけて大きく増えたことを示す。一方、近年は減速傾向にあるものの、中国の軍事費は〇二年から二二年までの二〇年間、実質ベースで年平均八・四%伸び、軍事力が急速に拡大している。[13] また、軍事支出の対GDP比を一九八九年以降でみると、アメリカは平均で四%を超える一方、中国は平均で約一・八五%に過ぎず、無理なく軍事支出を増やしている。[14] ただし、中国の実際の国防費は、公表される額を大幅に上回ると指摘する声もあり、注意が必要である。[15] つまり、世界的に見た場合、確かにアメリカの軍事費は突出しているものの、地域的に見た場合はその差はかなり小さくなる可能性がある。周知の通りアメリカは、インド太平洋地域のみならず、欧州や中東地域など世界規模でその兵力を展開している。こうした事情を考慮し、例えば、インド太平洋地域だけを見ると、アメリカが同地域に実際に展開できる兵力は大

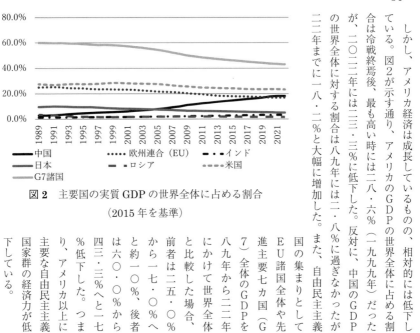

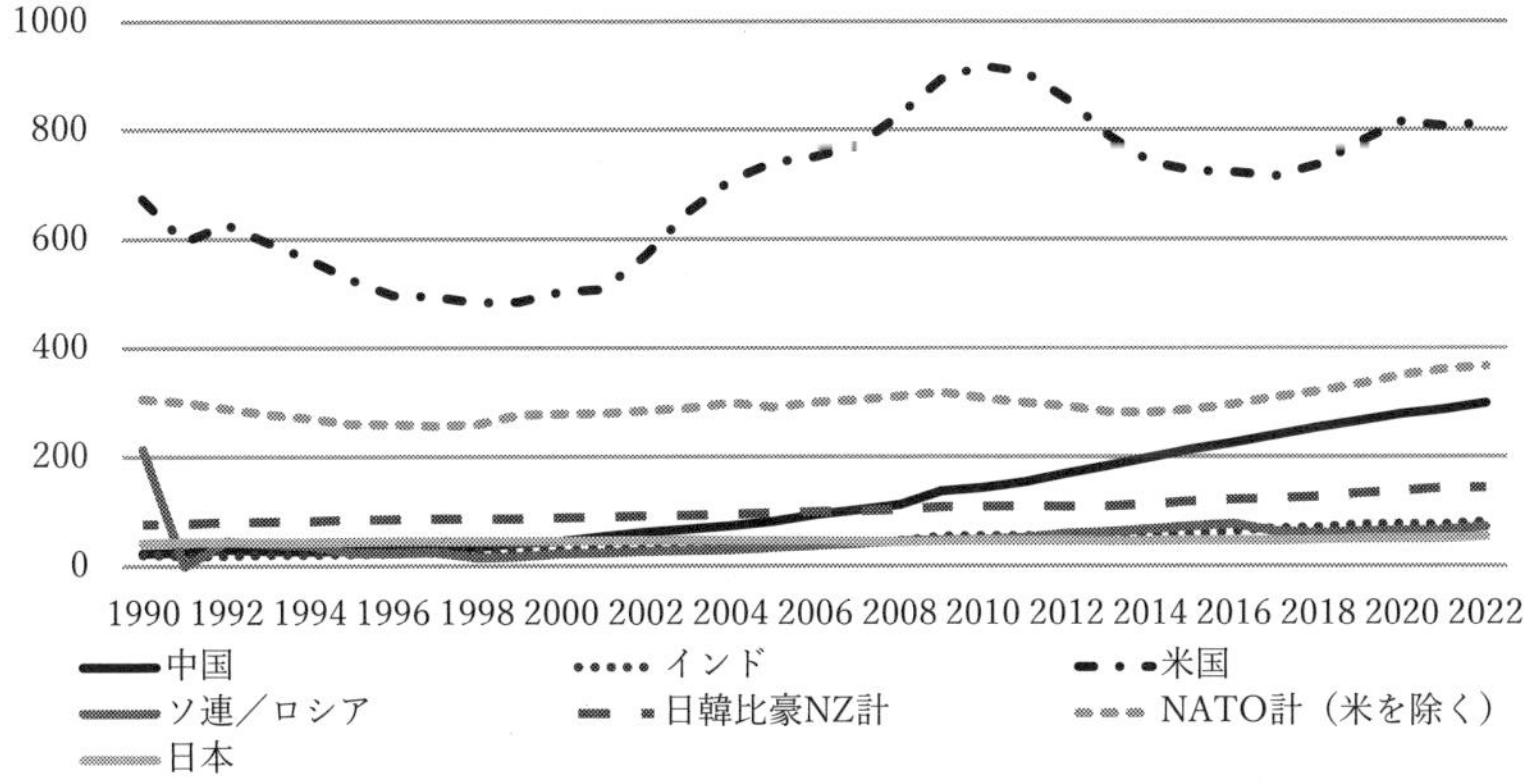

図 3　軍事支出の変化（1989–2022 年、2022 年を基準、単位 10 億ドル）

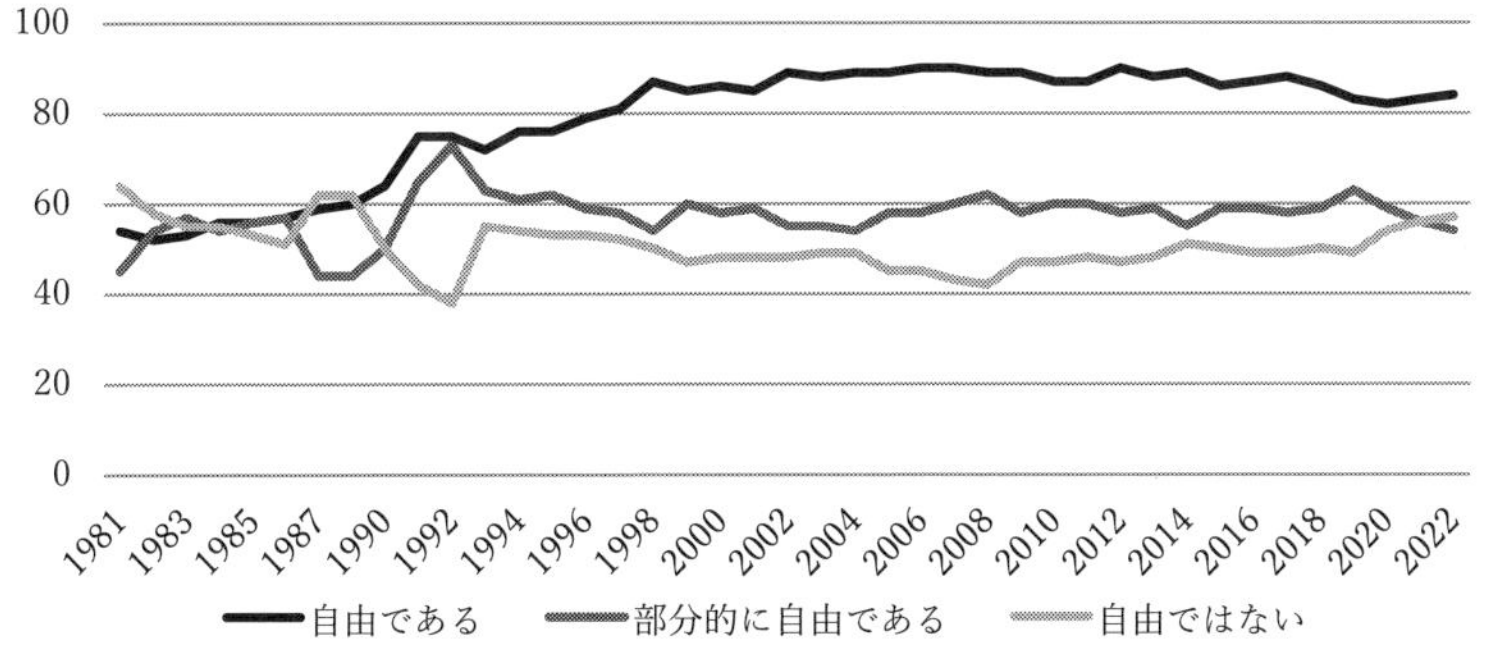

図 4　自由とされる国家数の変遷（1981–2022 年）

きく減少し、特に、中国との軍事力の差はかなり縮まる可能性がある。また、既述の通り、アメリカは現在ＧＤＰの四％程度を軍事費に割いているのに対し、中国は二％弱と余力を残して軍事費を増加させており、仮に、中国がＧＤＰ比でアメリカと同程度に軍事費を増加するとその差はさらに縮まる、もしくは地域レベルでは逆転する可能性もある。

　三番目に、「リベラルな国際主義」に基づく国際秩序を示す一つの指標として、「自由」とされる国家数の変遷を見る。図4は、フリーダムハウスの指標を用いて、世界の国々を「自由である」(Free)、「部分的に自由である」(Partly Free)、「自由ではない」(Not Free) という三つのカテゴリーに分類し、一九八一年から二〇二二年までの各分類に属する国家数の変化をグラフにまとめた[16]。このグラフからはまず、八一年以降〇六年までに、「自由である」国の数は五〇カ国ぐらいから九〇カ国まで大きく増加した一方、一四年以降二二年にかけ若干数を減らし、八〇台前半で推移していることがわかる。また、「部分的に自由である」国の数は、八七年以降急速に増え九二年には七〇を超えたが、その後は概ね六〇前後で推移し、ここ数年は五〇台前半に落ち込んでいる。反対に「自由ではない」国の数は、冷戦が終結した八九年から九二年にかけて大きく減少し、四〇を切る時もあったが、その後は四〇から五〇カ国前後で推移した。しかし、二二年までの三年間で再び増え、五〇カ国を超えている。つまり、冷戦の終焉に伴い、「自由である」及び「部分的に自由である」国の数は大きく数を増やした一方、「非自由」である国の数は大きく減少した。そして、その後変化は見られなかったが、ここ数年「自由である」、「部分的に自由」である国の数は若干減少し、反対に「自由ではない」国の数は増えている。

以上をまとめると、まずアメリカと中国の能力面での差、特に、経済力及び軍事力の差は縮まりつつある。経済力では既述の通り、中国はアメリカの四分の三を超える規模に達しつつあり、冷戦期にソ連の経済力が最も大きかった時でもアメリカの半分程度に過ぎなかったことを考えるとその大きさに驚かされる[17]。また、中国の軍事支出は世界的にはアメリカの四割弱に過ぎないが、インド太平洋地域に限ると、また、中国がその経済力に比して低い割合の軍事費に留めている点を鑑みると、軍事力の差もかなり縮小しうる。さらに、リベラルな国際秩序を示す一例として、「自由」とされる国の数の増加にも近年陰りが見られるといった特徴が指摘できる[18]。

二　冷戦終焉後のアメリカの外交政策

それでは、冷戦に勝利した時から、「リベラルな国際主義」の危機と言われる状況に至るまでのアメリカの外交政策はどのようなものだったのか。以下では冷戦終焉後に政権を担ったクリントン、ブッシュ・ジュニア、オバマ、トランプ、バイデンそれぞれの大統領の外交政策の違いや共通点、特徴につき述べる。但し、本研究は、対象となる政権の外交政策すべてを包括的に検討するわけではなく、あくまで冷戦後のアメリカ外交に表れた「リベラルな国際主義」に関する幾つかの側面を分析する。具体的には、「リベラルな国際主義」を自由と民主主義の促進、人権の保護、自由主義経済の推進、関係国との協調の重視と捉えこれらが、各政権の外交のうち軍事介入、多国間協議、そして対中政策の三つの面で、どのように表れているかを分析する。三つの観点に焦点を当てるのは、これらの観点が今後の国際秩序のあり方を左右すると考えたからである。

(1)　クリントン政権の外交——関与と拡大——

ナイ（Joseph Nye）によると、クリントンは冷戦後の世界を包括的に描いたビジョンを語ったことはなかったが、その外交の特徴を「関与と拡大」と表現した[19]。「関与と拡大」という言葉は一九九四年七月に策定された「関与と拡大の国家安全保障戦略」文書からのものであり、そこでは共産主義ソ連という脅威が消滅した中、新しい戦略として民族紛争や大量破壊兵器の拡散など新たな国際問題へ積極的に関与し、自由と民主主義や市場経済を促進するというクリントン外交の特徴が表れた[20]。

まず軍事介入では、クリントン政権は、ブッシュ・シニア（George H.W. Bush）政権が介入したソマリア内戦、冷戦終結後に勃発したボスニアやルワンダでの紛争、クーデターにより政治的に混乱したハイチへの人道的介入、そしてコソボ独立問題など多くの紛争や内戦に直面した。クリントン政権はこれら紛争での軍事力行使に消極的ではなかったが、大規模な兵力、特に陸上兵力の投入には慎重だったし、ソマリア問題ではあくまで国連の枠組みの中で介入し、ボスニアやコソボでは大西洋条約機構（NATO）との協力を重視した。クリントンの軍事介入に対する慎重姿勢は、九四年のソマリアからの米軍引き上げ、ルワンダでの大量虐殺に際しての不介入にも表れた。その一方で、ボスニア紛争では九五年に、そして四年後のコソボ独立問題でもセルビアに対し、NATOによる空爆を認めた。また、ハイチでのクーデターの際にも軍による人道的介入を行った。クリントン政権の軍事介入への慎重姿勢は、軍事支出の動向からも窺え、クリントン政権下の軍事費は一貫して五〇〇〇億ドルを下回っており、冷戦後の政権の中では最低水準である（図3）。

多国間協調では、軍事関与に際しては、既述の通りNATOや国連との協力を重視した。また、一九九九年にはポーランド、チェコ、ハンガリーのNATO加盟を認め、NATOの東方拡大を実現した[21]。さらには、自由貿易を促進するために様々な多国間イニシアティブを打ち出している。まず九三年一一月にアジア太平洋経済協力会議（APEC）の首脳会議をシアトルで開催したほか、九三年一二月にはガット・ウルグアイラウンドの最終合意を実現し、九五年には世界貿易機関（WTO）の発足に尽力した。また、九四年一月には、北米自由貿易協定（NAFTA）を発効させるなど、多国間の枠組みを活用した経済のグローバル化と自由貿易の促進に貢献した。

対中政策では九三年五月に、条件付きで中国への最恵国待遇を認め、九九年には中国のWTO加盟に合意するなど、中国を国際社会に関与させようとした。その一方で、九六年に日米安保共同宣言を発表するなど、日米同盟強化により将来の中国の台頭にも備えるなど現実的な対応も見せた[22]。

(2)　ブッシュ・ジュニア政権の外交――単独行動主義――

次のブッシュ・ジュニア政権の外交は、クリントン政権のそれとは異質であり、当初から国益のためには単独行動も辞さない姿勢を見せた。そして、それは多国間条約からの離脱に端的に表れた。まず二〇〇一年三月に、温暖化ガス排出に関する京都議定書からの一方的離脱を表明し、次に包括的核実験禁止条約（CTBT）」の批准を米議会で求めない方針を明らかにした。さらに同年一二月には、ロシアや中国の強い反発にもかかわらず、弾道弾迎撃ミサイル（ABM）制限条約からの脱退を通告し、ミサイル防衛計画を推進した。

対中政策では、当初は台湾への武器売却の決定や陳水扁台湾総統のアメリカ入国等を巡り米中関係は悪化したが、九・一一同時多発テロ発生後は関係改善を優先した[23]。

〇一年九月一一日の同時多発テロはアメリカ外交を大きく転換させ、アフガニスタンにその後約二十年、イラクには八年以上、大規模な軍事力を投入した。これら長い戦争への介入は、〇九年のリーマン・ブラザースの経営破綻を機に発生した金融危機とも相まって、アメリカの苦悩の始まりとなった。図3が示す通り、アメリカの軍事支出はブッシュ・ジュニア政権が終わった〇九年には八五〇〇億米ドルを超えるまで膨らんだ。ナイは、国連決議を得ず、占領統治に必要な準備を怠ったイラク戦争を、ベトナムに匹敵するパックス・アメリカーナ時代の大失態と評している。(24)

(3) オバマ政権の外交――現実的かつ抑制的――

オバマ外交は、二〇〇九年四月のプラハでの「核兵器のない世界」につき語った演説(25)のイメージが強いせいか、往々にして理想的と考えられがちであるが、オバマ外交は現実的であったとし、特に、同政権の核政策の根底には抑止のための核兵器の有用性を考慮に入れていたことを指摘する研究もある。(26)

しかし、軍事介入に対しては概して慎重であり、介入に際しては同盟国との協調を重視した。例えば、二〇一一年三月に「アラブの春」でリビアが内戦状態に陥った際に、NATOはリビアへの空爆を行ったがアメリカは参加していないし、シリアへの空爆は中止した。また、同年一二月にはイラクから米軍を完全に撤退させた。アフガニスタンに対しては一旦兵力を増派するも、一一年以降米軍の規模を縮小した。その一方で、一四年三月にロシアがクリミアを併合した際には、NATOへの兵力を増強するなど現実的対応を採っている。そして、図3が示すオバマ政権時の軍事関連支出は、ブッシュ政権の八年間の支出を上回り、前政権の負の遺産を引き継いだ政権の苦悩が窺える。

軍事面では同盟国との協調を重視したが、経済面でも多国間協力を進めた。例えば、二〇〇九年には東南アジア友好協力条約（TAC）に署名し、東南アジア諸国連合（ASEAN）との関係を強化したほか、一六年二月に幅広い分野で包括的に自由貿易を促進する環太平洋パートナーシップ協定（TPP）に署名した。また、リーマン・ショック後の金融危機に際しても金融と世界経済に関する首脳会議（G20）など多国間の枠組みを活用した。

中国に対しては、中国の成長と台頭が著しい中、一一年以降中国の台頭を牽制する一方、成長著しい中国を含むアジアに外交の軸足をアジア太平洋地域に移す（Pivot to Asia、Rebalancing）ことを表明するなど極めて現実的に対応している。具体的には、南シナ海や東シナ海での中国の海洋進出に対しては「航行の自由作戦」を実施した。また、前述したASEAN諸国に加え、中国の周辺国であるインドやミャンマーと関係を強化する一方、例えば、経済関係や温暖化ガス排出規制に関するパリ協定では中国と協調するなど「関与と牽制」の両面が見られた。(27)

(4) トランプ政権の外交――アメリカ第一主義――

冷戦終焉以降、最も「リベラルな国際主義」(28)からかけ離れた外交を展開したのが、トランプ政権である。まず、過去の大統領就任演説とは異なり、自由や民主主義の理念、アメリカの国際的な責任についての言及が大きく欠如していた。(29)次に、多国間の枠組みからの相次ぐ離脱である。二〇一七年には、TPPと温暖化ガス排出規制に関するパリ協定、一八年にはイランの核開発の制限に関する合意、国連人権理事会、中距離核戦略（INF）全廃条約、そして、二〇年には世界保健機関（ＷＨＯ）からの離脱を相次いで表明した。また、ＮＡＴＯ、日本、そして韓国など同盟国との関係の見直しも繰り返し表明した。

対中政策では、冷戦終焉以降、歴代の政権は基本的には中国を国際社会に関与させる政策を採ったのに対し、トランプ政権は中国との対立を前面に出す方向へと転換した。一八年以降、中国に対する一方的かつ大幅な関税の引き上げを四次にわたり実施したことはその典型である。また、二〇年五月には、中国が反体制活動を禁じる「香港国家安全法」を導入した際に、香港への貿易等の優遇措置も停止した。

一方、トランプ政権は軍事介入には消極的であり、一八年四月の唯一とも言えるシリアの化学兵器施設への攻撃も、極めて限定的であった[30]。但し、トランプ政権の末期には、中国を意識してか軍事支出を七五〇〇億ドル程度まで増額している（図3を参照）。

(5) バイデン政権の外交政策――中間層のための外交――

オバマ政権の副大統領だったバイデンはオバマ政権同様、アメリカの軍事的負担を減らそうとした。批判を受けつつも二〇二一年八月に、二〇年近く駐留したアフガニスタンから米軍を撤退させた。しかし、翌年二月のロシアによるウクライナ侵攻に伴い、ウクライナに対する軍事援助や人道支援を実施している。バイデン政権はその安全保障戦略の中で、ウクライナでの戦争を「民主主義と専制主義」との戦いと位置付け、アメリカに挑戦する国としてロシアと中国を名指しし、特に、中国を「国際秩序を変える意思と能力を兼ね備えた唯一の競合国」と位置づけた[31]。

そして、ウクライナ侵攻への対応では多国間協調を重視し、Ｇ7諸国や同盟国と協調し、ロシアに対する経済制裁（ＳＷＩＦＴからの排除、中央銀行の資産凍結、最恵国待遇の取り消し、ロシア産原油、天然ガス、石炭等の輸入禁止、ロシア航空機の領空封鎖等）やウクライナに対する武器供与等の軍事支援を実施している。また、中国を念頭に置きつつ、二二年五月には日米豪印首脳会合（クアッド）を開催し、同年九月には豪州、イギリスとの安全保障パートナーシップ（ＡＵＫＵＳ）を結成した。

(6) まとめ

こうして冷戦終焉後のアメリカ外交を軍事介入、多国間協調、そして対中政策の観点からまとめたのが、表1である。既述の通り、クリントン、オバマ、バイデンの各政権は、安全保障と経済いずれの面でも、同盟国や友好国との協調、多国間協議を積極的に活用した一方、ブッシュ・ジュニアとトランプ政権はいずれもアメリカの国益の名の下、多国間協調を重視せず、むしろ、多くの国際的な枠組みから離脱した[32]。

次に対中政策では、クリントン政権以降オバマ政権までは、現実的な対応を採りつつも、中国を国際社会に関与させ、「責任あるステークホルダー」となるよう促す政策だったが、トランプ政権以降、中国とは明確に対立するようになった。

軍事介入については、クリントン政権は、自由と民主主義の維持拡大、もしくは人道的見地からボスニア、コソボ、ハイチなどで軍

表 1　クリントン、ブッシュ・ジュニア、オバマ、トランプ、バイデン、各政権の外交政策の抜粋

	クリントン政権 （1993 年～ 2001 年）	ブッシュ・ジュニア政権 （2001 年～ 2009 年）	オバマ政権 （2009 年～ 2017 年）	トランプ政権 （2017 年～ 2021 年）	バイデン政権 （2021 年～現在）
外交の特徴	関与と拡大	単独行動主義	現実的かつ抑制的	アメリカ第一主義	中間層のための外交
軍事介入	・1994 年、ソマリアから米軍撤退。 ・1994 年、ルワンダでの民族虐殺。 ・1995 年、NATO によるボスニアへの空爆。 ・ハイチへの人道的介入 ・1999 年 3 月、セルビアへの NATO 空爆	・2001 年 9 月 11 日、アメリカ同時多発テロ事件発生。 ・2001 年 10 月、アフガニスタンへの武力攻撃開始。 ・2003 年 4 月、イラク戦争開始。	・2011 年 3 月、NATO のリビア空爆（米は不参加） ・2011 年 12 月、イラクから米軍が完全撤退。アフガニスタンへは一旦増派するも、2011 年以降は米軍の規模を縮小。 ・2013 年 9 月、シリア空爆を中止。 ・2014 年 3 月、ロシアのクリミア併合。NATO へ兵力を増強。	・2018 年 4 月、シリアの化学兵器施設への攻撃を実施。	・2021 年 8 月、アフガニスタンからの米軍撤退。 ・2022 年 2 月、ロシアによるウクライナ侵攻。及びウクライナへの軍事援助や人道支援を実施。
多国間協調	・1993 年 11 月、APEC 第 1 回非公式首脳会議開催。 ・1993 年 12 月、ガット・ウルグアイラウンドにつき最終合意。 ・1994 年 1 月、NAFTA 発効。 ・1995 年 1 月、WTO 発足。 ・1999 年 3 月、NATO の東方拡大	・2001 年 3 月、温暖化ガス排出に関する京都議定書からの離脱表明。 ・同年 1 月、CTBT の批准を求めない方針を表明。 ・同年 12 月、ABM 制限条約からの脱退を表明。 ・イラク戦争をめぐり、NATO、特に仏や独との関係悪化。	・2009 年 7 月に東南アジア友好協力条約（TAC）に署名。ASEAN との関係強化。 ・2016 年 2 月に環太平洋パートナーシップ協定（TPP）に署名。 ・リーマン・ショック（2008 年 9 月）後の世界経済・金融危機に対し G20 といった多国間の枠組みを活用。	・2017 年、TPP、温暖化ガス排出規制に関するパリ協定から離脱を表明。NAFTA の再交渉開始。 ・2018 年、イランとの核合意、国連人権理事会、INF 全廃条約から離脱を表明。 ・2020 年 7 月、WHO から離脱を通告。 ・同盟国との関係の見直しをたびたび表明。	・2022 年 2 月以降、G7 や同盟国と協調し、ロシアに対する経済制裁（SWIFT からの排除、中央銀行の資産凍結、最恵国待遇取り消し、ロシア産原油、天然ガス、石炭など輸入禁止、ロシア航空機の領空封鎖等）を実施。 ・2022 年 5 月、日米豪印首脳会合を実施（クアッド）。 ・2022 年 9 月、AUKUS 結成。
対中政策	・1993 年 5 月、中国への最恵国待遇を認める。 ・1999 年 11 月、中国への WTO 加盟に合意。	・2001 年 4 月、海南島沖で、米軍機と中国戦闘機の接触事故発生。 ・同時期に、台湾への武器売却を決定。	・2011 年 11 月、外交の軸足のアジア太平洋地域に移すことを表明。 ・2013 年以降、南シナ海や東シナ海での中国の海洋進出に対し航行の自由作戦を実施。 ・インド、ミャンマーと関係を順次強化。 ・2016 年 9 月、温暖化ガス排出規制に関するパリ協定を米中両国が批准。	・2018 年 7 月以降、中国に対し一方的かつ大幅な関税の引き上げを 4 次にわたり実施。 ・2020 年 5 月、中国による反体制活動を禁じる「香港国家安全法」の導入に対し、香港に認めてきた貿易や渡航における優遇措置を停止。	・2022 年 10 月、「国家安全保障戦略」を発表。中国を「国際秩序を変える意思と能力を兼ね備えた唯一の競合国」と位置づける。

事介入を行い、ブッシュ・ジュニア政権は同時多発テロを介入の機会と捉えた。オバマ政権は、アフガニスタンやイラクでの負担軽減を目指す一方、ロシアのクリミア併合に際してはＮＡＴＯの米軍兵力を増強した。

次節では、以上の分析から得られるアメリカ外交に対する教訓と課題を明らかにする。

三　冷戦終焉以降のアメリカの外交政策——普遍的な「リベラルな国際主義」の変容と限界——

以上に見た通り、アメリカ外交の中心となった「リベラルな国際主義」が危機に直面する中、変化も見せている。本節では、冷戦終焉以降のアメリカ外交や「リベラルな国際主義」の変化と限界の概要を明らかにする。

まず、冷戦終焉後、多くの国が自由民主主義国となった一方、全ての国が自由民主主義国となったわけではない。第一節で示した通り、冷戦終焉以降、市民的自由と政治的自由を獲得した国の数は大きく増えた一方、全ての国が自由と民主主義を目指すようになってはいない。図４のデータからも、「自由」な国家は最も多い時でも約四五％であった。冷戦終焉後多くの国が民主化に向かう高揚感の中、自由と民主主義は普遍的であり、いずれ世界中の全て国が自由民主主義を目指すという期待があったのかもしれない。しかし、それは過剰な期待であり、全ての国が必ずしも自由で民主的な国を目指すわけではないと考える方が現実的なのかもしれない。

同様に、非民主的な国も経済発展を実現すれば中産階級が成長し、自由と民主化を望み、いずれは自由民主主義国家を目指すという期待も、中国の場合のように、満たされていない。既述の通り、中国のＧＤＰは、二一年までにアメリカの七五％を超えるまでに成長した。アメリカは、中国の政治体制や人権状況にはある程度目をつぶり、国際社会に迎え入れ、世界貿易機関（ＷＴＯ）への加盟も支持し、「責任あるステークホルダー」としての行動を促した。中国は、リーマン・ショックの際には、元の切り下げを行わず、財政出動で国際経済を支え、また、温暖化ガス排出規制でも協力するなど、前向きな役割を果たした。その一方、南シナ海問題では国際仲裁裁判の判決を拒否し、国際法に反する行動を続けている。そして、中国国内での人権や民主化状況も目立った改善はみられず、また、中国がリベラルな国際経済システムから利益を享受する一方、中国市場へのアクセス等の面でアメリカは不公正な取り扱いにより損害を被っているという主張にも一定の支持がある[33]。

こうした不満は、非リベラルな国をリベラルな国際秩序に受け入れても損害を被るだけであり、リベラルな国際秩序に迎え入れる意義はないとの認識を強め、逆に排除する方向に向かうかもしれない。例えば今後アメリカは、リベラルな価値観を共有する国とは引き続き協調が維持しても、そうではない国に対してはリベラルな国際秩序から排除する方向に向かうかもしれない。特に、これまでグローバル化を是としてきた国際経済システムから後者を排除する兆しもある[34]。実際、サプライチェーンのフレンドショアリングやデリスキングは保護主義を是認しないと言うが、そのような危険を孕む。[35]

次に、冷戦後のアメリカ外交は、武力の行使による自由や民主化の拡大は難しいということを示唆する。「リベラルな国際主義」は、自由や民主主義を拡大し、民主主義諸国の安全に寄与するならば武力行使も排除しない。しかし、冷戦終焉後のアメリカ外交を見る限りその効果は限定的である。ハイチの場合のように介入により人権保護にある程度役立ったケースもあるが、アフガニスタンやイラクのように、アメリカの圧倒的軍事力をもってしてもこれらの国々に安定した民主国家を築くことはできなかったことは否定できない。[36]

つまり、冷戦終焉後のアメリカ外交は、普遍的なリベラルな国際秩序の拡大を目指したものの、その実現は限定的であり、外交政策でもそうした普遍性は現在影を潜めつつある。「リベラルな国際主義」にはそぐわず、むしろ否定するようなトランプ政権が現れただけでなく、その後、「アメリカは戻ってきた」と宣言したバイデン政権も、[37]以前の普遍性を備えた「リベラルな国際主義」に戻ることは難しそうである。[38]つまり、今後「リベラルな国際主義」はより限定的で排他的になる可能性があり、次節ではこうした傾向を踏まえ、将来の国際秩序の可能性につき検討する。

四　今後の国際秩序

今後の国際秩序はどのようなものになるか。勿論将来についてはは確実なことは言えないが、これまでの議論を踏まえて幾つかの可能性を提示したい。

(1) アメリカと中国の二大国は今後も引き続き、国際社会の中で突出した国力を持ち続ける。

既述の通り、アメリカの国力は相対的には低下する一方、中国の国力の伸長は継続する可能性が高い。アメリカの経済成長率は決して低くはないが、中国と比べるとやはり低い。しかし、高い成長を続けてきた中国経済にも陰りが見えている。これまでは二〇三〇年までには中国がアメリカのＧＤＰを超えると考えられていたが、最近では中国がアメリカのＧＤＰを超えることはないとの予測も見られる。[39]

軍事力についても既述の通り、米中の差はかなり縮小してきた。二〇一〇年代後半には、専門家の間で当時の国際システムは米中二極体制なのか、それとも、引き続きアメリカによる一極体制が続いているのかという議論が見られたが、[40]その後も中国がＧＤＰ及び軍事支出の面でも着実に拡大していることを鑑みると、より米中二極体制に近づきつつあると考えられる。そして、この両国と競争、ましてや挑戦できる国は、近い将来現れないだろう。例えば、インドの潜在的な経済力は高く、かつ、近年高い成長を遂げているものの、図1が示すようにその差は依然として大きく、軍事力についてはなおさらである。

そして、米中関係は協調よりは緊張、対立、場合によっては紛争に至るかもしれない。既述の通り、「リベラルな国際主義」がより限定的かつ排他的な方向に向かうならば、アメリカの対中政策は「関与」から「牽制」そして「対立」へと向かうかもしれない。実際、米中が全面戦争に至ることはないにしても、地政学的視点から限定的な軍事紛争に至る可能性を指摘する研究もある(41)。さらに、事実はともかく、米国では中国の貿易政策により大きな損害を被っている、中国国内の人権侵害が深刻であるなど、対中批判は強くなっており、中国に対するアメリカ国内世論はますます厳しくなっている(42)。

(2) アメリカとその同盟国は、経済及び軍事の面で超大国となった中国と核兵器大国ロシアというこれまでにない大きな脅威の組み合わせに直面するかもしれない。

ロシアによるウクライナ侵攻は、自由民主主義諸国とロシアとの対立を決定的にした可能性がある。ミアシャイマーによれば、中国だけでもアメリカにとり大きな脅威であり、本来、中国に対する牽制としてロシアを活用することがアメリカにとり望ましい戦略との由である(43)。しかし、ウクライナ侵攻はこの可能性を非常に小さくした。中国がロシアの体制崩壊や完全な民主化を望まない以上、対ロ支援を続けるだろうし、また、ロシアも中国からの支援を必要とする以上、中露同盟に至らずとも両国間の協力が続く可能性は高い(44)。

これは、冷戦初期にアメリカが直面した状況と似ているかもしれないが、同時期より厳しい状況である。アメリカに迫る国力を備えつつある中国と核兵器大国であるロシアという現在の組み合わせは、アメリカが経済力で圧倒し、核兵器でも優位にあった頃に直面した中ソ同盟よりかなり強力な脅威となりうるからである(45)。つまり、米中新冷戦はウクライナ戦争により新冷戦 2.0 もしくは米中二極体制＋αへと移行したと言えるのかもしれない。

(3) アメリカは今後、同盟国との関係を更に強化し、国際秩序を維持するためのコストの分担を、これまで以上に求めるだろう。

以上を鑑みると、アメリカはその国力の相対的低下に直面しながら、アメリカが単独でロシアと中国に対応することは困難であることが予想できる。その場合、相応の役割分担を欧州ではＮＡＴＯ、日本を含むインド太平洋地域にある同盟国に求め、ＡＵＫＵＳなど多国間の協調も進めることが予想できる。

つまり、現在の国際政治の構造は、しばらくは冷戦期以上に厳しい状況が続く可能性があり、日本を含むアメリカの同盟国の外交・安全保障政策の転換も求められるだろう。こうした変化に照らせば、二〇二二年一二月に、岸田政権が「国家安全保障戦略」、「国家防衛戦略」、「防衛力整備計画」のいわゆる安保三文書の改訂を閣議決定し、日本が「安保政策の大転換」に踏み切ったことも不思議ではない(46)。

おわりに

現在の国際政治は、第二次世界大戦や冷戦の終結に匹敵する構造上の大きな変化に直面し、「リベラルな国際主義」の危機はそうした変化を示しているのかもしれない。第二次世界大戦後、アメリカは自由で民主的な制度を、普遍的に提供しようとしてきた。しかし、国力の相対的な低下と共に、「リベラルな国際主義」は、限定的、排他的な方向に向かっているのかもしれない。冒頭示したように、「リベラルな国際主義」が、もし限定的で排他的な方向へ向かうならば警戒が必要であり、リベラリズムに対する古典的批判を思い起こすべき時かもしれない。リベラリズムは、国際政治を善と悪からなる倫理観で捉えがちであり、特定の国の道義、倫理そして価値観を他国に押付けようとする試みは、かえって全面戦争に繋がりうるという警句である(47)。例えば、ロシアの武力による領土の獲得は国際法の基本原則の重大違反であることは論を待たない。しかし、ウクライナを「善」そしてロシアを「悪」として二分法的に捉えてしまうと、政治的な妥協が難しくなり、アメリカは自らの立場を困難にしてしまう可能性がある(48)。重要なことは、現在より大きな戦争、つまりは第三次世界大戦、特に、核兵器を伴う紛争に発展しないよう現実的な政治的妥協も排除しないことである(49)。

（1） John Gerald Ruggie, "Multilateralism: The Anatomy of an Institution," *International Organization*, vol. 46, no. 3, Sept. 1992, p. 592.

（2） 米中二極体制にすでに移行したと論じる代表的な研究として、Øystein Tunsjø, *The Return of Bipolarity in World Politics: China, the United States and Geostructural Realism*, New York: Columbia Univ. Press, 2018; また、二〇一八年一〇月四日のマイク・ペンス副大統領によるトランプ政権の対中政策に関する講演をきっかけとして米中対立を「新冷戦」とか「第二次冷戦」と表現されることが多くなった。

（3） G. John Ikenberry, *A World Safe for Democracy: Liberal Internationalism and the Crises of Global Order*, New Haven: Yale University Press, 2020, p. 8.

（4） *Ibid.*, p. 8.

（5） 佐々木卓也『戦後アメリカ外交史』第三版、有斐閣、二〇一七年、六―八頁。

（6） イアン・ブレマー『「Gゼロ」後の世界：主導国なき時代の勝者はだれか』北沢格訳、日本経済新聞社、二〇一二年。

（7） Ikenberry, *op. cit.*, pp. 2–4.

（8） 図1については世銀のデータを用いて筆者が作成。

（9） The World Bank (2023), "World Bank Open Data," (https://data.worldbank.org/ 二〇二三年二月一五日閲覧)

（10） Stockholm International Peace Research Institute (SIPRI), "SIPRI Military Expenditure Database" (https://www.sipri.org/databases/milex 二〇二三年二月一五日閲覧)

（11） 図3については、ストックホルム国際平和研究所（SIPRI）のデータを用いて筆者が作成。

（12） 具体的には、日本、韓国、フィリピン、オーストラリア、ニュージーランドの軍事支出の合計である。

（13） Stockholm International Peace Research Institute (SIPRI), *op. cit.*

（14） *Ibid.*

（15） 防衛研究所『東アジア戦略概観』アーバン・コネクションズ、二〇二〇年、五七頁。

（16） 図4はフリーダムハウスのデータ（"Country and Territory Ratings and Statuses, 1973–2023" https://freedomhouse.org/report/freedom-world#Data 二〇二三年二月一五日閲覧）を用いて、筆者が作成。

（17） Tunsjø, *op. cit.*, p. 85.

（18） それでも全体としてみれば、「自由である」国の数の割合は、冷戦終焉前の三五％前後から、冷戦終焉後には四〇～四五％前後に増加していることには留意すべきである。

（19） Joseph S. Nye, Jr. *Do Morals Matter: Presidents and Foreign*

Policy From FDR to Trump, London: Oxford University Press, 2020, p. 138.

（20）The White House, "A National Security Strategy of Engagement and Enlargement" July 1994 (https://history.defense.gov/Portals/70/Documents/nss/nss1994.pdf 二〇二三年二月一五日閲覧)

（21）ＮＡＴＯの東方拡大に対してはリアリストから厳しい批判もある。Nye, op. cit., pp. 140–141.

（22）Nye, *op. cit.*, p. 139.

（23）佐々木、前掲書、二四七頁。

（24）Nye, *op. cit.*, p. 147.

（25）The White House, "Remarks By President Barack Obama In Prague As Delivered", April 9, 2009 (https://obamawhitehouse.archives.gov/the-press-office/remarks-president-barack-obama-prague-delivered 二〇二三年二月一日閲覧)

（26）例えば、佐々木、前掲書、二八三―二八四頁は、オバマをリアリストと評し、また、Nye, *op. cit.*, p. 159 は「リベラリズム」と「リアリズム」の循環を示しているとする。

（27）佐々木、前掲書、二九四頁にも同様の指摘がある。

（28）ナイはトランプ外交を「リベラルな制度秩序を拒絶し、極めて狭くアメリカの利益を定義し、ゼロサムかつホッブス的リアリズムに依っていた」と手厳しい。Nye, op. cit., 178.

（29）The White House, "Remarks of President Donald J. Trump – as prepared for delivery- Inaugural Address", January 20, 2017, (https://trumpwhitehouse.archives.gov/briefings-statements/the-inaugural-address/ 二〇二三年二月二八日閲覧)

（30）他には、二〇年一月に、米軍はバグダッドへの空爆により、イランのソレイマニ（Qasem Soleimani）司令官を殺害した。

（31）The White House, National Security Strategy, Oct. 2022, pp. 8–9 (https://www.whitehouse.gov/wp-content/uploads/2022/10/Biden-Harris-Administrations-National-Security-Strategy-10.2022.pdf 二〇二三年二月一八日閲覧)

（32）但し、ナイはブッシュ・ジュニア政権二期目では同盟国や中国との協調を評価している。Nye, *op. cit.* 152.

（33）Gallup, "Americans Say China Trade Unfair, Trade With Canada, EU Fair" July, 2018 (https://news.gallup.com/poll/236843/americans-say-china-trade-unfair-trade-canada-fair.aspx 二〇二三年二月二〇日閲覧)

（34）小竹洋之「オブラートに包む米国第一」『日本経済新聞』、二〇二三年五月一八日。

（35）ジャネット・イエレン「サプライチェーンのフレンド化を目指す時」ニューズウィーク日本版（https://www.newsweekjapan.jp/stories/world/2022/12/post-100484.php 二〇二三年三月一〇日閲覧）

（36）軍事介入後に如何にして安定的な民主制を構築できるかについては、例えば吉川元「共産主義後の移行期正義と安全保障部門改革、1990–2014 年」広島平和研究所『広島平和研究』第一〇号（二〇二三年三月）が参考になる。

（37）Joseph Biden, "Remarks by President Biden on America's Place in the World." Feb. 04, 2021 (https://www.whitehouse.gov/briefing-room/speeches-remarks/2021/02/04/remarks-by-president-biden-on-americas-place-in-the-world/ 二〇二三年二月一五日閲覧)

（38）ギデオン・ラックマン「バイデン政策、前政権踏襲」『日本経済新聞』、二〇二三年八月一一日。

（39）富山 篤、田中 顕、佐倉 環、下田 吉輝「中国ＧＤＰ、米国超え困難に」（二〇二二年一二月一四日付）日本経済研究センター（https://www.jcer.or.jp/economic-forecast/20221214.html 二〇二三年二月一五日閲覧）

(40) この論争については、例えば、拙著〈書評論文〉「二極か一極か――アジア太平洋地域の国際システムにおける構造的変化」日本国際政治学会編『国際政治』第二〇一号、二〇二〇年、一四〇―一四一頁を参照。

(41) Tunsjø, *op. cit.*, pp. 127, 136, 139, 142–144.

(42) 例えば、Laura Silver, "Some Americans' views of China turned more negative after 2020, but others became more positive," Pew Research Center, Sept. 28, 2022 (https://www.pewresearch.org/fact-tank/2022/09/28/some-americans-views-of-china-turned-more-negative-after-2020-but-others-became-more-positive/ 二〇二三年三月一日閲覧)

(43) John J. Mearsheimer "U.S. engagement with China a 'strategic blunder'," Nikkei Asia, Feb. 21, 2022 (https://asia.nikkei.com/Editor-s-Picks/Interview/U.S.-engagement-with-China-a-strategic-blunder-Mearsheimer 二〇二三年二月二五日閲覧)

(44) この点につき中国では、かつての中露対立の経験もあり、ロシアとの同盟に肯定的ではない論調が見られる。例えば、冯玉军「怎样理解俄罗斯和中俄关系」凤凰网二〇二三年一月二五日付 (https://news.ifeng.com/c/8MrA7hTycvT 二〇二三年三月二五日閲覧) この記事を紹介してくださった徐顕芬会員に感謝する。

(45) Stockholm International Peace Research Institute (SIPRI), Yearbook 2022 (https://www.sipri.org/yearbook/2022/10 二〇二三年三月一〇日閲覧)

(46) 佐藤武嗣「防衛政策の大転換、国民への説明は後回し　将来に禍根残しかねず」二〇二二年一二月一六日付朝日新聞。防衛政策の転換の具体的内容は、今後五年間で四三兆円の防衛力整備を計画し、二七年度にはＧＤＰの二パーセントの予算を確保する、そして、自衛隊が反撃能力を保有することなどである。(https://www.asahi.com/articles/ASQDJ6SNWQDJULZU00N.html 二〇二三年二月一五日閲覧) または、読売新聞「安保政策を大転換、岸田首相「抑止力となる反撃能力は今後不可欠」…3文書」(二〇二二年一二月一六日付) (https://www.yomiuri.co.jp/politics/20221216-OYT1T50215/ 二〇二三年二月一五日閲覧)

(47) Hans Morgenthau, *Politics among Nations*, first edition, fourth printing, Alfred A. Knopf, 1950, n. 77, pp. 76–77.

(48) 拙論の初稿を提出したのは二〇二三年三月であったが、その後、事態は大きく進展し、パレスチナとイスラエルが戦闘状態に入り、北朝鮮が人工衛星と称するミサイルを発射するなど世界の安全保障環境はますます厳しくなりつつある。パレスチナ・イスラエル紛争が中東全体を巻き込む戦争に発展しないこと、アジアで新たな軍事衝突を起こさないことが重要であるが、アメリカや国際社会の置かれている状況はますます困難になっている。

(49) この点については、Mearsheimer, *op. cit.* やグレアム・アリソンの以下の議論が参考になる。Graham Allison, "Consider these 4 inconvenient questions as the Ukraine war moves forward" Washington Post, Feb. 22, 2023, (https://www.washingtonpost.com/opinions/2023/02/22/ukraine-putin-nukes-zelensky/ 二〇二三年二月二三日閲覧) 及び、Graham Allison, "Taiwan, Thucydides, and U.S.-China War" *The National Interest*, Aug. 22, 2022 (https://nationalinterest.org/feature/taiwan-thucydides-and-us-china-war-204060 二〇二二年九月二三日閲覧)

〔付記〕本稿は広島市立大学広島平和研究所の第5回ウクライナ・プロジェクト研究会での発表をもとに作成した。発表に際しては、吉川元会員、佐藤哲夫会員、徐顕芬会員、竹本真希子会員、沖村理史会員、加藤美保子会員の協力に感謝する。

(にしだ　たつや　東海大学)

日本国際政治学会編『国際政治』第213号「アメリカ——対外政策の変容と国際秩序——」（二〇二四年三月）

内側から侵食される「リベラルな国際秩序」

三牧聖子

はじめに

「米国は、自分たちを政治的な啓蒙の中心とみなし、世界の大部分の人々にとっての教師と見なす傾向がある」。対ソ封じ込めなど、冷戦初期のアメリカ外交の基調に大きな影響を与えた外交官、ジョージ・F・ケナン（George F. Kannan）の言葉だ[1]。ケナンは、米国が、民主主義や人権の「教師」を自負し、特に非西洋諸国に対し、その地域や国が独自に育んできた文化や歴史へ敬意を払うことなく、一方的に、しばしば軍事力を伴って介入する傾向に強い違和感と警戒を感じていた。

しかし今日私たちが見ているのは、冷戦時代にケナンが危惧したのとは真逆の、自信を失うアメリカであり、対外介入に慎重になるアメリカだ。その背景となっているのは、三〇〇〇人近くの市民が犠牲になった二〇〇一年の九・一一同時多発テロ事件を受け、ジョージ・W・ブッシュ（George W. Bush）政権が始めた「テロとの戦い（War on Terror）」とその帰結である。今日に至るまで二〇年超に及んでいるそれは、多くの破壊と犠牲を世界に生み、アメリカ経済や社会にも負担となって大きくのしかかっている。「対テロ戦争」のコストを分析している米ブラウン大学ワトソン国際・公共問題研究所の「戦争のコスト（Costs of War）」プロジェクトによれば、過去二〇年間でアメリカが軍や作戦を展開してきた国は、少なくとも八〇カ国に及び、二〇年間の「対テロ戦争」の費用の総額は計八兆ドル（八八〇兆円）にのぼる。戦争によって命を落としたアメリカ兵の人数は七〇〇〇人を超え、敵対する兵士や地元の民間人を含めた死者の総計は九〇万人前後に及ぶと推定されている[2]。「テロとの戦い」がもたらした疲弊は、ブッシュに続くバラク・オバマ（Barak Obama）政権の外交を決定的に方向づけた。その外交は、縮小するアメリカのパワーという現実と、国際秩序の盟主としてアメリカが果たすべき役割との折り合いを模索するものとなった。[3]

そのジレンマを端的に示したのが、シリア内戦への対応であった。二〇一一年に勃発し、今も続くこの内戦は、二〇二一年までの一〇年間で三〇万超の民間人犠牲者を出したと国連人権高等弁務官は報告している。[4]内戦勃発以降、オバマはバッシャール・ハーフィズ・アル＝アサド（Baššār Ḥāfiẓ al-ʾAsad）政権による民間人の殺害を繰り返し非難し、同政権の化学兵器使用を「レッドライン（越えてはならない一線）」と警告する一方で、内戦に本格的に介入する選択は回避し続けた。二〇一三年、アサド政権が化学兵器を使用し、子ども四二六人を含む一四二九人を死亡させたことが明らかになると、オバマは限定的な武力行使を検討したが、実施直前になって議会の承認を得る方針に転換し、結局、武力行使の選択は回避された。オバマは国民に対する説明で、「アメリカはもはや世界の警察官ではない」と宣言した。

オバマを悩ませた介入のジレンマを完全に振り切ったのが、二〇一七年に第四五代アメリカ大統領に就任したドナルド・トランプ（**Donald Trump**）だった。トランプの就任演説を貫いたのは「世界に搾取され、弱くなったアメリカ」というネガティブな自国像であった。中間層が痩せ細り、多くの人々が貧困層に転落しているアメリカの現状を「大惨事（carnage）」と言い表す悲観的なトーンは、力強いアメリカと、その前に開かれた明るい未来をうたってきた歴代政権の就任演説と一線を画していた。

トランプが、「大惨事」の根本原因として糾弾したのが、アメリカの、トランプの目から見ればあまりに「利他的」な世界関与であった。トランプによれば、「何十年も前から私たちは、アメリカの産業を犠牲にして外国の産業を豊かにしてきた。この国の軍隊が悲しくも消耗していくのを許しながら、外国の軍隊を援助してきた。自分たちの国境防衛を拒否しつつも、外国の国境を守ってきた。そしてアメリカのインフラが荒廃し衰退する一方で、海外では何兆もの金を使ってきた。我々は、この国の富と力と自信が地平線の向こうで衰退していく間に、よその国々を金持ちにしてきた」のであった。そしてトランプは、このような利他的で、自己犠牲的な世界関与は過去のものにしなければならないとして、ただひたすら国益を追求すること、「アメリカ第一（America First）」でいかねばならないと宣言したのである。[5]二〇一九年一〇月、トランプ政権はシリアからの米軍撤退を唐突に決定し、実行した。この決断についてトランプは、「なぜ米兵がシリアのために戦わなければならないのだ。……七〇〇〇マイルも離れているというのに！」（二〇一九年一〇月五日Twitter, 現X）[6]という短い投稿で説明の代わりとした。オバマが世界でアメリカが果たすべき役割と、その役割の遂行を困難にする国内外の事情との間で苦悩したのとは対照的だった。

ここから、トランプは「例外主義（exceptionalism）」を放棄した大統領ともいわれる。[7]「例外主義」とは、アメリカは物質的・道義的に比類なき存在で、世界の安全や世界の人々の福利に対して特別な使命を負うという考えであり、歴史上、アメリカ外交を様々に規定してきた。[8]第二次世界大戦後にアメリカが中心となって構築してきた国際秩序は、今日の国際政治学で「リベラルな国際秩序（Liberal International Order）」と呼ばれるが、それを成り立たせていた重大な要件の一つは、このような「例外主義」的な観念に立脚して、秩序の形成や維持に主導的な役割を果たすアメリカであった。「アメリカ第一」をスローガンに掲げ、アメリカは「盟主」の役割を果たす必要はなく、他国と同様に振る舞うべきだと主張したトランプの当選は、「リベラルな国際秩序」を支えてきた一つの柱が溶解しつつあることを示していた。

一　盟主意識の溶解

二〇一九年末に世界に拡大した新型コロナ感染症は、アメリカの政治社会、そして世界との関わり方において様々な影響を与えた。世界中の国々で甚大な感染者・死者数が出る中でも、アメリカの数は突出していた。新型コロナ危機は、アメリカはもはや世界に向かってその「例外的」な強さを誇れる存在であるどころか、軍事や経済の大きさに比して、その社会保障制度に致命的な脆弱性を抱えた「例外的」な国であることを露呈した。

長らくアメリカは、その豊かさゆえに、世界でも「例外的」に社会主義がない国とみなされ、自らもそのように自認してきた。長い米ソ冷戦を背景に、「社会主義がない」という自国認識が強化された面もあった。「社会主義がない」ことは、その豊かさや自由への誇りや優越感を伴って主張されることだったのである。しかし、アメリカで貧富の格差が拡大を続ける中、状況は根本的に変わり、今日ではますます多くのアメリカ国民が「社会主義がない」現状に疑問と不満を募らせている。二〇一九年五月のギャラップ社の調査では四三％の回答者が社会主義をよいものだと回答した。一九四二年の二五％からの劇的な上昇だ。[9]

冷戦は過去のものとなり、新自由主義グローバリズムと格差の拡大が圧倒的な現実となりつつある。これだけの経済大国であるアメリカが、新型コロナ感染症の最大の被害国となっている根本的な原因に、新自由主義が医療や福祉の領域にまで持ち込まれ、効率や採算が人間の生命や健康よりも優先されてきた経緯があることは、医学誌も指摘しているところだ。[10]今日、アメリカに「社会主義がない」ことは、かつてのような優越感や自信を伴って主張されることではない。ますます多くのアメリカ国民が、なぜ先進国でありながら、ここまで社会保障制度が未整備なのかと、社会主義の不在や不足に不満を募らせている。

コロナ危機が甚大な被害をもたらすにつれ、アメリカの物質的・道義的優越性をうたう「例外主義」が問い直しにさらされていったのも、ほとんど必然であった。[11]アメリカは「例外的」に卓越した国家であるどころか、先進国では「例外的」な欠陥国家である――こう主張して、アメリカの「例外主義」をめぐる言説を根底からひっくり返したのが、民主社会主義者を自認し、二〇一六年・二〇二〇年大統領選の民主党予備選で善戦したバーニー・サンダース（Bernie Sanders）であった。サンダースはSNSの発信でもしばしば「例外主義」という言葉を使って国民にアメリカ社会の窮状を訴えてきた。例えば、「アメリカ例外主義とは、アメリカがパプアニューギニアを除き、有給の産休がない唯一の国であることを意味してはならない」[12]（二〇一六年五月五日Twitter，現X）、「長年、アメリカ例外主義とは、有給家族休暇や病気休暇を一日たりとも認めない先進国では唯一の国であることを意味してきた。アメリカが、国家として優先すべきことを変更し、有給休暇を認めるべきときがきた」[13]（二〇二一年一〇月六日Twitter，現X）といった主張である。

富裕層にとってアメリカはいまだ世界で最高の国かもしれないが、労働者にとってはそうではない――常に労働者や貧困層の視点から政治社会を考えるサンダースが模範とみなしてきたのが、デンマークなど北欧諸国である。サンダースは二〇一三年、デンマーク大使のピーター・タクソ＝イェンセン（PeterTaksøe-Jensen）を地元のバーモント州に招聘した際に、エッセイを書いた。そこには次のような文章が盛り込まれていた。

デンマークでは、「自由」が何を意味するのか、（アメリカとは）非常に異なる理解がある。デンマーク人が、経済的不安がもたらす巨大な不安を終わらせるために選んできた長い歩みから、アメリカは多くを学ぶことができる。デンマーク人は、一握りの人々が莫大な富を保有することを可能にする制度を推進する代わりに、子供や高齢者、障害者を含むあらゆる人が安心して生きられる最低限度の生活水準を保障する制度を生み出したのです。[14]

サンダースの主張は、もちろんさまざまな批判を招いてきた。デンマークモデルを、歴史も法制度も様々に異なるアメリカにそのまま適用できるわけはないという批判。デンマークは国民に対する手厚い福利厚生を実現する一方で、移民や難民への排外的な政策を強めており、サンダースはそうした負の側面を見ていない、等。しかしアメリカ的な「自由」は、唯一のものではなく、もしかしたら最善のものでもないかもしれないという主張は、「例外主義」を根本から問い直すものであり、この主張が若者を中心に多くの支持を集めていることは、やはりアメリカ史において画期的なことと言っていいだろう。

「アメリカを誇りに思う」と回答する割合が年々減少している昨今のアメリカであるが、より詳細に、「自国のどのような面を誇りに思い、どのような面を誇りに思えないのか」という質問になると、アメリカの科学技術や文化などに関しては、「誇りに思える」と回答する割合は九割近いが、社会保障制度や政治システムに関しては「誇りに思えない」と回答する割合が六割を超え、「誇りに思う」と回答する割合を凌駕する。[15]アメリカは、先進国ならば既に実現されているはずの福利厚生すら備えていない「逆・例外国家」であるというサンダースの主張は、ますます多くの国民が実感するところとなっている。

アメリカが取り組むべき喫緊の課題は国内に山積しており、大々的な対外関与の余裕はない――二〇二一年に発足したジョー・バイデン（Joe Biden）政権の外交もこうした世論から無関係ではありえなかった。同年四月一四日、バイデンは、二〇年にわたる「テロとの戦い」において、一つの画期となる決断を表明した。アメリカ同時多発テロから二〇年を迎える九月一一日までにアフガニスタンの駐留米軍を完全撤退させると表明したのである。その後、撤退期限は八月末に早められ、米軍撤退を完了させたバイデンは次のように宣言した。「アメリカが他国をつくりかえるために大々的に軍事行動を展開する時代は終わりを迎えている」[16]。このバイデンの時代認識は、国民にも広く共有されていた。確かに米兵を含む人命の犠牲も出しながらのアフガニスタンからの撤退は、多くの国民の批判にさらされたが、国民の批判は、撤退の時期や方法に集中し、撤退というバイデンの判断自体は過半数に支持された[17]。

アフガニスタンからの米軍撤退に関する世論の背景には、より大きな世論の潮流がある。昨今のアメリカでは、アメリカはこれまで過剰に世界に介入し、自国を疲弊させてきたという批判的な意識が高まり、アメリカの国際的な役割をより穏当なレベルに引き下げるべきだという考えが党派を超えたコンセンサスとなってきた。各種の世論調査でも、「アメリカは世界の警察となるべきではない」「他国のことより国内問題、特に雇用の問題に取り組むべき」「同盟国に安全保障のコストをもっと負担させるべき」[18]といった見解は、党派を超えて広く支持されるようになっている。シンクタンク、シカゴ地球問題評議会が、二〇一九年六月に行った調査では、「他国への軍事介入はアメリカをより安全にするか、それともその安全を損なうか」という質問に対し、「安全になる」と回答した人が二七％であったのに対し、「安全にならない」と回答した人は四六％にのぼった[19]。

二　価値観外交を捨てるアメリカ

トランプの政治外交のスタイルはさまざまな意味で「異形」であったが[20]、歴代大統領や現大統領バイデンとトランプとの決定的な違いの一つは、その「価値」への志向の有無にあった。トランプは、権威主義的なリーダーと「ディール（取引）」することを躊躇わなかった。さらに言えば、中国の習近平国家主席やロシアのウラジーミル・プーチン（Vladimir Putin）大統領らの強権的な政治スタイルに羨望の眼差しすら向けていた。二〇一八年、中国で国家主席の任期が撤廃され、習が無期限に国家主席を務めることが可能になると、トランプは「今や習氏は終身大統領だ」との感嘆を表明し、アメリカでも試してみようと口走り、周囲を驚愕させた[21]。プーチンについても長年にわたって「強い指導者」と称えてきた[22]。トランプの没価値的な世界観において、習やプーチンは、民主主義国では実現不可能な巨大な権力を手にした、最も成功した指導者たちとして、称賛に値する存在なのだった。

トランプのプーチン評価は、二〇二二年にロシアがウクライナに侵攻して以降も根本的には変わっていない。トランプは、ウクライナ侵攻という決定的な事態となるまで、ロシアの侵攻を容認するような主張を続けていた。ロシアがウクライナに侵攻する二日前の二月二二日、ラジオ番組に出演したトランプは、プーチンがウクライナ東部の親ロシア派が実効支配する地域への野心を見せてその独立を承認したことを「天才だ」と褒め称えた。さらには、ウクライナ国境付近へのロシア軍の展開は「平和維持」のためだとするプーチンの詭弁に疑問を呈するどころか、「最強の平和維持軍だ」と称賛し、「我々もメキシコ国境で同じことをできる」とすら述べた。[23] ウクライナ侵攻後は、トランプもプーチン礼賛は控え、一時は侵攻を批判するような言動も見せたが、その批判の矛先はプーチンやロシアの軍事行動ではなく、常にバイデンの「弱さと無能さ」に向けられ、「バイデンが、アメリカや世界を第三次世界大戦の瀬戸際に引きずり込んでいる」と政敵を貶める文脈で展開されてきた。[24]

さらに二〇二二年五月頃から、トランプとトランプに近い共和党議員たちは、アメリカから遠く離れたウクライナを支援することは国益にならないという「アメリカ第一」の主張を強めてきた。五月半ば、トランプは、当時全米各地で深刻化していた粉ミルク不足に言及しながら、議会で審議されていた四〇〇億ドルのウクライナ支援をこう批判した。「民主党はウクライナにさらに四〇〇億ドルを送ろうとしているが、アメリカの親たちは子供に食事をさせることさえ苦労している」。[25] 五月末に全米ライフル協会の年次大会に登壇した際も、「学校における子どもたちの安全も実現できていないのに！」とウクライナへの軍事支援を批判した。[26] 同月一九日、ウクライナ支援のための総額四〇〇億ドル規模の追加予算案は上下院で賛成多数で可決されたが、トランプの主張に共鳴する共和党議員たちが反対に回ったことで、以前よりも反対票が増加した。上院の共和党議員五〇人のうち一一人が反対し、下院の共和党議員二〇八人のうち五七人が反対した。

ロシアによるウクライナ侵攻は、アメリカに「例外主義」を復活させたとしばしば指摘されてきた。[27] 確かにウクライナ戦争においてバイデン政権は国際秩序の盟主を自認し、ウクライナに対し、未曾有の支援を行ってきた。侵攻から一年経った二〇二三年二月、バイデンはウクライナの首都キーウに電撃訪問し、ウォロディミル・ゼレンスキー（**Volodymyr Zelensky**）大統領と会談し、アメリカは「必要な限り」ウクライナを支援し続けると約束した。これに先立ち、五億ドル相当の新たな軍事支援パッケージの提供も明らかにしていた。その後バイデンは電車でポーランドに移動し、ロシアによる侵攻開始から一年の節目に際した演説を行い、北大西洋条約機構（ＮＡＴＯ）同盟国による結束を訴え、ウクライナへの「揺るぎない」支援を再度強調した。[28]

しかし、戦争の長期化とともに、バイデンの外交姿勢と米国世論との温度差は広がっている。二〇二二年四月の世論調査では、ウクライナに軍事支援や資金援助をすべきだという回答は七割超に達し、ロシアへの経済制裁をさらに強化すべきだという意見も同様に七割超であったが、[29] 同年の年末の調査では、支援への支持は五割程度に低下し、これ以上の財政支援を支持しないと答える割合は三割に達した。支持政党別では、民主党支持者は七割程度が「支援を続けるべきだ」と回答したのに対し、共和党支持者と無党派層は四割弱から五割にとどまった。[30] アメリカのウクライナ支援の規模が適正かについては、共和党支持者の五割が「やりすぎている」と回答した。[31] さらにウクライナ戦争で米軍の犠牲を出す事態を受け入れる準備ができていないと回答する人は、ウクライナ支援に肯定的な意見が否定的な意見を圧倒していた侵攻当初であっても、「まったくない」（四一％）と「あまりない」（二七％）をあわせると七割近くに及んだ。[32]

ロシアによる隣国への公然たる軍事侵攻は、アメリカ外交を再び介入の方向へと引き戻した。しかし、侵攻から一年経った世論を見る限り、「アメリカが他国をつくりかえるために大々的に軍事行動を展開する時代は終わりを迎えている」という、バイデン外交の基本的な前提であり、国民にも広く共有された認識そのものを変えるまでには至らなさそうだ。

三　価値観外交の国内的制約

バイデンは大統領就任前から、価値を問題とせず、プーチンら権威主義的なリーダーとの「ディール」も躊躇わないトランプ外交を批判してきた。二〇一八年、バイデンは外交誌『フォーリンアフェアーズ』に外交官のマイケル・カーペンター（Michael Carpenter）と連名で寄稿し、トランプは、ロシアが民主主義国家にとっていかに大きな脅威であるかを自覚していないと批判し、政府が頼りにならない以上、議会や企業、そして市民の力で、ロシアの脅威から自由や民主主義を守らなければならないと主張した。[33] 二〇二〇年の大統領選の最中に執筆された論稿でも、トランプが「独裁者の言葉を真に受け、民主主義者を軽んじることで……世界各地の独裁者に免罪符を与えてきた」と手厳しく批判している。[34]

没価値的なトランプ外交のアンチテーゼたることを明確に意識して、バイデン外交は、民主主義や人権、自由などの価値の促進を目標に掲げ、権威主義国家に対して単にパワーの次元のみならず、イデオロギーの面でも優位に立つことを目指してきた。[35] 就任前からバイデンは、トランプ政権の四年間で傷ついた同盟国との関係修復の意味合いもこめて、「民主主義サミット（Summit for Democracy）」を開催する意向を明らかにしてきた。かつてオバマは、核兵器のない世界の実現に向け、「核セキュリティサミット（Nuclear Security Summit）」を立ち上げたが、バイデン政権は民主主義的価値を共有する首脳会談を開催し、中国とロシアなどの権威主義国家に対し、民主主義国で共同して対抗する枠組みを構築しようとしたのである。「民主主義サミット」の一回目は二〇二一年一二月にオンラインで開催され、一〇〇カ国・地域以上が参加した。二回目も、二〇二三年三月にオンラインで実施され、今後も継続的に開催していく方針が決定された。二〇二二年二月にウクライナ戦争が始まって以降、バイデンは「民主主義と権威主義との戦い」「自由と専制の戦い」というテーゼをいっそう強調するようになっている。[36]

しかし、アメリカ国内のイデオロギー状況を考えれば、世界を民主主義国家と権威主義国家の対立としてみるバイデン外交の世界観は単純化の誹りを免れえない。外に向かって民主主義の擁護と普及に尽力する以前の問題として、アメリカ国内の民主主義が揺らいでいる現状がある。バイデンが大統領に就任する二週間前、大統領選で大規模な不正が行われたというトランプの訴えを信じる暴徒たちが連邦議会議事堂を襲撃した事件が示すように、選挙制度への不信、政治的な目的のための暴力を容認する傾向は顕著になっている。[37]

「民主主義の模範国」という広く流布したイメージとは裏腹に、アメリカは、選挙に大きな問題を抱えた国でもある。ハーバード大学とシドニー大学が共同で行っている「選挙の公平性プロジェクト（Electoral Integrity Project）」によると、アメリカの選挙の公正さは、西洋の民主主義国家の中では最低レベルだ。[38] 昨今は、共和党が上下院の多数派である州を中心に、「不正投票の防止」という一見中立的な名目で、実質的に低所得者やマイノリティの投票を阻む法律が多数成立してきた。有権者ＩＤ法などの投票時における身元確認の厳格化により、運転免許証を持たなかったり、定まった住居を持たないひとびとの投票が困難にされてきた。[39] なお、不正投票が広範囲に行われていると裏づける証拠はこれまでに出てきていない。こうした傾向に拍車をかけたのが、二〇一三年、連邦最高裁判所が、黒人の参政権を保障してきた投票権法（一九六五年）のうち、黒人に対する投票弾圧が広く行われていた南部の州などに対し、投票に関する法律を変更する際には、連邦政府の承認を得なければならないとしていた条項を違憲としたことである。以降、多くの州で投票所が閉鎖され、しかも閉鎖の多くは、低所得のマイノリティが多く住む地域で行われ、主に彼らの投票を阻む効果を持った。

権威主義への傾倒も顕著だ。異性愛や家族といった伝統的価値を掲げて、性的マイノリティをあからさまに迫害するプーチンのマッチョイズムとその権威主義的な政治スタイルは、アメリカ右派の間に着実に共感の輪を広げてきた。特にプーチンを「強い指導者」と称賛するトランプが大統領となって以降、共和党支持者の間にも、プーチンへの好意的な意見が目立って増えてきた。[40] Yahoo News/YouGov が、ウクライナ侵攻直前、二〇二二年一月二〇日から二四日にかけて行った調査では、共和党支持者の六二％がプーチンをバイデンより強いリーダーだと回答し、バイデンがプーチンより強いリーダーだと答えたのはわずか四％だった。[41]

そうした傾向は政治家にも顕著だ。アメリカ国内における民主主義や自由主義の衰退が、世界大での権威主義国とのイデオロギー的な競合関係でアメリカを劣位に置くということ、つまり、自国の民主主義や自由主義を回復させていくことがイデオロギー的な勝利のためには必要不可欠であるという国際的な視野がますます失われてきている。

そのことを象徴する出来事がウクライナ侵攻当初にあった。二〇二二年二月下旬、トランプのスローガン「アメリカを再び偉大に（Make America Great Again）」の頭文字をとってＭＡＧＡ共和党員と呼ばれる過激なトランプ主義者も多数登壇・参加する保守主義者の祭典「保守政治行動会議（Conservative Political Action Conference 通称ＣＰＡＣ）」がフロリダ州のオーランドで開催され、会期中にロシアがウクライナに侵攻するという事態となった。しかし、そこでトランプら登壇者たちがアメリカにとって最大の脅威とみなし、槍玉に上げたのは、プーチンよりも、国内の「急進左派」だった。基調講演を行ったトランプは、「急進左派は、アメリカの民主主義をウォーク（woke）流の専制政治に置き換えようとしている」と糾弾した。[42]「ウォーク」とは、常に社会正義に対する意識を持って暮らす状態のことで、現在のアメリカでは、政治的な右派が左派を揶揄する文脈でよく用いられる。ますます内向きになる共和党政治家の世界観において、民主主義への脅威は、国内で民主派を弾圧し、公然たる軍事侵略に踏み切ったプーチンのロシアよりも、国内の左派勢力なのである。CPACの盛況ぶりを見ていても、トランプ流の政治は、トランプという一人の政治家の政治生命を超えて、今後も継続させられていきそうだ。

そのことを象徴するのが、「スマートなトランプ」[43]とも呼ばれ、二〇二二年一一月の中間選挙でも地滑り的な勝利でフロリダ州知事に再選されたロン・デサンティス（Ron DeSantis）だ。デサンティスは、四十代という若さや華麗な経歴で一見、新風を呼び込む存在に見える。しかし、だからこそ危険を秘めた存在だ。デサンティス人気をここまで盤石なものとしたのは、「文化闘士（culture warrior）」と呼ばれるほどの文化保守的な政策だ。「闘士」とある通り、マイノリティを公然と敵視する政策もまったく躊躇わない態度は、「プーチンを模倣した」とすらささやかれるほどだ。[44]フロリダ州では、二〇一六年にオーランドのゲイ・ナイトクラブで、二〇一八年にパークランドの高校で大きな銃乱射事件が起き、多くの人が犠牲になっている。にもかかわらず、デサンティスは「銃保持の自由」を掲げて銃規制に反対する。気候変動対策にも否定的で、ビジネス界のESG投資の動きについても、「経済活動の自由」を掲げて反対し、自分たちの価値観を強引に広げようとするリベラルたちの策謀と批判してきた。[45]二〇二二年三月には、性的指向や性自認に関する学校での議論に厳しい制限を課す通称「ゲイというな（Don't Say Gay）」法案に署名した。このことを、同州のオーランドにテーマパークを構えるウォルト・ディズニー社が批判し、政治献金の停止を表明すると、デサンティスは報復として、テーマパークの一帯に認められてきたディズニーの自治権を剥奪した。

移民問題についてもトランプ流だ。デサンティスは、かねてから若年移民の国外強制退去の延期措置（Deferred Action for Childhood Arrivals：DACA）に反対するなど、中南米からの移民流入を厳しく制限するスタンスをとってきた。さらに中間選挙の投開票日が迫っていた二〇二二年九月中旬、劇的なアクションをとった。中南米からの移民約五〇人を、チャーターした飛行機でマサチューセッツ州のマーサズヴィニヤード島に移送したのである。マーサズヴィニヤードは、高級避暑地で、民主党を支持するリベラルが多い。国境から遥か遠いところで「移民に対して寛容であれ」とリベラルな主張を説くならば、自分の隣人に迎えてみたらどうか、それでも移民に対する寛容を主張できるのか、と民主党を攻撃するパフォーマンスだ。

バイデン政権は、こうした共和党政治家たちの言動を「民主主義を脅かす」「人権に無関心」と批判してきた。しかし、就任当初こそ、人権を外交政策の中心に据えると大々的に掲げたバイデンだが、今や実質的に放棄されている。バイデンは、サウジアラビアのムハンマド・ビン・サルマン（Mohammed bin Salman）皇太子が、反体制的な記者ジャマル・カショギ（Jamal Khashoggi）の殺害に関与したとして、サウジアラビアを批判し続けてきたが、二〇二二年七月、ロシアのウクライナ侵攻などの余波で高騰する原油価格を鎮めるため、それまでの態度を翻してサウジを訪問した。この試みは失敗したが、二〇二三年九月にインドのニューデリーで開催された二〇カ国・地域（G20）首脳会議では皇太子に握手を求めた。

バイデンはG20首脳会議への出席にあわせ、インドとベトナムに訪問したが、両国首脳との会談も人権外交の放棄を印象付けた。民主党のリベラル派議員は、ナレンドラ・モディ（Narendra Modi）政権のもとで宗教的少数者が弾圧され、メディア統制が強まっていることへの懸念の声をあげてきたが、バイデン政権はインドの人権問題への懸念表明は最小限に留め、米印首脳会談の焦点も、経済・技術面での協力関係の強化など実利的側面に置かれた。ベトナムも同様だった。訪問に際し、ホワイトハウスが発表したファクトシートには人権に関する限られた言及しかなく、人権問題を棚上げにしたまま、米越関係は最上位の「包括的戦略的」に格上げされた。

四　ウクライナ支援の行方

政治家としての使命を、世界大の自由や民主主義の防衛よりも、国内左派との闘争に見出す内向きの保守的政治家の台頭は、ウクライナ支援にも影を落としている。長らくデサンティスは、ウクライナ戦争について表立っては発言してこなかったが、侵攻から一年を経過すると、ウクライナでの戦争は米国の「重要な国益」ではないと公然と掲げ、巨額のウクライナ支援に懐疑を呈するようになっていった。デサンティスは言う。アメリカには国境警備や中国との競争といった「重要な国益」がある、ウクライナとロシアの領土紛争に一層巻き込まれることは重要な国益ではない、と。ウクライナでの戦争を、ロシアとウクライナの「領土紛争」と位置付けるデサンティスの認識は、この戦いを国際秩序や民主主義を守る戦いと位置付け、アメリカ国民の関心を喚起し、ウクライナ支援を促してきたバイデン政権の認識と根本的に対立するものである。

もっともデサンティスの発言が報道されると、マイク・ペンス（Mike Pence）前副大統領や、ニッキー・ヘイリー（Nikki Haley）元国連大使といった次期大統領選の有力候補からすぐさま異論があがった[46]。共和党内でも、「国益」を広く定義し、国際秩序の盟主であり続けるべきだと考える勢力は、以前より弱くなりながらも確実に残っている。今後もこの二つの「国益」観のせめぎ合いは、共和党、さらにはアメリカ政治外交全般に影響を与えていくだろう。

二〇二二年一一月に行われた中間選挙の結果、共和党は下院の多数派を奪還した。二〇二四年の選挙でも、「国益」を掲げてウクライナ支援に反対する政治勢力が台頭していく可能性は否定できない。

国内に山積している問題への懸念から、アメリカのウクライナ支援が膨大な額にのぼり、戦争が長期化していることに不安と不満を募らせる勢力は民主党左派にも存在する。中間選挙が迫っていた二〇二二年一〇月二四日、下院民主党の進歩派議連（Congressional Progressive Caucus）の議員有志がバイデン大統領に宛てた書簡が公になった[47]。議長のプラミラ・ジャヤパル（Pramila Jayapal）議員を発起人とする書簡は六月に作成され、三〇名が署名していたが、中間選挙直前になるまで伏せられていた。二ページに及ぶ書簡は、ロシアの侵略行動を批判し、バイデン政権によるウクライナ支援への支持を表明しつつも、いっそうの強調点を、戦争の長期化やエスカレーション、そのことによるエネルギー危機や食糧危機の悪化への懸念に置いていた。そして書簡は、「この紛争に何百億ドルという税金を使った軍事支援の責任を負う議員として」、バイデン大統領に対し、ロシアとの直接交渉による早期停戦の模索を訴えていた。書簡は、党内から激しい反対を受け、公開してほどなく取り下げられた。しかし、戦争の長期化への懸念や生活不安が有権者に着実に広まっていることは世論調査なども示すところであり、国民の不安に応えようとする進歩派議員が今後どのような行動を展開していくかは注目していく必要がある。

おわりに

アメリカの「例外的」な強さを誇り、国際秩序の「盟主」や他国に対する「教師」として振る舞ってきた過去のアメリカ外交は、国際社会との間にさまざまに軋轢と犠牲を生んできた。特に過去二〇年間、アメリカは「唯一の超大国」を自負し、アフガニスタンやイラクで武力を用いて旧体制を崩壊させ、アメリカが望ましいと考える政治社会を新たに築こうとした。しかしその試みは失敗に終わった。独善的な使命感に駆られた外交が、いかに破滅的な帰結をもたらしたか、反省が必要なことは明らかだ[48]。アフガニスタンからの米軍撤退を終えた際のバイデンによる「アメリカが他国をつくりかえるために大々的に軍事行動を展開する時代は終わりを迎えている」という声明は、そうした反省を反映していた。

しかし、アメリカが「例外主義」を放棄していくことは、より協調的な外交や、より覇権的ではない、水平的な国際秩序へとつながっていくとは限らない。むしろ、牽引役の不在により、国際秩序の不安定化がもたらされる可能性も十分にある。ロシアによるウクライナ侵攻は、後者の可能性を突きつけている。強力なリーダー不在の世界を「Gゼロ」と名付けた米コンサルティング会社ユーラシアグループのイアン・ブレマー（Ian Bremmer）は、ロシアによるウクライナ侵攻を、アメリカが「世界の警察官」たることを放棄し、誰もその役割を引き受けない「Gゼロ」の世界で起こりうる最悪の出来事と位置付けた[49]。

二〇二二年一〇月一二日、バイデン政権が発表した国家安全保障戦略には、いまのアメリカが置かれているジレンマが如実に表明されていた。一方で文書は、「我々の能力を超えるものは何もない」と高らかに宣言しつつ、他方で「アメリカの安全のために、世界中の政府や社会がアメリカのイメージ通りに作り変えられるべきだという考えはとらない」と明言していた[50]。

確かにウクライナ戦争は、アメリカという盟主のいない国際秩序への私たちの不安を高めている。ウクライナ戦争中、中露は接近し、ともに「多極世界」を促進していくことを宣言している(51)。中露の「多極世界」論は覇権を否定するものではなく、アメリカに代わって中露を中心とする新たな覇権的秩序を目指す志向が強いものだ。中露が現状打破的な志向を強める中で、アメリカや、日本のようにアメリカに安全保障を大きく依存している国々で、アメリカが絶対的なパワーを持ち、アメリカを盟主とする「リベラルな国際秩序」が盤石だった時代へのノスタルジーが生まれるのも、理解できないことではない(52)。

しかし、アメリカ外交の歴史に鑑みれば、「例外主義」を投げ捨てたアメリカとともに、肥大化した「例外主義」に駆られたアメリカも国際秩序にとって望ましくない。私たちは、アメリカを秩序の「盟主」と位置付ける「リベラルな国際秩序」論が、アメリカの対外軍事行動がもたらしてきた犠牲から目を背け、アメリカの覇権的役割を正当化する論理として機能してきたことからも目を背けてはならない。「リベラルな国際秩序」の批判的検討とオルタナティブの国際秩序の模索は、アメリカの外のみならず、アメリカ国内においてもますます活性化している(53)。中露の権力政治に取り込まれた「多極世界」論とも、アメリカ覇権の問題性に目をつぶった「リベラルな国際秩序」とも異なる、より水平的で、安定した国際秩序をいかに展望できるのか。これこそがいま、向き合うべき問いではないだろうか。

（1）Richard Ullman, "The US and the World: An Interview with George Kennan," *The New York Review* (August 12, 1999). https://www.nybooks.com/articles/1999/08/12/the-us-and-the-world-an-interview-with-george-kenn/

（2）Costs of War Project, "Fact Sheet: The True Costs of the Post-9/11 Wars." https://watson.brown.edu/costsofwar/

（3）Adam Quinn, "The Art of Declining Politely: Obama's Prudent Presidency And The Waning of American Power," *International Affairs* Vol. 87, No. 4 (July 2011), pp. 803–824. David Fitzgerald, and David Ryan, *Obama, US Foreign Policy and the Dilemmas of Intervention* (Springer, 2014). Colin Dueck, *The Obama Doctrine-American Grand Strategy Today* (Oxford University Press, 2015). Georg Löfflman, *American Grand Strategy under Obama-Competing Discourses* (Edinburgh University Press, 2019).

（4）"UN Human Rights Office Estimates More Than 306,000 Civilians Were Killed over 10 Years in Syria Conflict," *Office of the High Commissioner for Human Rights, United Nations* (July 28, 2022). https://www.ohchr.org/en/press-releases/2022/06/un-human-rights-office-estimates-more-306000-civilians-were-killed-over-10

（5）Donald Trump, "The Inaugural Address," *White House* (January 20, 2017). https://trumpwhitehouse.archives.gov/briefings-statements/the-inaugural-address/

（6）https://twitter.com/realdonaldtrump/status/11838224940310650887s=61&t=4sp2e-jkGoGqgGOF-7320Q

（7）Stephen Wertheim, "Trump Against American Exceptionalism: The Sources of Trumpian Conduct," in Robert Jervis, Francis J. Gavin, Joshua Rovner, and Diane Labrosse eds., *Chaos in the Liberal Order- The Trump Presidency and*

International Politics in the Twenty-First Century (Columbia University, 2018), pp. 125–135. Hilde Eliassen Restad, "Whither The "City Upon a Hill"? Donald Trump, America First, and American Exceptionalism," *Texas National Security Review* (Winter 2019/2020), pp. 62–93. https://hdl.handle.net/2152/81095

（8）Trevor B. McCrisken, "Exceptionalism," in Alexander DeConde, Richard D. Burns, and Fredrik Logevall eds., *Encyclopedia of American Foreign Policy*, 2nd ed. (Charles Scribner's Sons, 2002), vol. 2, pp. 63–80.

（9）"Four in 10 Americans Embrace Some Form of Socialism," *Gallup* (May 20, 2019). https://news.gallup.com/poll/257639/four-americans-embrace-form-socialism.aspx

（10）Steffie Woolhandler, et al., "Public Policy and Health in The Trump Era," *Lancet*, Vol. 397 (February 20, 2021). https://www.thelancet.com/journals/lancet/article/PIIS0140-6736(20)32545-9/fulltext#back-bib1

（11）Jeanne Morefield, "'Never in My Country': COVID-19 and American Exceptionalism," *Quincy Institute for Responsible Statecraft* (April 16, 2020). https://quincyinst.org/2020/04/16/never-in-my-country-covid-19-and-american-exceptionalism/

（12）https://mobile.twitter.com/sensanders/status/727993295125753858

（13）https://twitter.com/BernieSanders/status/1445408570351263746

（14）"Bernie Sanders' American Dream Is in Denmark," *CNN* (February 17, 2016). https://edition.cnn.com/2016/02/17/politics/bernie-sanders-2016-denmark-democratic-socialism/index.html

（15）"American Pride Hits New Low; Few Proud of Political System," *Gallup* (July 2, 2019). https://news.gallup.com/poll/259841/american-pride-hits-new-low-few-proud-political-system.aspx

（16）"Remarks by President Biden on The End of The War in Afghanistan," *White House* (August 31, 2021). https://www.whitehouse.gov/briefing-room/speeches-remarks/2021/08/31/remarks-by-president-biden-on-the-end-of-the-war-in-afghanistan/

（17）"Majority of Americans Support Withdrawal from Afghanistan, But Criticize Its Implementation," *Chicago Council on Global Affairs* (September 2, 2021). https://globalaffairs.org/commentary-and-analysis/blogs/majority-americans-support-withdrawal-afghanistan-criticize-its

（18）"America Adrift- How The U.S. Foreign Policy Debate Misses What Voters Really Want," *Center for American Progress* (May 5, 2019). https://www.americanprogress.org/issues/security/reports/2019/05/05/469218/america-adrift/

（19）"Rejecting Retreat," *Chicago Council on Global Affairs* (September 6, 2019). https://www.thechicagocouncil.org/publication/lcc/rejecting-retreat

（20）中山俊宏「異形の大統領は世界をどこへ連れていくのか——トランプ外交の世界観」『中央公論』二〇一七年一三二（一二）号、八〇—八五頁。

（21）"Trump Praises Chinese President Extending Tenure 'for Life'," *Reuters* (March 4, 2018). https://www.reuters.com/article/us-trump-china-idUSKCN1GG015 https://jp.reuters.com/article/trump-china-idJPKBN1GH09S

（22）"Donald Trump Praises Putin As 'Strong Leader'," *Wall Street Journal* (December 18, 2015). https://www.wsj.com/articles/BL-WB-59869 "Trump: Putin Was 'Very, Very Strong'," *CNN* (July 16, 2018). https://edition.cnn.com/2018/07/16/politics/donald-trump-fox-news/index.html "Trump Says Putin 'a Leader Far

More Than Our President',” *BBC* (September 8, 2016). https://www.bbc.com/news/election-us-2016-37303057

(23) “Trump Calls Putin ‘Genius’ And ‘Savvy’ for Ukraine Invasion,” *Politico* (February 23, 2022). https://www.politico.com/news/2022/02/23/trump-putin-ukraine-invasion-00010923

(24) “Trump Kicks off His 2024 Campaign: ‘We Are at The Brink of World War III',” *MSNBC* (January 29, 2023). https://www.nbcnews.com/politics/donald-trump/trump-are-brink-world-war-iii-rcna68008

(25) Caroline Vakil, “Trump Criticizes Spending for Ukraine,” *The Hill* (May 13, 2022). https://thehill.com/homenews/administration/3487836-trump-criticizes-spending-for-ukraine/

(26) “Trump: US Should Fund Safe Schools Before Ukraine,” *BBC* (May 28, 2022). https://www.bbc.com/news/world-us-canada-61614782

(27) “Carnegie Experts on The Ukraine War's Long Shadow,” *Carnegie Endowment for International Peace* (February 23, 2023). https://carnegieendowment.org/2023/02/23/carnegie-experts-on-ukraine-war-s-long-shadow-pub-89109

(28) “Remarks by President Biden Ahead of The One-Year Anniversary of Russia's Brutal and Unprovoked Invasion of Ukraine,” *White House* (February 21, 2023). https://www.whitehouse.gov/briefing-room/speeches-remarks/2023/02/21/remarks-by-president-biden-ahead-of-the-one-year-anniversary-of-russias-brutal-and-unprovoked-invasion-of-ukraine/

(29) “War in Ukraine: What Should The U.S. Do Now?” *CBS News Poll* (April 10, 2022). https://www.cbsnews.com/news/ukraine-russia-war-what-should-us-do-opinion-poll-2022-04-09/

(30) “Americans Support Giving Weapons to Ukraine — But That Support Declines with Russia's Threats,” *YouGov America* (December 22, 2022). https://today.yougov.com/topics/international/articles-reports/2022/12/21/americans-support-giving-weapons-ukraine

(31) “The GOP's Shift Against Supporting Ukraine Hits A New Milestone,” *Washington Post* (January 11, 2023). https://www.washingtonpost.com/politics/2023/01/11/republicans-aid-ukraine-poll/

(32) Shibley Telhami, “What Do Americans Think of The Russia-Ukraine War And of The US Response?” *Brookings Institute* (March 31, 2022). https://www.brookings.edu/blog/order-from-chaos/2022/03/31/what-do-americans-think-of-the-russia-ukraine-war-and-of-the-us-response/amp/

(33) Joseph R. Biden, Jr., and Michael Carpenter, “How to Stand Up to The Kremlin. Defending Democracy Against Its Enemies,” *Foreign Affairs* (December 5, 2017). https://www.foreignaffairs.com/articles/russia-fsu/2017-12-05/how-stand-kremlin

(34) Joseph R. Biden, Jr., “Why America Must Lead Again-Rescuing U.S. Foreign Policy After Trump,” *Foreign Affairs* (January 23, 2020). https://www.foreignaffairs.com/articles/united-states/2020-01-23/why-america-must-lead-again

(35) Hal Brands, “The Emerging Biden Doctrine-Democracy, Autocracy, and The Defining Clash of Our Time,” *Foreign Affairs* (June 29, 2021). https://www.foreignaffairs.com/articles/united-states/2021-06-29/emerging-biden-doctrine

(36) “Remarks by President Biden on The United Efforts of The Free World to Support The People of Ukraine,” *White House* (March 26, 2022). https://www.whitehouse.gov/briefing-room/speeches-remarks/2022/03/26/remarks-by-president-biden-

on-the-united-efforts-of-the-free-world-to-support-the-people-of-ukraine/. "Remarks by President Biden Ahead of The One-Year Anniversary of Russia's Brutal And Unprovoked Invasion of Ukraine," *White House* (February 21, 2023). https://www.whitehouse.gov/briefing-room/speeches-remarks/2023/02/21/remarks-by-president-biden-ahead-of-the-one-year-anniversary-of-russias-brutal-and-unprovoked-invasion-of-ukraine/

（37）Rachel Kleinfeld, "The Rise in Political Violence in The United States And Damage To Our Democracy," *Carnegie Endowment for International Peace* (March 31, 2022). https://carnegieendowment.org/2022/03/31/rise-in-political-violence-in-united-states-and-damage-to-our-democracy-pub-87584

（38）*Electoral Integrity Project Report* (2020). https://www.electoralintegrityproject.com/

（39）Brennan Center for Justice, "State Voting Laws." https://www.brennancenter.org/issues/ensure-every-american-can-vote/state-voting-laws

（40）Andrew Prokop, "The Change In Republican Voters' Views of Putin Since Trump's Rise Is Remarkable," *Vox* (December 14, 2016). https://www.vox.com/2016/9/12865678/trump-putin-polls-republican

（41）"Poll: As Ukraine Tensions Escalate, 62% of Republicans Say Putin Is A 'Stronger Leader' Than Biden," *Yahoo News* (January 26, 2022). https://news.yahoo.com/poll-as-ukraine-tensions-escalate-62-percent-of-republicans-say-putin-is-a-stronger-leader-than-biden-192437439.html

（42）"Former President Trump Speaks at Conservative Political Action Conference," *C-Span* (February 26, 2022). https://www.c-span.org/video/?518150-1/pres-trump-criticizes-nato-nations-amid-russian-invasion-ukraine

（43）Joshua Chaffin, "Ron DeSantis Is Donald Trump with Brains And Without The Drama," *Financial Times* (October 20, 2022). https://www.ft.com/content/3aa3b7a6-8f72-4c37-82dd-d98946198aa7

（44）Robin Maril, "How Ron DeSantis Is Emulating Vladimir Putin," *Slate* (March 28, 2022). https://slate.com/news-and-politics/2022/03/ron-desantis-vladimir-putin-dont-say-gay-bill.html

（45）Ron DeSantis, *The Courage To Be Free: Florida's Blueprint for America's Revival* (Broadside Books, 2023).

（46）"Gov. DeSantis Says Conflict between Russia And Ukraine Is Not Vital U.S. Interest," *Fox 13 News* (March 14, 2023). https://www.fox13news.com/news/gov-desantis-comments-on-ukraine-war-says-conflict-is-not-vital-u-s-interest "DeSantis Rattles Establishment GOP after Saying US Interest in Ukraine-Russia War Is Not 'Vital'" *Fox News* (March 15, 2023). https://www.foxnews.com/politics/desantis-rattles-establishment-gop-after-saying-us-interest-ukraine-russia-war-not-vital

（47）"Dear President," (October 24, 2022), *Congressional Progressive Caucus*. https://progressives.house.gov/_cache/files/5/5/5523c5cc-4028-4c46-8ee1-b56c7101c764/B7B3674EFB12D933EA4A2B97C7405DD4.10-24-22-cpc-letter-for-diplomacy-on-russia-ukraine-conflict.pdf?utm_source=substack&utm_medium=email

（48）Andrew Rojecki, "Rhetorical Alchemy: American Exceptionalism and The War on Terror," *Political Communication*, Volume 25, Issue 1 (2008), pp. 67–88.

（49）「イアン・ブレマー「今起きているのは『新冷戦』だ」ウクラ

イナ侵攻は「Gゼロ」環境下で起きた最も大きな悲劇」『AERA』二〇二二年三月二四日。https://dot.asahi.com/aera/2022032300044.html?page=1

（50）"National Security Strategy," *White House* (October 12, 2022). https://www.whitehouse.gov/wp-content/uploads/2022/10/Biden-Harris-Administrations-National-Security-Strategy-10.2022.pdf

（51）"Russia, China Contribute To Strengthening Multipolar World, Says Putin," *Tass* (March 20, 2023). https://tass.com/politics/1591553

（52）Fareed Zakaria, "Putin's War Reminds Us Why Liberal Democracy Is Worth Defending," *Washington Post* (February 24, 2022). https://www.washingtonpost.com/opinions/2022/02/24/putin-invasion-ukraine-shows-why-liberal-democracy-worth-defending/

（53）Inderjeet Parmar, "The US-led Liberal Order: Imperialism by Another Name?" *International Affairs*, Vol. 94, No. 1 (2018), pp. 151–172. Samuel Moyn, "Beyond Liberal Internationalism," *Dissent* (Winter 2017). https://www.dissentmagazine.org/article/left-foreign-policy-beyond-liberal-internationalism. Samuel Moyn, "Progressive Critiques of Liberal Internationalism," *Lawfare* (February 5, 2019). https://www.lawfareblog.com/lawfare-podcast-progressive-critiques-liberal-internationalism

〔付記〕本研究はＪＳＰＳ科研費 18K12725 の助成を受けたものです。

（みまき　せいこ　　同志社大学）

日本国際政治学会編『国際政治』第213号「アメリカ――対外政策の変容と国際秩序――」（二〇二四年三月）

境界線に投影される国際秩序の二面性

大津留（北川）智恵子

はじめに

アメリカのジョー・バイデン大統領は、就任後まもなく国務省に出向き、アメリカが国際政治の場に戻り、その対外政策の中心に外交が戻ってきた旨の演説を行った[1]。第二次世界大戦中より、リベラル民主主義に基づく国際秩序形成の中核を担ったアメリカは、冷戦期には超大国の一つとして西側の秩序維持者となった。冷戦による分断により世界の全域でその秩序を実現することは妨げられたが、冷戦終結後に西側の秩序が国際社会に浸透していったのは、リベラルで民主的な国際秩序そのものに、普遍的に訴えるところがあったためと考えられてきた[2]。この演説には、そうしたアメリカの役割を踏襲しようとしなかった、ドナルド・トランプ前大統領への批判が込められている。

リベラル民主主義に基づく秩序の維持者としての役割を果たすのではなく、「アメリカ第一主義」を掲げたトランプ政権の登場は、欧州や南米での非リベラルなポピュリズムの拡大と時期が重なった。そうしたアメリカ外交の揺れの背景では、米中二極体制と称されるように中国の急速な台頭があり、またロシアと西側諸国との対立も深まったため、アメリカを中核とする秩序の終焉すら語られた[3]。つまり、アメリカが主導してきたリベラル民主主義秩序の復元ではなく、異なる秩序への転換が不可避なだけでなく、より望ましい展開であるとの見解である。

それでは、二〇世紀後半からのリベラル民主主義に基く国際秩序は、どのような問題を内包してきたのだろうか。今日の国際秩序は、アメリカが中核となって規定し、維持してきたものである。その意味で、普遍的価値に基づくリベラル民主主義の秩序は、同時に、「アメリカの」秩序として個別の価値をも表してきた。普遍性を掲げながらもアメリカの利害が追求されるという秩序の二面性が、右のような批判を引き起こす背景にはある。

以下では、そうした二面性を浮き彫りにするものとして、人権をめぐりアメリカにより引かれた「我々の側とそうでない側」という境界線に着目する。普遍的な価値であるはずの人権が、アメリカ独自の価値とのせめぎ合いの中でどう規定され、その中でも特に脆弱な立場にある難民をめぐる対応がどのように変容してきたのか。その展開を、アメリカの国内政治の動きに遡り、その中で示される境界線と呼応させながら検討したい。

一　アメリカの対外政策における難民の位置づけ

(1)　「難民」に相当する移民の存在

自らを移民の国と認識するアメリカにおいては、移民に先立ち居住していた先住民と強制的に移動させられた奴隷を除くと、自発的にアメリカを目指し移住した人々とその子孫から社会が構成されてきた、というのが一般的な歴史認識であった。しかし実際には、ヨーロッパから迫害や戦火を逃れて新大陸を目指した人々は自発的に移動したわけではなく、今日の定義に即して言えば「難民」に相当する。加えて、自国の経済状況の悪化から国外に移住した人々は、形式的には自己決定による移動であるものの、外的要因に強いられた決断には自発的とは言い難い側面が残る。(4)

それでは、大枠としての移民の受け入れはどのように実施されたのであろうか。国土を拡張させ、社会を機能させるための労働者を必要とした初期のアメリカは、厳格な入国管理は行ってはいなかった。むしろ、不足する労働人口を移民労働者によって補おうとしていたため、移民促進法（一八六四年）の制定により、アメリカへの移住費用を賃金で後払いする制度を立法化することで、労働者の移住を促そうとしていた。このように促進の方向であった移民の受け入れが制限的な方向へと転じるのが、国土の拡張が一段落し、国内の産業化が進む一九世紀末にかけてであった。

特に、鉄道建設や金鉱開発等に従事した多くの中国人移民が集住する西海岸をはじめとし、経済的な利害をめぐる対立が生まれただけではなく、人種・エスニック集団が多様化することに対する懸念から、州や地方政体により移民への制限や課税が行われるようになった。連邦制のもとで出入国に関する権限を持たない州が移民規制を行うことに対し、連邦政府は裁判を通して牽制する一方で、それを未然に防ぐためにも自らも移民管理を開始することになった。

主に中国人労働者を対象とするペイジ法（一八七五年）、一八八二年中国人移民規制法、スコット法（一八八八年）、ゲアリー法（一八九二年）が制定され、こうした制限は日系移民へも拡大することとなった。「疲れし者、貧しき者を我に与えよ。自由の空気を吸わんと熱望する人たちよ」と台座に刻まれた自由の女神が寄贈された時期に、こうした移民制限法が並行して成立していることは、アメリカ社会における「我々の側」と「そうでない側」の線引きが、人種・エスニシティに基づいて行われていたことを示している。(5)

このように、特定の移民集団を規制しようとした対応は、アメリカの人口構成が多様化すること自体を根本から止めようとする動きへと移行し、一九二一年移民割当法として立法化された。この法律では、一九一〇年の国勢調査で示された各エスニック集団がアメリカ社会で占める人口構成を基準とし、その三パーセントまでの入国を認める割り当て枠を設定した。多様化の流れを食い止めるには不十分であると考えた議会は、一九二四年の移民法において、基準点をさらに遡った一八九〇年の人口構成とし、また割り当て枠もその二パーセントにまで狭められた。そのため、急速に人口が増加していた東・南ヨーロッパからの移民の受け入れが制限されただけでなく、一七九〇年帰化法により帰化を認められていないアジアからの移民に対し、門戸そのものを閉ざすこととなった。

こうした入国管理が行われるに際し、今日の難民に相当する人々と一般の移民とが区別されることはなかった。もっとも、二〇世紀初めまでの移民制限は、経済的な側面にせよ、社会・文化的な側面にせよ、対外政策としての目的を起点とするのではなく、国内社会において生じた移民に起因する懸念に応じて取られてきた。ところが、第一次世界大戦がヨーロッパで生んだ避難民への対応を決断するに当たり、アメリカの理念である人権をめぐり国際的な規範と国内の要請との間の乖離が具体化することになる。

(2) 難民条約とアメリカの難民への対応

国際社会で難民への支援が制度化されたのが、第一次世界大戦後に国際連盟が設置した難民高等弁務官の職務で、フリチョフ・ナンセン（Fridtjof Nansen）がその業務にあたった。ナンセンが直面した課題は、帝国の崩壊が引き起こした国家の枠組みと民族とのずれなどから生まれた難民・無国籍者への支援であった。国家から身分を証明してもらうことができないこれらの人々に「ナンセン・パスポート」を発行することで、国境を越えて移動することを可能にした。(6)

一九三三年にドイツでナチ党が政権を取ると、迫害を受けたユダヤ人の国外逃亡が始まった。しかし、同時に広まる世界恐慌の影響の下で、連盟参加国は自国の経済的打撃を理由としながら、ユダヤ難民を受け入れるという責務を避けようとした。そこでアメリカの提唱で、一九三八年にフランスでエビアン会議が開催された。しかし提唱者アメリカ自身は、難民を移民とは差別化しないという自国の論理を盾に、支援すべきユダヤ人を別枠で受け入れるのではなく、その出発国であるドイツに割り当てられた移民上限の内数で数え、それ以上には受け入れようとはしなかった。

難民の保護という差し迫った対応が求められる状況でありながら、必要な措置が取られなかった背景には、難民の受け入れが外交であると同時に、国内政治としての側面を強く持つことを示していた。エビアン会議に顧問として参加したジョージ・ウォレン（George Warren）は、米国議会が難民を一人たりとも受入れようとしなかったと振り返る。ウォレンによると、第二次世界大戦が始まるや否や、こうした国内状況を受けてローズヴェルト大統領が、終戦時には難民や避難希望者の問題が生じるだろうと予測したという。(7)

実際、主戦場の一つであったヨーロッパでは、多くの避難民が発生した。戦争終結を待つことなく、連合国側では避難民に対して人道的な支援を行いながら、帰還を支援する連合国救済復興機関（UNRRA）と、地域外の第三国への再定住を支援する政府間難民委員会（IGCR）いう、二つの方向性をもった対応が取られた。一九四七年には両者を統合する国際難民機関（IRO）が設立されたが、避難民を受入れた国の負担が少なくてすむよう、主として避難民の帰還支援にあたった。しかし、既に始まっていた冷戦の中で、共産化した母国への帰還を避難民自身が望まないという事態が生じ、逆にソヴィエト連邦からは国際機関が自国民の帰還を促そうとしないことに対して反発が示された。

こうした冷戦の対立の中で制定されたのが難民条約である。一九四八年の世界人権宣言一四条が「すべて人は、迫害を免れるため、他国に避難することを求め、かつ、避難する権利を有する」[8]と定めたことを受け、国連経済社会理事会人権委員会で議論が始まった。同理事会が設置したアド・ホック委員会が条約の草案をまとめ、最終的には国連加盟国以外からも参加を求めるため、国連ではなく、別に設置された全権委員会議においてこれが採択された。社会主義圏からはユーゴスラビアのみが参加する中、難民を自由権に特化した形で定義した本条約は、その裏返しとして社会主義圏では人権が虐げられているというイメージを作ることとなった。条約制定の前年に三年間の任務で設立されていた国連難民高等弁務官（UNHCR）が、難民条約のもとでヨーロッパの難民の帰還、定住、再定住に関する支援を行うこととなった。第二次世界大戦の戦争難民を念頭に作られた難民条約は、一九五一年一月一日より前にヨーロッパにおいて生じた事件を対象とするという、期間と地域を限定した支援であった。条約批准のためには、対処すべき難民の規模を把握していることが重要だとする、アメリカとフランスの声が優勢を占めたためであった[9]。そのため、一九五一年以降にヨーロッパ以外の地域で発生した難民に関しては、UNHCRはその支援の斡旋に留まった。地域と期間を定めず、全ての難民への支援がマンデートとして行われるようになるのは、一九六七年の難民条約議定書の制定を待つことになる。

アメリカは難民条約の作成過程には加わりながらも、最終的にはそれに署名を行わなかった[10]。人権に関連する条約への加入状況を、アメリカが国際社会における人権の保護・促進にどれほど誠意をもって取り組んでいるかを判断する手がかりにするならば、未署名、あるいは署名したが未批准である条約はかなりの数ある[11]。政府自身がアメリカにとって価値が低いと判断する条約は署名すら行わない場合が多いが、逆にアメリカが重視し、署名した条約であっても、上院の批准承認の手続きが障害となり未批准のまま置かれている場合もある。

こうした国内状況に鑑みると、難民条約に署名しなかったことでアメリカが難民問題に関心がなかったとは言えはない。エビアン会議を招集したのはローズヴェルト大統領自身であり、そこで設置された政府間難民委員会は、アメリカとイギリスが主たる出資国であった。一九四四年夏には、千名ほどの難民を、一般社会との往来のないニューヨーク州オンタリオ駐屯地内に受け入れている。続くトルーマン大統領も一九四五年一二月の大統領令において[12]、そして一九四八年には議会で避難民法が成立したことを受けて、戦争避難民の受け入れを始めた。冷戦の対立が激化する中で、難民問題は外交的な意味合いを強めていった。一九五三年に審議された難民救済法では、共産主義国に心理的打撃を与えるために、ソ連や東欧諸国から逃亡を誘発することすら議論された[13]。さらに、一九五六年のハンガリー動乱を受けて、アイゼンハワー大統領は、難民救済法を用いた難民の受入れに加え、本来は個人の置かれた状況を基準に発行される一時的入国許可（parole）を、ハンガリーから逃れてくる集団全体を対象に発行することで対応した。

一九六五年改正移民法では、二〇世紀初めから続いてきた出身国別の受け入れ上限が改められ、ヨーロッパ、アジア、アフリカ地域を合わせて一七万人（各国上限二万人）、南北アメリカ大陸からの移民に対しても初めて上限が設けられ、一二万人とされた。同法が設定した七つの優先順位枠のうちの一つが難民であったが、難民条約の定める難民の定義とは異なり、共産主義国と中東を逃れる人々という、アメリカ外交の利害を反映したものに留まった。一九六八年に難民条約議定書に加入することで、アメリカはようやく難民条約と同じ難民の定義を用いることになり、また庇護希望者に対する責任についても国際法に従うことになる[14]。しかし、議定書の適用を確保するためには、別途国内法を制定して国連事務総長に送付することが求められながらも、アメリカが難民法を制定するのは一九八〇年を待つことになる。

アメリカが冷戦期の難民政策を通して国際社会に対して発信したのは、リベラルで民主的な我々の世界と、リベラルでも民主的でもない共産圏との間には、境界線が存在することであった。そのため、人権という普遍的価値は共有しながらも、アメリカは難民条約の難民の定義ではなく、アメリカ固有の価値に基づいた難民の定義を用い、それが冷戦外交における攻撃材料として用いられた。しかし、冷戦期にリベラルで民主的な社会を広げようとするアメリカは、東側で生じた難民を自国へと受け入れただけではなかった。両陣営が競合する地域においては、アメリの政策が難民を生むような事態も繰り返された[15]。しかも、難民条約への加入を見送ったアメリカ国内には、国外に向けて価値を発信したい勢力と、国内社会においてそれがもたらす負荷を許容しようとしない勢力とのせめぎ合いが存在していた。そうした国内政治が遅ればせながら難民法を制定するに至った背景には、リベラル民主主義の正しさを掲げて始めたインドシナ戦争の失敗が生んだ、多数のインドシナ難民の受け入れがあった。

(3)　普遍的基準と個別的基準の乖離

冷戦終結に伴い、アメリカの外交において冷戦期を通して引かれてきた、自由な我々の側と自由のない東側という境界線も変容した。共産主義との対立はもはや難民を定義する基準の中心部分ではなくなった。体制転換を行った東欧諸国だけでなく、冷戦に勝つためにアメリカが容認してきた権威主義的な国々の中にも、リベラルで民主的な国際秩序へと収斂していく動きがあった。普遍的な秩序がグローバルに広がることで、一つの世界というものが本当に現実になるかに考えられた。

しかし、政治的にも経済的にも軍事的にも国際秩序の中心に位置することとなったアメリカが、自国の価値と国際社会の価値が重なりあうように思えた時期にも、二つの側面から挑戦を受けた。一つは、アメリカがセーフティネットの備えなく、グローバルに新自由主義が広がることを推進したことで、格差が拡大する国際社会を生み出したことである。もう一つは、中東におけるアメリカの軍事的な拡大が、イスラーム教徒の側からは異教徒による侵略と受け止められ、それへの抵抗としての対米テロリズムが頻繁化したことである。前者は経済的な機会を喪失することで自国内に留まることが難しくなった人々を生み、後者はアメリカが外の世界で直面してきたテロリズムが、九・一一に象徴されるようにアメリカ国内で生じるテロリズムへと変容する背景を形成した。

冷戦後、唯一の超大国として振る舞うアメリカ固有の基準が、国際社会の普遍的な基準と最も大きく乖離したのが、テロリズムへの対応である。テロリズムは犯罪であり、国際社会においても法的な対応が取られてきた。ところが、九・一一により経済と政治の中枢を直撃されたアメリカは、それを犯罪ではなく戦争と定義し、テロ対策が法的性格の措置から軍事的性格の措置へと根本的に変容した。(16) アメリカは、テロリズムの平和的解決ではなく軍事的な解決をめざしてイラク攻撃を開始し、それは多数の戦争難民・国内避難民を生んだだけでなく、イラクにおいてアメリカの占領統治に協力したイラク人が、同胞から裏切者として命を狙われる危険にさらされることになった。

こうした危険に直面する対米協力者らに対しては、エドワード・ケネディ（Edward Kennedy）上院議員の起案で特別移民ビザが発給されることとなり、同様の措置はアフガニスタンにおける対米協力者に対しても取られた。このように、アメリカは難民を受け入れる国ではあるが、その難民は往々にしてアメリカ自身の軍事行為が生んだものでもある。しかも、テロとの戦いにおいて、「我々の側」ではなく、境界線の向こう側に属するとアメリカが判断した人々は、現状に対する異議申し立てを行う手段として、暴力に訴える以外にない状態へと追いやられた。アメリカの一強時代において、アメリカを基準として境界線が引かれることが国際社会につきつけた課題は、冷戦期のものよりも深刻であったと言える。

テロリズムが外交の課題として残り続ける中、トランプ大統領は就任直後にイスラーム教国からの人の流れを遮断することで、アメリカ社会の内側の安全を確保したと訴えた。さらには、大統領と議会が毎年決定する難民受入れ人数の上限を継続的に引き下げ、政権最終年には一九八〇年の難民法制定以来最低の数値となるなど、(17) 難民条約議定書の加盟国でありながら難民保護の精神に反する政策を取った。(18)

もっとも、トランプ大統領のように意図的な政治利用を目的としていないまでも、これまでの政権においても、アメリカの基準と国際的な基準が対立する場合はみられた。二〇〇一年の国連人権委員会で、アメリカは一九四六年の設立時から維持し続けていた議席を失っている。アメリカが自国の国益を最優先させることへの批判が背景にあったが、議席を失ったアメリカは累積した国連分担金のさらなる不払いを決める形で対決を深めた。人権侵害を行う国ですら構成国として選出されている人権委員会において、人権の国を自認するアメリカが落選することは、アメリカの自国中心意識への強い批判の表れであったと言える。

アメリカはまた、庇護希望者を自国の領海外で追い返すという政策も行ってきた。これは、一般には難民条約が禁止する難民の危険な地域への送還に当てはまると考えられるものの、アメリカの連邦裁判所はそれには「該当しない」という立場を取っている。[19] こうした姿勢も、人権の秩序維持者としてのアメリカの信頼性を損ねるものであった。特に、冷戦期には同じように庇護を求める人々の間で、共産化したキューバを逃れる人々は庇護を受けやすいのに対し、ハイチ等から逃れた場合はなかなか認められないという差異があった。冷戦の価値対立を優先するアメリカが、本当にリベラル民主主義の秩序を守ろうとしているのかという疑念を抱かせた。

こうした批判を受けながらも、移民の国である限りは、どのような背景を持ってその一員となった人でも、同じようにアメリカ社会に包摂されていくというのが、アメリカの自負であった。しかし、アメリカの対外政策において前述のような線引きを行っているのと同じように、実はアメリカ社会の中にも境界線は存在した。「我々の側」と「そうではない側」の境界線は、時間とともに変化しながらも存在し続けている。そうした、社会の内側に引かれた境界線が浮き彫りにする序列が、アメリカが外の世界で行ってきた序列化とどのように結びついているのかについて、次節で検討してみたい。

二　国内社会を投影する国際秩序

(1)　国内に引かれる境界線

アメリカの対外政策が、普遍的な枠組みを自国の価値に即して利用することができた背景には、秩序を形成し、それを維持するために資源を提供してきたのもアメリカであったという実態がある。言い換えると、アメリカは自らが国内において望ましいと思う価値を、国際秩序との関係において取捨選択して反映することができた。それでは、アメリカが国際社会に対して投影してきた価値、そしてその価値に基づいて引かれる我々の側とそうでない側という境界線は、アメリカの国内社会にみられる境界線とどのように呼応してきたのであろうか。

前節では、アメリカが普遍性を訴える秩序の形成・維持を行いながらも、それが国内の価値を反映した、アメリカ独自の外交目的にも左右されてきたことを見てきた。反対に、自国への難民の受入れに際して用いてきた境界線も、それぞれの時期にアメリカが追求した外交目的とともに変化してきたことがわかった。本節では後者に着目して、アメリカが自らに求める「あるべき姿」を三つの要素に分け、それぞれについて検討していきたい。すなわち、民族・エスニシティの望ましい構成、競合する経済的な機会、そして安全な社会の担保である。これらの要素に対してアメリカの入国制限が置いてきた重みは、時代とともに変化するだけでなく、引かれた複数の境界線が重なり合うこともあった。そうした境界線の向こう側にあるもの、すなわち我々の側の利害を損ねる可能性のある要素に対しては、それを受け入れることが拒否、あるいは疑問視され、そうした姿勢が対外政策においても投影されてきた。

今日の事例を考える前に、歴史的な事例を用いて境界線の問題を振り返ってみたい。初期アメリカが白人、アングロサクソンのプロテスタントを中心に構成されていた時期には、南・東ヨーロッパのカトリック教徒は境界線の外側として認識され、それを排除する制限的な移民受入れ枠が定められた。しかし、さらにその外側には中国人や日本人というアジア人が置かれ、彼らはアメリカに入国することすら禁止される時期もあった。人種のるつぼの神話が、個々の民族・エスニシティが尊重されるサラダボールの比喩に置き換わるのは二〇世紀後半になってからである。

しかしこうしたマイノリティの移民は、アメリカのあるべき姿にそぐわないという主観的な対立を生むだけではなく、アメリカ生まれの人々と経済的な機会をめぐり競合する相手でもあった。労働組合が移民に対して閉鎖的に運営されることによって、同じ労働者の立場にある移民の経済的利益がゼロサムの関係として認識され、両者の間に連帯が生まれることが妨げられてきた。また、アメリカ社会にとっての脅威として、特定の人々を社会の内なる境界線の外側に置こうとした行為が、第二次世界大戦中の日系人の強制収容である。しかし、同じく敵国であったにもかかわらず、ドイツ系、イタリア系の移民は我々の側に置かれたままであり、アメリカ社会の境界線が人種に基づいて引かれていたことも浮き彫りになる。

このように、身近な社会において自分たちと敵対すると見なされたものに注がれた視線は、外交政策へも反映された。冷戦の激化の中で、後にソ連を非難する道具として利用されるようになる難民をめぐっても、当初アメリカは絶対に受け入れないという強い反対を連邦議員らが示した。難民をアメリカ国外に留めておくために、UNRRAやIROを設置することに賛成し、その財源のかなりの部分をアメリカが負担することで、難民をアメリカにではなく、他の地域に再定住させる方策すら図られた(20)。

アメリカの国家安全保障を守るためにも、ヨーロッパから避難民を受け入れるべきであると主張したトルーマンに対し、議会からは避難民の身元調査が求められた。すなわち、共産圏からの避難民が、保護を求める様子を装いながら、実はアメリカの内側で諜報活動を行おうとしているのではないか、という懸念である。一九四八年の避難民法制定の背景には、このようにアメリカ社会を切り裂いていく、いくつかの境界線が存在していた(21)。

前述したように、トルーマンは一九四五年には大統領令を用いて、危機に瀕する孤児や避難民を優先して受け入れるよう指示を出し、より根本的には避難民の受入れのための立法化を求めた。しかし、立法化が先送りされる中で、トルーマンは避難民受入れに関する特別教書を議会に送った。その中で、避難民の受入れに際して現状の移民政策の変更や、受入れの基準を緩和はないことを強調している。また、アメリカ国内に親族がおり、アメリカ社会の有用な構成員となりうる職業的背景を持つ人々を受け入れるのであり、避難民の命運を握るのはアメリカであり、議会にその決断をする時が来ていると迫っている。それでも、避難民法が成立するのは、この教書が送られてから約一年後のことであった(22)。

冷戦期には、中国内戦や朝鮮戦争を受け東アジアでも難民が発生し、アメリカの足元ではキューバ革命による難民が生じた。さらに、アメリカがその当事者として対応することになるのが、ヴェトナム戦争終結後にアジアで生じた大きな難民の波であった。インドシナ戦争においてアメリカは勝利を収めることができず、ヴェトナムは共産主義国として統一された。崩壊した南ヴェトナム政府関係者だけでなく、長年にわたり対米協力を行ってきた一般の人々も、共産主義政権の統治が始まる中で報復から逃れようと国外に逃れ、アジア各地で彼らの受入れが求められた。

ヴェトナムから逃れるためボートで海に漕ぎ出した人々を、アメリカは軍用艦で救済し、太平洋の米軍基地を経由して、最終的にアメリカ大陸まで移送した。そうした難民の中でも、アメリカの秘密工作を支援していたモン族の場合には、最後の集団がタイの一次庇護地からアメリカに再定住したのは二〇〇五年のことであった。つまり、一九七五年に最初の難民が発生してから一世代にもわたり、インドシナ戦争が生んだ難民はアメリカに渡り続けたことになる。

冷戦直後の湾岸戦争で、アメリカは共産主義圏からイスラーム圏へと対立の軸を移したが、唯一の超大国アメリカに抵抗するための手段は非正規な暴力へと移行した。二〇〇一年に生じた九・一一事件は、テロリズムがもはやアメリカの国外の脅威ではなく、内なる脅威であることを強く認識させた。アメリカ社会の安全への優先順位が大きく変化する中で、移民だけでなく、人道的な対応であるはずの難民の受入れに際しても、何重にも厳しい身元確認が行われた。アメリカ社会の内側で「我々ではない側」に対する脅威が抱かれることで、外見からは判断できないテロリストを、中東出身者、あるいはイスラーム教徒と等値し、内なる境界線の向こう側へと排除しようとした。そうした分断は、ホームグローン・テロリストの生まれる背景ともなった。

(2)　負担としての難民

アメリカは、苦難を逃れてきた人々の庇護国として自己像を描きながらも、その構成員には自立が求められてきた。先住民や奴隷の存在を捨象して描かれる自己像に基づき、後からアメリカに移住する人々に対しても、アメリカ社会においては自立する個人であるべきである、という規範が当然のように適用されてきた。ナチ政権の迫害を逃れたユダヤ難民であっても、アメリカへの受け入れが移民法の枠内で扱われたことは前述の通りである。

冷戦期には、難民の受け入れは反共政策という外交的目的のもとで拡大されたが、いったん受け入れた避難民の生活支援は居住する州や市の負担となる。そのため、例えばキューバ革命で生じた難民の受け入れに際し、連邦政府は州等が負担する経費の全額払い戻しを定め、続くインドシナ戦争難民の受け入れに際しても同じような扱いが求められた。一九八〇年難民法の制定にあたっても、外交として難民の恒常的受入れを決定する連邦政府と、再定住先として難民受け入れの負担を担う州以下の政府の利害対立が焦点となった。難民法は連邦政府から難民への支援に三年間という上限を設けたが、それはすなわち支援の優先順位が、難民の早期自立に置かれることを意味していた(23)。

しかし、迫害から逃れてきた難民がアメリカ社会で早期に自立することは容易ではない。言葉や習慣が異なるだけでなく、社会で活かせる能力にも違いがある上、心理的な負荷も負っている。東欧からの難民の場合、宗教・慈善団体のような市民社会の団体、中でも同じエスニック集団が支援を行ってきた。ところが、インドシナ難民の場合はアメリカ社会の中に同胞のコミュニティが確立しているわけではなかった。しかも、英語の修得から、生活様式、職業訓練など、彼らが自立した生活ができるまでには、より多くの支援を必要とした(24)。

そもそも、難民を受け入れた地域の人々が、彼らが支援を必要とする存在であると外見から識別することは不可能に近い。難民が置かれた実態と社会の認識のずれから生じた軋轢は、難民の受入れ地域の記録としても残っている。例えば、一九七五年からインドシナ難民が再定住したミネソタ州では、彼らが公営住宅に入居する場合が多かった。特定のエスニック集団が公営住宅に集住し始めると、受け入れコミュニティの中からは、自立が入国の条件である移民が公的扶助に依存していると誤解し、難民を批判する声があがった。こうした対立は、難民が自立していくために地域の支援を得ることをますます難しくした。

難民の側がアメリカに再定住するまでの経験を地域社会と共有し、難民が何を必要としているかに理解を促していく試みも行われている。しかし、そうした働きかけを行うには、社会の中で一定の力を持つ必要があり、そこには時間のずれが存在する(25)。特に、ヴェトナム戦争後に初めてアメリカに住み始めたモン族は、秘密工作を支援していたという経緯もあり、アメリカ社会では十分に知られていない存在だった。出身地域であるラオス難民の一部として扱われていたモン族が、固有の背景を持つ集団であると理解され、モン族として個別に扱われるようになるまでには数年かかった。

連邦議会は難民を受け入れた地域に対し、受け入れた難民の出身地、人数、経費という基本的な情報に加え、その難民を受け入れることが地域社会にどのような社会的、経済的、人口構成上の影響を及ぼしているかの報告を義務づけている。特に、難民の再定住先の決定にあたっては、受け入れ社会の経済的、社会的状況を加味し、特定地域に負担が集中しないような配慮がなされる。しかし、アメリカとは異なる文化、社会からの難民の場合、見知らぬ土地での孤立を避け、同じ背景の人々が集住する地域へと第二次移住を行うことがある。アメリカに入国した後の難民を最初の再定住先に固定化することは、憲法が保障する移動の自由に反するだけでなく、実際に不可能である。そのため、大規模な第二次移住が生じると、移住先の社会は対応を迫られることもある。

　難民法は連邦政府から難民に対して現金支給を含めた支援制度を定めている。支援金は、難民本人の生活費に加え、難民の職業訓練や生活支援を担当する市民社会の組織（ＶＯＬＡＧ、voluntary agency）の必要経費としても配分をされた。こうした支援金の総額は、管轄する州ごとに前年度の難民の数を基準に決定されている。つまり、第二次移住が大規模に発生すると、その受け入れ地域は連邦政府から増額された予算が配分されるまでの間、自らの資金繰りをして難民支援を行わなくてはならず、大きな負担を感じることになる。

　受入れ地域の負担感は、経済的な面に留まらない。学齢期の子どもがいれば義務教育である高校までの学校では、多文化な受け入れ体制を整えなくてはならず、それには一定の準備期間と予算を必要とする。そのため、突然多くの難民が第二次移住した場合には、難民受け入れ自体には賛成の住人であっても負担を感じ、それが難民に対する否定的な世論を生む場合がある。世論調査を経年的に比較すると、こうしたよそ者を排除したいという感情は、アメリカ経済が好調な時期には後景に退くものの、不況時には政治的な目的に利用されやすいことがわかる[26]。

　難民法成立当初は三年間支給されていた現金支給は、難民の数が増し、また連邦政府の財源が不安定になるにつれて、条文が定める額を下回る支給となった。今日では、支援金に依存するのではなく、早期に職業訓練を受けて就業するように難民は誘導されている。難民条約もその一七条で、外国の国民に与える待遇のうち最も有利な待遇で難民が賃金の支払われる職業に従事できるように規定されており、最終的には難民も対等な市民となることが想定されている。しかし、アメリカが再定住先として受け入れる難民の多くが、紛争や発展の遅れからアメリカと大きく異なる環境の出自であることを考えると、短期間での自立の実現可能性は低い。

(3)　危険視される難民・庇護希望者

　アメリカ社会は、その歴史的成り立ちや理念を背景に、人権が虐げられている状態にある難民に対して門戸を開こうとしてきた。しかし同時に、アメリカ社会の内側で文化や経済、そして安全の面での負荷をどこまで引き受けながら、人権という価値を守れるのかというと、そこには制約があることも見てきた。従来から難民が受け入れ社会に課してきた、経済的、社会的な負荷に加えて、今日のアメリカ社会の日常的な懸念にもなっているテロリズムが課す安全への負荷が、難民の受け入れをさらに難しくした。

　九・一一事件を受けて、アメリカ国外で行われる難民の受入れ手続きにおいては、重複した慎重な身元調査が行われるようになった。人道的な観点から難民の受け入れを行ったとしても、偽装したテロリストのような危険な人物がそれに紛れ込んではならない。アメリカ社会の中では前述のように難民に対する危機意識が持たれるようになり、もしも難民が一人でも事件を起こすならば、それを起点に門戸を閉ざす方向へと議論がつながってきた[27]。

　こうした中、近年特に増加が続いているのが、米墨国境において庇護を求める人々である。前述のように、アメリカは海路での庇護希望者を領海外で追い返す手段を取っており、人権団体から異論が唱えられている。同じような責任問題が議論を生んでいるのが、陸の国境線上、主にメキシコ国境での庇護希望者をめぐる対応である。米墨国境での庇護希望者が増加していた二〇一〇年、パトリック・リーヒー（Patrick Leahy）上院議員（民・ヴァーモント州）らにより難民保護法案（S三一一三）が提案された。これは国境における庇護申請の実態が非人道的であり、庇護希望者が判断の下るまでの間収容されることは、国際法の理念に反するという市民社会の声を反映したものであった(28)。本法案の審議は進まなかったものの、翌年以降も庇護希望者への待遇を国際法と同等なものへと改善すべきとする難民保護法案が繰り返し提案されている。

しかし、米墨国境の壁の増設を公約として当選したトランプ政権は、難民の受け入れ上限を極端に制限しただけでなく、国境における庇護希望者に対して、アメリカの国内ではなく、安全な第三国において申請手続きを取ることを求めた。この手続きは、庇護希望者の負担を軽減するためにＵＮＨＣＲが依頼を始めたもので、アメリカもカナダとの間で既に協定を結んでいた。しかし、トランプ政権のグアテマラ、エルサルバドル、ホンジュラスとの間の協定は、非合法入国者の七割以上がこの三国からであったことを背景としており、そもそもこれらの国が庇護希望者の権利を保護できる法的制度を整えていないなど、人権団体からは懸念が持たれた(29)。

バイデン政権で国務長官に任命されたアントニー・ブリンケン（Antony Blinken）は、親族に難民経験者がおり、就任承認の公聴会において、トランプ政権が行った難民に不利益を生む大統領令を廃止し、一二万五千人という難民受入れ枠を設定すると述べた。また、前述のエルサルバドル、ホンジュラス、グアテマラ政府との間の庇護協力協定という取り組みも中断する等、難民に寄り添う政策を実施していくことを語った。

アメリカ社会が毎年受け入れている移民の数は、コロナ禍前の二〇一九年であれば約一〇三万人であった(30)。近年のアメリカの世論は、難民の受入れに対しても否定的な傾向を示しているが(31)、バイデン政権が二〇二二年度に従来の数値に近づけて設定した一二万五千人は、移民数の八分の一に過ぎない。それでも、地域社会に住むマイノリティの中から、難民を識別して支援するという線引きができるわけではなく、マイノリティという大枠で見られることが多い。過去の移民制限の背景には、アメリカ社会が「アメリカらしい」姿を失いたくないという意識があった。アメリカでは、二〇三〇年には白人人口が過半数を切るといわれ、多文化化が進んでいる。それに対する反発は差別意識に起因するだけではなく、これまで多数派であった白人人口が、マイノリティの立場に転じることに対する恐怖心を表わすものでもある(32)。アメリカ社会が難民に注ぐ視線は、「アメリカ的ではない」背景を持つ人々が増大することへの否定的な反応とされる。それは具体的には、自らのアイデンティティの揺れや、社会の安全が守られないのではないかという不安、また経済的な利益が公的扶助の増大や就業機会をめぐる競合などを通して奪われるのではないかという懸念だと言える。

難民はアメリカ社会にとって経済的な負荷であるという議論を、移民に反対する立場をとる移民研究センター（Center for Immigration Studies）が繰り返している。難民の受け入れの多くの部分は、政府の税金に依存するのではなく、市民社会による支援活動として行われているという難民に肯定的な議論に対して、実際はその財源のほとんどが公的資金であるとの批判である(33)。こうした否定論が受け入れやすくなる背景には、新自由主義の経済がアメリカ国外だけでなく、国内においても格差を拡大したことがある。自分たちが受けられなくなった公的扶助を、特定の人々、特に「我々ではない側」の移民や難民が手にすることに対して、攻撃的な反発もみられる(34)。

逆に、難民や庇護希望者が公的な資金に頼る必要がなくなり、自立できることは、難民の受入れへの理解を広げるだけでなく、自立した難民を通して彼らの出身国に対するアメリカ社会の認識も対等性をもつものとなる。バイデン政権は、二〇二三年一月に、ウェルカム部隊という市民社会の制度を創設した(35)。これは、政府の指示ではなく、自らの意思で難民を受け入れるスポンサーとなる人々の輪を広げる企画である。冷戦期の平和部隊、テロとの戦いの中での自由部隊と類似する名称であり、外交政策に発した連邦政府による市民社会の利用とも取れないわけではない。しかし、社会を構成する一人一人の市民が難民と対等な目線を持つことが、アメリカが世界を見る目を変化させるという点は重要である。

アメリカの対外政策は、国際社会に「我々の側とそうでない側」という境界線を引き続けるのではなく、それを乗り越えていかなくてはならない。しかし、境界線を乗り越えて双方を結んでいくという作業の大前提は、アメリカが自らと外の世界との関係をもう一度見直すことから始める必要がある。すなわち、アメリカが自らの利害に基づいて行ってきた行動を、普遍的で誰にとっても正しいとして疑わないのではなく、自らの価値観を相対化するという作業を避けて通るわけにはいかない。その作業を欠いたまま国外に手を差し伸べても、境界線の反対側から見れば、アメリカを中核とするリベラル民主主義の秩序とは、アメリカの個別の利害と普遍的な利害が混同したものに過ぎず、冒頭で紹介したような「異なる秩序」への期待を高めることになる。

おわりに

アメリカが普遍性をもつと信じたリベラルで民主的な秩序は、実はアメリカという特定の国の経験に基づく偏ったものに過ぎないという批判は、冷戦期に、そして冷戦後も繰り返されてきた。確かに、リベラル民主主義の秩序はアメリカが社会の内側で大切にしてきた価値の国外への投影である。しかし、国際社会の多くの国々も、リベラル民主主義秩序を構成する個々の価値については、それらを普遍的なものとして受け入れていると思われる。

つまり、今日の国際秩序が抱える課題とは、リベラルで民主的な国際秩序の理念そのものにあるのではなく、それが大国によって恣意的に運用されてきたという、理念と実態の二重構造にある。そのために、普遍的に受け入れられるべき価値が、アメリカという一国の外交と重複して認識され、あるべき姿と現実の姿の間にズレが生じているように感じられる。それは逆に、アメリカ外交に対して抱かれる具体的な批判を、秩序そのものが掲げる理念への疑念と等値してしまう結果となっている。(36)

第二次世界大戦後の国際秩序は、アメリカが自らの財を用いて、自らの利害に適う秩序形成を行い、そこに組み込まれた国々も秩序内で自己利益を継続的に求めることにより、秩序そのものが維持されるという説を立証するものと思われてきた。しかし、秩序維持者であるアメリカの力が相対的に低下するにつれ、アメリカ自身が規範に反した行動を繰り替えすることに対し、秩序構成国が許容する範囲は狭まってきた。加えて、普遍性の名のもとに自らの利益が損なわれ続けてきたと考える国々にとって、これまでとは異なるグローバル秩序の出現がより好ましく思われることも確かであろう。

アメリカに外交が復活したと強調するバイデン大統領は、民主主義サミットの開催を重ね、G2の時代にあっても現行の秩序がその普遍性を失っていないことを裏付けようとしている。しかし、重要なのは象徴的な言葉ではなく、実質的な行為である。本稿で取り上げた人権、特に難民・庇護希望者という弱い立場の人々の権利を守ることは、今日の国際社会において、その重要性をますます増していると言える。アメリカが普遍的な人権保障において役割を果たし続けるためには、本稿が描き出したアメリカの内と外で呼応する「我々の側とそうでない側」という分断線を乗り越え、多文化な要素を繋いでいく行動が求められている。

(1) "America is Back": President Biden Outlines His Vision for U.S. Foreign Policy, US State Department, February 5, 2021.

(2) 例えば、G・ジョン・アイケンベリー『アフター・ヴィクトリー――戦後構築の論理と行動』NTT出版、二〇〇四年の議論参照。

(3) アミタフ・アチャリア『アメリカ世界秩序の終焉――マルチプレックス世界のはじまり』ミネルヴァ書房、二〇二二年、Yun-han Chu and Yongnian Zheng, eds., *The Decline of the Western-Centric World and the Emerging New Global Order* (Routledge, 2020) など。

(4) 柄谷利恵子「『移民』と『難民』の境界：作れなかった『移民』レジームの制度的起源」『広島平和科学』二六巻（二〇〇四）、四七―七四頁参照。

(5) 貴堂嘉之『アメリカ合衆国と中国人移民――歴史のなかの「移民国家」アメリカ――』名古屋大学出版会、二〇一二年参照。

(6) 新垣修『フリチョフ・ナンセン――極北探検家から「難民の父」へ』太郎次郎社エディタス、二〇二二年参照。

(7) George L. Warren Oral History Interview, November 10, 1972, Harry S. Truman Library.

(8) 邦訳は国際連合広報センターのサイト（https://www.unic.or.jp/activities/humanrights/document/bill_of_rights/universal_declaration/）より引用。

(9) Gil Loescher, *The UNCHR and World Politics: A Perilous Path*, Oxford University Press, 2001.

(10) UNHCRの設立と同時に廃止になるべきIROが活動期間を伸ばしたことに反発したとの説明もある。Aristide R. Zolberg, "The Roots of American Refugee Policy," *Social Research*, Vol. 55, No. 4 (1988), p. 664. また、Deborah E. Anker & Michael H. Posner,

"The Forty Year Crisis: A Legislative History of the Refugee Act of 1980," *San Diego Law Review*, Vol. 19 (1981), は、難民法制定に至る連邦議会での議論の経緯を追っている。

（11）人の権利等に関する国連採択の条約やでアメリカが長期にわたり未署名・未批准のものには、人身売買及び他人の売春からの搾取の禁止に関する条約（一九四九）、無国籍者の地位に関する条約（一九五四）等、多数ある。

（12）Harry S. Truman, Statement and Directive by the President on Immigration to the United States of Certain Displaced Persons and Refugees in Europe, December 22, 1945, The American Presidency Project, https://www.presidency.ucsb.edu/node/229546.

（13）Gil Loescher and John A. Scanlan, *Calculated Kindness: Refugees and America's Half-Open Door*, Free Press, 1986, Chapter 2 および "Issuance of Special Quota Visas to Certain Refugees," *Congressional Record* (July 27, 1953), pp. 10094–10124.

（14）U.S. Senate, "Message from the President of the United States transmitting the Protocol Relating to the Status of Refugees, Done at New York on January 31, 1967," GPO, 1968.

（15）冷戦後の世界でも、同じように途上国を外交目的に利用することが続いていることが指摘される。B. S. Chimni, "The Geopolitics of Refugee Studies: A View from the South," *Journal of Refugee Studies*, vol. 11, No. 4 (1998), pp. 350–374.

（16）President George W. Bush, October 11, 2001

（17）オバマ政権最終年二〇一六年は八万五千人（実績　八万四九九四人）、トランプ政権下では二〇一七年、五万人（五万三七一六人）、一八年、四万五千人（二万二五三三人）、一九年、三万人（三万〇〇〇〇人）、二〇年、一万八千人（一万一八一四人）と急速に減少された。バイデン政権は二〇二二年の上限を一二万五千人に復活した。出典：Migration Policy Institute, U.S. Refugee Resettlement Ceiling and Number of Refugees Admitted, by Year, Migration Data Hub.

（18）トランプ政権は国連人権理事会を始め、国際社会がリベラルな普遍的価値を促進するために制定した多くの条約からの離脱も繰り返した。

（19）*Sale v. Haitian Centers Council, Inc.*, 509 U.S. 155 (1993) の判決において、公海上での行為は難民条約のノン・ルフールマン原則に反するものではないとされた。リベラルな立場を取るハリー・ブラックマン判事は反対意見を掲載している。

（20）George L. Warren Oral History Interview, *op. cit.*

（21）Zolberg, *op. cit.*, pp. 661–662.

（22）Harry S. Truman, Special Message to the Congress on Admission of Displaced Persons, July 7, 1947, Truman Library.

（23）See, James A. Elgass, "Federal Funding of United States Refugee Resettlement Before and After the Refugee Act of 1980," *Michigan Journal of International Law*, Vol. 3, No. 1 (1982), pp. 179–196.

（24）See, The Comptroller General of the United States, "Report to the Congress—The Indochinese Exodus: A Humanitarian Dilemma," Washington, D.C.: United States General Accounting Office, 1979.

（25）ミネソタ州ツインシティで、モン系の地域組織であるモン文化センターが始めた「橋を渡そう」というプロジェクトは、その一例である。

（26）Ruth Ellen Wasem, "More than a Wall: The Rise and Fall of US Asylum and Refugee Policy," *Journal of Migration and Human Security*, Vol. 8, No. 3 (2020), pp. 259–262.

（27）もっとも、こうした主観的に抱かれる懸念に反して、難民の集住地で犯罪が減少したという調査結果もある。New American Economy, "Is There a Link Between Refugees and U.S. Crime Rates?" February 7, 2017, at https://research.newamericaneconomy.org/report/is-there-a-link-between-refugees-and-u-s-crime-rates/.

（28）例えばヒューマン・ライツ・ウォッチなどは、本法案を越えて庇護申請者の権利が守られるべきである旨、公聴会での証言をおこなっている。U.S. Senate Committee on Judiciary, *Hearing, Renewing America's Commitment to the Refugee Convention: The Refugee Protection Act of 2010*, Washington, D.C.: Government Printing Office, 2010.

（29）U.S. Department of Homeland Security, "DHS Announces Guatemala, El Salvador, and Honduras Have Signed Asylum Cooperation Agreement," December 29, 2020; Bil Frelik, Human Rights Watch, "The Trump Administration's Final Insult and Injury to Refugees," December 11, 2020 など。

（30）Office of Immigration Statistics, *2021 Yearbook of Immigration Statistics*, November 2022.

（31）Drew Desilver, "U.S. public seldom has welcomed refugees into country," November 19, 2015, at http://pewrsr.ch/1YiEq6W.

（32）ロビン・ディアンジェロ、貴堂嘉之監訳、上田勢子訳『ホワイト・フラジリティ――私たちはなぜレイシズムに向き合えないのか?』明石書店、二〇二一年、参照。

（33）'Private' Refugee Resettlement Agencies Mostly Funded by the Government, at https://cis.org/Rush/Private-Refugee-Resettlement-Agencies-Mostly-Funded-Government.

（34）例えば、トランプ政権米市民権・移民局（CIS）の局長代行であったケン・クッチネリ（Ken Cuccinelli）は、自由の女神の台座の詩で門戸が開かれた人々に関して、「自立して、公的扶助に頼らない」をつけ加えるツイートを行った。CNN (August 13, 2019), at https://edition.cnn.com/2019/08/14/politics/ken-cuccinelli-statue-of-liberty-immigration/index.html.

（35）See, Welcome Corp, at https://welcomecorps.org/.

（36）Joan Hoff, *A Faustian Foreign Policy from Woodrow Wilson to George W. Bush: Dreams of Perfectibility* (Cambridge University Press,2007).

（おおつる（きたがわ）　ちえこ　関西大学）

日本国際政治学会編『国際政治』第213号「アメリカ――対外政策の変容と国際秩序――」（二〇二四年三月）

トランプ・バイデン政権の対中半導体紛争
――相互依存の武器化と粘着性――

大矢根　聡

はじめに

　ドナルド・トランプ（Donald Trump）政権とジョー・バイデン（Joe Biden）政権は対照的な政策を展開したと、両者の非連続性がしばしば強調される。実際、前者は単独主義的、自国中心的な政策を展開し、同盟関係さえ軽視しがちであった。それに対して後者は、より多国間主義的、国際協調的であり、同盟を尊重する姿勢を掲げた。しかし他方で、両政権の連続性も指摘されており、その典型は対中政策であろう。[1] 両政権が厳しい対抗姿勢を示し、経済制裁や貿易制限措置を多用したのは確かである。ただしその場合も、バイデン政権はその制裁・制限措置に多国間協調の要素を重ね合わせ、ＱＵＡＤ（日米豪印四カ国首脳会合）やＩＰＥＦ（インド太平洋経済枠組み）などの場で具体策を協議した。

　各政権の政策の特徴は、多くの場合、大統領や閣僚などの政権発足当初、あるいは政策表明時の演説、記者会見などの言説に依拠して論じられる。しかし実際の政策は、多様なステークホルダーや国内政治経済、また国際構造の影響を被り、当初の方針通りに進展するわけではない。しかも、政権毎に政策を特徴づけるタイポロジー自体も、その方法論上、政策決定者の信条や意図などを過度に強調し、他の国内的・国際的要因を過小評価するバイアスを秘めている。[2] そこで本稿では、トランプ・バイデン政権の単独主義もしくは多国間協調をめぐって、どのような変化が、どの時点のどの要因によって生じたのか、改めて検討したい。そのため、両政権をまたいで継続的に発生し、とはいえ非連続的な性格を持つ事例に照準を合わせる。具体的には、先に言及した対中経済対立のうち半導体分野を取り上げる。

　対中経済対立は両政権を通じて多くの分野で先鋭化していったが、半導体紛争は貿易制限を本格化し、また複数国間の協調的対応に踏み出した現象として、典型的な事例に当たる。それだけに、多くのメディアがこの問題を論じているが、アカデミックな分析は限られており、とりわけ国際関係論の分野では先行研究が見当たらない(3)。

米中半導体紛争は、アメリカ政府が経済制裁や貿易制限措置を次々に打ち出し、中国政府がこれに対抗しながら激化していった。それらの措置は、米中間の経済的相互依存を政治的に操作し、相手国に行動変更を促す強いメッセージを送り（経済制裁）、あるいは相手国の経済・技術自体に変更を加えようとするもの（貿易制限措置）であった。その様相を正面から捉えるために、分析枠組みとして「相互依存の武器化（weaponized interdependence）」の議論を援用する。ただし、この分析枠組みは相互依存の政治的操作に照準を合わせるあまり、その操作が市場を歪曲し、自国経済にも打撃を及ぼす点、また市場や経済主体の反応として、相互依存の持続力や復元力が浮上しうる点を軽視している。本稿では、この点に着目して修正を加え、事例の政治過程とその規定要因を検討する。また、後者の規定要因の観点から、トランプ・バイデン政権の政策展開の連続性と非連続性を再考したい。

一　相互依存の武器化と粘着性

米中間の貿易は、二〇二三年に減少を記録するまでの一五年間、一貫して伸長し、両国は互いに第一位の貿易相手国であった。米中経済紛争が激化した二〇一七年から二一年の間でさえ貿易は八・一%の伸びを示し、貿易額が減少した前年の二〇二二年も、アメリカの対中輸入は五八一五億六四七一万ドル、輸出は一七七六億五三一五万ドルを記録した。投資や技術などの領域でも交流は顕著である。米中両国は相互依存の状態にあるといえる。

相互依存とは、各国間で貿易や投資、技術提供などの経済交流が拡大した結果、それを縮小もしくは切断するコスト、リスクが相互に高まる状態を指す。経済関係がこのような状態に至ると、独自の政治的作用が生じると想定されている。従来から強調されてきたのは、国際協調を促す作用であり、相互依存論はその仕組みを体系化している。その根幹をなすのは、各国が経済関係の縮小、切断のコストやリスクを避けるべく、協調的対応を選好するという仮説であった。こうした相互依存論の想定は、経済関係が深化したグローバル化の段階でも有効であると、ロバート・O・コヘイン（Robert O. Keohane）等は論じている(4)。

ただし、その仮説は論争的である。ケネス・N・ウォルツ（Kenneth N. Waltz）やデル・C・コープランド（Dale C. Copeland）等は、相互依存が国家間の接触面を拡大し、むしろ軋轢が発生する機会を提供する。相互依存がなおも拡大するという期待が収縮すれば、むしろ対立が増加する、などと主張した。相互依存は国際協調を促すのか、対立を刺激するのか。この議論は多くの計量分析の対象にもなったが、その結果も分裂的であり、なお結着していない(5)。本稿が援用する「相互依存の武器化」は、ヘンリー・ファレル（Henry Farrell）やエイブラハム・L・ニューマン（Ablaham L. Newman）

が提起した議論であり、対立的側面について新たな次元を切り拓いている。この議論は、相互依存をめぐる国際構造と過程に関して、興味深い知見を提起している。(6)

第一に、彼等は国際構造について、コヘイン等も指摘していた各国間の依存度の非対称性と、それを背景とした政治的影響力を再構成している。ファレル等は、グローバル化に伴って経済交流が増大してゆけば「ネットワーク効果」が生じ、経済関係のノード（結節点）の一部に経済の流れが集中してゆくと想定した。それが経済交流上のハブ（中軸）に成長し、ハブを擁する国は、強力な政治的影響力を獲得すると指摘したのである。

このネットワーク効果は、確かに金融や情報などの分野で顕著であるが、半導体を含む製造業では事情が異なろう。製造業におけるグローバル化は、グローバル・サプライチェーン（供給網）に結実している。すなわち、製品の研究開発から素材の調達、部品の生産、完成品の組み立て、検査と流通、販売といった一連の工程が、それぞれに適した国々に配置され、連結しているのである。ここに単一のハブは成立せず、むしろ必須のノードが複数成立しうる。重要度の高いノードが自国や友好国に位置していれば、それに依存している他国に政治的影響力を行使できよう。しかし逆に、そのようなノードが敵対国や地政学的リスクの高い国に存在すれば、自国にとっての脆弱性に繋がる。

第二は、各国がそのような国際構造に対応する政治過程の側面である。ファレル等は、ハブ（本稿では主要なノード）を擁する国が、それを武器として活用しうる条件として国内制度を指摘した。(7)当該国がそれを備えていれば、パノプティコン効果とチョークポイント効果を実現できるという。パノプティコン効果とは、対象国の情報を収集し、その動向を監視する効果であり、チョークポイント効果とは、対象国がハブ（主要ノード）にアクセスするのを阻止する効果を意味する。

相互依存は元来、経済的現象であり、その主体は企業や産業組織にほかならない。政府がそれを武器化するためには、人為的な市場介入を有効かつ正当に実施する必要があり、ファレル等が指摘した国内制度は、それを可能にする装置を意味しよう。ただし、その国内制度が存在したとしても、経済主体が政府による武器化を唯々諾々と容認するとは限らない。武器化によって、経済主体は貿易や投資の一時的停滞に直面するだけではない。相手国との関係が悪化すれば、相互依存を再構築するのは難しく、その経済的損失は甚大なものになる。したがって、経済主体が抵抗や修正案・代替案の提示を試みる可能性は高い。しかも経済主体は、その経済活動を通じて政府以上の専門的・技術的情報を手にし、独自の政策アイディアを提起することもできよう。

本稿では、相互依存の武器化に対峙し、相互依存の持続や進展を促す内在的力学を分析枠組みに組み込む。ここでは、それを相互依存の「粘着性（viscosity）」と呼ぶ。政府が武器化を図るとしても、経済主体による粘着性が強く作用すれば、単線的にパノプティコン効果やチョークポイント効果に帰結するとは限らない。武器化と粘着性の力学が交錯し、別の効果に帰結する可能性もある。本稿の事例分析では、ＳＩＡ（アメリカ半導体産業協会）を中心に経済主体の動きに着目し、それと政府の方針との関係性、そこに生まれる政策上の帰結を確認したい。

二　米中半導体紛争への道程

(1)　中国の産業政策とＳＩＡの政策アイディア

二〇一〇年代半ば、中国が半導体分野の産業政策を本格的に推進し、それを背景として中国企業によるアメリカ企業の買収も顕在化した。まだ中国の半導体産業がアメリカ産業と競合する段階ではなかったが、アメリカ産業・政府には警戒感が広がった。

すなわち二〇一四年六月、中国国務院が国家集積回路産業発展推進要綱を公布し、国家主導で先端的半導体の製造を実現するために国家集積回路産業発展投資基金（一三八七億元〔約二・五兆円〕）を創設し、各種の産業支援策を推進した。翌一五年五月には、中国国務院が製造業の産業政策として「中国製造二〇二五」を発表し、一〇大重点の一つに次世代情報技術を指定し、そのために半導体設計・開発・製造の国産化、高度化を進める計画を掲げた。もっとも、計画は当初の想定通りに進まず、創設した基金も、その一部の杜撰な利用が社会問題化した。こうした状況において、一部の中国企業が半導体の開発、生産を急ぎ、アメリカ企業の買収に目を向けた。

バラク・オバマ（Barack H. Obama）政権期の二〇一五年、中国の企業連合がアメリカのオムニヴィジョンやＩＳＳＩ（インテグレーティッド・シリコン・ソリューション）を買収した。とはいえ同年、マイクロンやフェアチャイルドなどの大手企業の買収は、アメリカ政府の対米外国投資委員会が審査を延長するなどし、不成立に終わった。一六年のアイクストロン買収に関しては、オバマ政権がこれに介入して阻止している。中国企業による不公正貿易慣行やアメリカ企業の技術の不正取得も散見されたため、商務省やＵＳＴＲ（合衆国通商代表部）が警戒を強めた。

半導体の産業団体、ＳＩＡも中国の動向を注視し、オバマ政権の商務省やＵＳＴＲに働きかけを始めた[8]。彼等の対中懸念はＳＩＡの人事にも反映し、二〇一四年から一五年にかけて、ＳＩＡの会長兼ＣＥＯにジョン・ノイファー（John Neuffer）、グローバル・ポリシー担当副社長にジミー・グッドリッチ（Jimmy Goodrich）が就任するなどした。前者は以前、ＵＳＴＲでアジア太平洋担当副補佐官として対中貿易問題に対応し、後者は半導体企業で中国政府業務の担当ディレクターを務めた経験を持っていた[9]。

ＳＩＡは多くの産業団体とは異なり、対外経済摩擦を契機に設立され、その契機はほかならぬ日米摩擦であった。一九七七年、日本からの半導体輸入に懸念を強め、政府への働きかけを目的として創設されたのである。八〇年代前半に対日輸入がさらに拡大し、他方で対日輸出は低迷する中で、多様な半導体企業がＳＩＡに加入していった。ＳＩＡは、その意見調整と並行して各種の調査分析を進め、それらを独自の政策アイディアに結晶化し、政府や連邦議会に要請を重ねた。半導体は先端技術であるため、アメリカ政府も専門的・

技術的な知見や情報を欠いており、ＳＩＡが独自の政策アイディアを提起し、それが政府に受容される余地があった。実際、その政策アイディアがアメリカ政府の対日交渉戦略に反映し、八六年の日米半導体協定とその非公式付属文書に結実したのである(10)。

ただし、中国の産業政策や対米投資は本格化の直後であり、むしろ自由貿易主義を大前提にしていた。二〇一六年八月に発表されたＳＩＡの報告書『国境を越えて――相互接続された産業がイノベーションと成長を促進する方法――』は、その典型例であった(11)。ＳＩＡは中国との相互依存を活用する方針であり、そうであるからこそ中国政府・企業に市場の論理を遵守するように期待したのである。

(2)　オバマ政権の対応と対中懸念

オバマ政権は貿易自由化を推進しており、ＳＩＡもそれを支持していた。そのため政府は二〇一五年四月、連邦議会に対外貿易交渉の権限授与を求めるＴＰＡ（貿易促進法）を提起し、ＳＩＡもその議会通過を期待した。対外貿易交渉の成果として、一〇月にＴＰＰ（環太平洋経済連携）が大筋合意に至ると、ＳＩＡはグローバルなデジタル経済に対応する最初の主要貿易協定だとして、賛意を惜しまなかった。

そのオバマ政権も、中国の台頭を念頭に置いてリバランス政策に舵を切り、ＴＰＰもその「支柱の一つ」に位置づけ直す(12)。それと並行して、ＵＳＴＲや商務省、国防総省など、政府各省が各々に中国の産業政策や技術の向上、それらによる安全保障上の影響に懸念を抱き始め、調査や監視の目を強めていった。そして二〇一六年二月、ペニー・プリツカー（**Penny Pritzker**）商務長官が中国の半導体産業について初めて懸念を表明するに至った。プリツカーは、中国企業によるアメリカ企業の買収、技術の取得などが商業目的ではなく、中国政府の意向に基づいていると主張した。産業政策についても、国家主導であり、国際的な市場やイノベーション環境を阻害していると批判したのである(13)。さらに同長官は、大統領科学技術諮問委員会に問題の検討と、次期政権に対する提言を依頼した。

その報告書は二〇一七年一月に提出され、中国の産業政策が市場を歪曲し、アメリカの国家安全保障にリスクを及ぼしていると指摘していた。ただし、その提言は多国間・二国間フォーラムを通じて中国の政策に透明性を確保し、またアメリカ国内で投資を拡大するよう要請するものであり、政策上の新機軸を求めてはいなかった(14)。

政府が新たな対応に踏み出さない中で、ＳＩＡは独自の対応を試みる。一方では、連邦議会の支持を拡大すべく、二〇一五年四月に超党派の半導体コーカスの設立を進めた。その共同議長はジェームズ・リッシュ（**James Risch**）上院議員（共和党）とゾーイ・ロフグレン（**Zoe Lofgren**）下院議員（民主党）等であり、後に法案の提出と審議を支えることになる。

他方でＳＩＡは、民間ベースの産業団体間協力の枠組みを利用した。日米半導体摩擦を契機として、一九九七年に日米欧韓の産業団体、ＷＳＣ（世界半導体会議）が成立し、二〇〇六年にはＣＳＩＡ（中国半導体産業協会）も加入していたのである。また毎年、ＷＳ

Cの開催後に非公開のGAMS（半導体政府・当局会合）が開催され、日米欧韓台（チャイニーズ・タイペイ）中という通称六極の政府と産業団体の代表が議論していた[15]。

SIAは、そのWSCにおいて中国の産業政策を標的にするのでなく、産業支援プログラム一般について問題提起した。二〇一五年五月には、WSCの杭州会議で六極が協議し、政府・当局による産業支援は透明かつ開放的で、保護貿易や差別、もしくは貿易に悪影響を及ぼしてはならないとする点で合意した。またWSCは、その実施を促進するためにGAMSに協議や手続きの検討を求め、GAMSは六極の官民関係者の対話の場として、ワークショップを開催することにした。ここでSIAは、中国工業情報化部の担当者とも対話の機会を得たが、満足のゆく回答は引き出せなかったという。また二〇一七年五月のWSC京都会合では、政府・当局の産業支援に関する透明性や開放性などを「地域支援ガイドラインとベストプラクティス案」にまとめ、その実施に向けてGAMSにおいて六極間の情報交換と検討を進めることになった[16]。

こうしてWSCとGAMSが協調し、六極の産業団体が政府・当局の支援策について自主的に情報を提供しあい、官民関係者が相互にチェックするという、興味深い枠組みが始動した。公式の政府間関係とは別に、各極の産業支援策をピア・プレッシャーを通じて平準化する試みであった。ただしSIAも他の産業団体も、その実効性を楽観していたわけではなかった。

三　トランプ政権による対中半導体紛争

(1)　通商法三〇一条に基づく経済制裁

SIAの働きかけにもかかわらず、アメリカ政府の積極的対応は引き出せなかった。しかしトランプ政権において、むしろ政府主導で対中半導体問題に火がつく。大統領選挙を通じて、トランプ候補が対中貿易赤字を失業や国内産業衰退の原因として争点化し、二〇一七年一月の政権発足後、鉄鋼・アルミニウム輸入規制を皮切りに、多様な対中経済問題を提起していったのである。政権内では対中強硬派の閣僚が大勢を占め、より穏健な閣僚も存在したものの、従来の経済摩擦のようには政府内対立が顕在化しなかった。トランプ自身も、従来の大統領のような自由貿易主義の最後の砦ではなく、二〇一八・一九年のG7サミットでは、自由貿易や反保護主義の文言を共同宣言に盛り込むことに、むしろ抵抗した。

こうして発生した対中経済紛争は、その発生の経緯はもとより、形態においても従来の経済摩擦とは異なっていた。性格を異にする個別分野の問題に加えて、分野横断的な構造問題が一気に争点化したのである。そのため、二〇一八年五月に始まった米中政府間交渉は、処理の難しい六項目と二つの措置を並行して取り上げることになった。①技術移転の強要、サイバー空間の産業スパイ、②知的財産権の保護、③農産物の市場開放、④サービス産業の市場開放、⑤国有企業に対する補助金などの非関税障壁、⑥人民元の操作、⑦貿易不均衡是正の短期的措置、⑧合意履行を担保する措置である[17]。

これらの交渉を迅速かつ包括的に進展させるのは、至難の業であった。交渉は停滞してしまい、するとトランプ政権は通商法三〇一条に基づく経済制裁、商務省によるエンティティ・リスト（後述）などを駆使して貿易制限措置を次々に発動した。大統領自ら、経済制裁を交渉上の「取引（deal）」に活用する意向を示し、交渉の担当官庁もそれに応じた[18]。

こうした措置は相互依存の武器化に該当し、中国に交渉上の譲歩を求める梃子として用いられた。米中半導体紛争はその波及効果として、いわば付随的に発生する。すなわち二〇一八年三月、トランプ政権は交渉の停滞打開を企図して、通商法三〇一条に基づいて半導体などの関税を二五％引き上げた。USTRが中国企業による知的財産権の侵害などについて調査し、不公正貿易慣行の所在を認めたのである[19]。

この相互依存の武器化にあたって、トランプ政権は通商法という正当性と有効性を持つ国内制度に依拠した。とはいえ、その制裁措置として関税引上げが選択されると、SIAは当惑を隠さなかった。中国から輸入される半導体の多くは、アメリカ企業が開発して設計し、同企業の中国工場で製造していたのである。SEMI（半導体製造装置材料協会）も、対中関税引上げは「合衆国と世界の経済の頭上にダモクレスの剣をかざすもの」と批判した。米中の相互依存状況において、自国企業の不利益を回避するのは容易でなく、ここに相互依存の粘着性が作用したのである。しかもSIAにしてみれば、関税引上げが知的財産権の侵害や産業政策の抑制策になるとは考えにくかった。SIAは政府の措置に協力する用意を示しながらも、対象製品の選択に関して自らの情報を提供する意向を表明した[20]。

(2)　二つの経済安全保障概念

その後も、トランプ政権は相互依存の武器化を実施してゆき、実質的に半導体紛争の様相が現れた。その手段として多用されたのが、エンティティ・リスト（EL）であった。商務省産業安全保障局が、アメリカの安全保障に関わる海外企業の行為を特定し、その企業との取引を許可制のもとに置くのである。商務省はまず二〇一八年六月、ELとは別の取引禁止顧客リストに中国の通信企業ZTE（中興通信）を掲載し、その後、同社に対する半導体などの取引を禁じた。八月には、商務省がELにJHICC（晋華集成電路）を掲載した。商務省はその根拠として、同社がアメリカのマイクロン・テクノロジー社の軍事用半導体技術を不正取得した点を指摘した。一九年五月には世界最大規模の通信機器メーカー、ファーウェイ（華為技術）をELに掲載した。ファーウェイはアメリカ国内で通信インフラを提供しており、それを通じて情報を奪取する可能性があると、サイバーセキュリティ上の脅威が問題になった。その後、スーパー・コンピュータ・メーカーのスゴン（曙光）、THATIC（天津海光先端技術投資有限公司）などがELに掲載され、また大手半導体ファウンドリのSMIC（中芯国際集成電路製造）と関連企業も、中国人民解放軍の防衛インフラに関与しているとしてELに掲載された。

ファーウェイはアメリカ半導体産業の大口の顧客だったため、特に波紋を広げた。SIAは、ELによる制限を遵守する方針を表明したが、同時に可能な範囲で取引を続ける可能性も示した。しかし二〇二〇年八月、商務省産業安全保障局はファーウェイなどに対するEL適用を拡大、強化した。商務省のウィルバー・ロス（Wilbur L. Ross）長官は、系列企業のファーウェイ・クラウド・テクノロジーやハイシリコン（海思半導体）などがアメリカの先端的半導体やその技術の入手を図り、安全保障を侵害しているためだと主張した。その取引制限の対象は、半導体のみならず、その技術や開発ソフトウェアの利用などに及び、また米中以外の国における取引も対象に含めた[21]。この時、国家安全保障会議では、ファーウェイの成功を中国の技術的台頭の象徴と捉え、安全保障上の脅威とみなす議論が浮上していた[22]。

この制限強化を契機に、SIAの対応は新たな局面に入る。SIAは、従来の制限は安全保障と経済的必要性のジレンマを考慮して「狭いアプローチ」にとどまっていたが、今回は広範な規制になっていると「驚きと懸念」を示した[23]。ここにきてSIAは、対中取引制限がアメリカ産業にどのような打撃を与えるのか、詳細な分析を実施し、自らの立場を明確化する。それと並行して、加盟各社間の意見調整も進めた。この後のSIAと半導体各社は、ここに成立した政策アイディアを掲げて政府や連邦議会議員に働きかけることになる。

SIAは、ボストン・コンサルティング・グループなどの協力を得て、複数の報告書を作成した。そのなかでも、象徴的にも『対中貿易制限は合衆国の半導体リーダーシップをいかに終わらせるのか』と題した報告書は、政策アイディアとその根拠を明示していた[24]。それは、半導体がアメリカ経済・安全保障に不可欠だとし、それを支える技術的リーダーシップはグローバル市場、特に対中貿易の収益に基づく研究開発に依存していると指摘していた。それをSIAは、「イノベーション・サイクル」と呼んだ。また報告書は、現状の対中貿易制限が持続すれば、アメリカ産業は数年間で一五％の収益を失い、それによる研究開発を喪失するとした。仮に対中貿易を禁止すれば、収益の損失は約四〇％に及び、エンジニアの失業も最大で四万人に達するとした。ひいては、アメリカ産業は技術的リーダーシップを失い、数年後に韓国に追い越され、長期的には中国がリーダーシップを握ると、報告書は警告した。

すでに明らかなように、トランプ政権とSIAは同じ経済安全保障を掲げながらも、その論理は対照的であった。トランプ政権は、安全保障上の脅威を中国の技術力・経済力の向上に見てとり、対応策として対中取引制限を選択した。その脅威認識は、二〇一八年一〇月のマイク・ペンス（Mike Pence）副大統領の演説に如実に表れていた。ペンスは中国の安全保障上の脅威を論じ、中国政府が世界の先端産業の九〇％を支配しようとし、アメリカの知的財産をあらゆる手段で入手するように自国企業に指示していると、過剰な主張を展開していた[25]。これに対してSIAは、安全保障上の脅威を自らの技術的リーダーシップの喪失に措定し、その対応策として対中貿易の持続とそれに基づくイノベーション・サイクルの確保に求めたのである。前者は、相互依存の武器化として現れ、後者は相互依存の粘着性を支える論理となった。

(3)　ＳＩＡによる経済安全保障の試み

アメリカ産業は、対中相互依存を維持しながら、中国の産業政策に対処する試みを続けた。産業政策のあり方は、先に言及した米中政府間交渉でも議題になったものの、交渉は進展しなかった。そこでＳＩＡは、やはりＷＳＣとＧＡＭＳにおける対応に力を注ぎ、他方で、連邦議会の半導体コーカスに産業支援法案の推進を要請した。

前者のＷＳＣとＧＡＭＳでは、先に設けた「ガイドラインとベストプラクティス」に基づいて、各極が産業支援プログラムの自主的報告と相互チェックを続けた。しかし、各極の産業支援が増大している点、また各極の提供する情報量・精度に格差が存在する点も、問題になった。とはいえＳＩＡは、一九年のＷＳＣ厦門会合においてキース・ジャクソン（Keith Jackson）副会長が主張したように、貿易紛争が高まっているからこそ産業間協調が重要性を増しているとも考えていた(26)。

後者の連邦議会では、半導体コーカスのリッシュ議員等が、上院に「半導体製造インセンティヴ支援創出法案」を提出した。この法案は、半導体（チップ）に準えてＣＨＩＰＳ（Creating Helpful Incentives to Produce Semiconductor）法案と略称され、半導体の研究開発・生産を強化するために、政府に約五〇〇億ドルの投資支援を求めていた。下院でも同様の内容の法案が提出されるなど、この時期、類似した法案が複数提出された。

ＳＩＡは、ＣＨＩＰＳ法案についても調査を実施し、報告書『イノベーションの誘発』を発表し、その効用と必要性を訴えた(27)。報告書は、アメリカ半導体産業の相対的衰退の要因として、政府が投資支援を縮小した点を指摘し、民間投資に対する政府投資が二〇年前に約二倍であったのに、今日は二三分の一に過ぎないとした。そのため、アメリカのファブレス企業による投資は、政府支援を受けた中国の三七〜五〇％増になっていると主張した。ここで政府の投資支援は、市場メカニズムのもとで民間投資にインセンティヴを与え、また他国との平準化を図るものとして正当化されていた。

以上のように半導体紛争は、三つの潮流が並行して推移するなかで、それが部分的に交差して発生した。第一は、中国の産業政策をめぐる軋轢であり、ＳＩＡや各社が懸念を強めたが、政府の対応は鈍かった。第二に、それでも政府の関係省庁は、中国産業の技術向上とその安全保障上の影響を警戒し、情報収集や検討を進めた。第三に、トランプ政権が対中貿易赤字を問題にし、米中政府間交渉を打開するために経済制裁を実施すると、それに付随して半導体紛争が表面化した。政府は、断続的にＥＬによる取引制限も実施し、紛争が激化していったが、その際には第二の政府内の情報収集が反映した。このようにアメリカ政府の対応は断片的、状況的であり、体系性を欠いていた。制裁や取引制限の目的も一貫性に乏しかったが、ファーウェイに対するＥＬの適用強化は、中国の経済的・技術的成長自体に制約を課す方向性を示していた。

四　バイデン政権における対中半導体紛争

(1)　サプライチェーンの再検討

バイデン政権になっても、対中半導体紛争は続いた。ＳＩＡは半導体関税の引上げ停止を求めたものの、バイデン政権は前政権による関税引上げを継続し、ＥＬによる取引制限についても有効性を認め、新たに導入もした。他方でバイデン政権は、最初に述べたように多国間協調や同盟尊重の方針を打ち出し、それは対中半導体紛争にも反映する。ただしそれは、後で見るように、単なる協調姿勢の表われではなかった。

バイデン政権が誕生した際、最初に直面した半導体問題は、トランプ政権末に浮上した世界的な供給不足であった。そこでバイデン大統領は二〇二一年二月、大統領令を発し、半導体とともに蓄電池、稀少金属、医薬品を対象にサプライチェーンの実態を調査し、リスクを特定し、改善策を提言するように指示した。

大統領令に基づく報告書は、六月に公表された[28]。それは半導体の経済上、安全保障上、日常生活上の重要性を指摘し、しかしアメリカ産業が相対的に衰退していると指摘していた。興味深いのは、その要因として産業がグローバルなオフショア生産を進めた点をあげ、グローバル・サプライチェーンが東アジアに依存し、脆弱性を抱えたと指摘したことである。先端的半導体の生産では依存が顕著で、台湾への依存度が実に九二％に達するとした。この台湾や韓国への依存が、中国の台頭によって地政学的リスクを帯びている点、また対中貿易・投資が脆弱性に繋がっている点も指摘した。したがって報告書は、改善策として商務省と産業のパートナーシップ強化、国内投資のための政府支援、生産拡大・重要物資の供給確保のための同盟国・友好国との関係強化などをあげた。

この報告書は商務省が作成し、従来の情報収集や検討を反映していた。同時に商務省は、半導体サプライチェーンの実態を把握するため、ＳＩＡに必要な情報や統計を求めた。ただし、そのＳＩＡはグローバル・サプライチェーンについて、バイデン政権と異なる立場をとっていた。第一に、バイデン政権は、グローバルなオフショア生産が産業の相対的衰退を招いたとしたが、ＳＩＡはそれこそが画期的なイノベーションや生産性の向上などを可能にしたと評価した。もっとも、グローバル・サプライチェーンが脆弱性を伴った点は認めた。

第二に、ＳＩＡは、そのグローバル・サプライチェーンにおける対中貿易が不可欠だとした。対中貿易上の収益こそが研究開発費を支え、イノベーション・サイクルを稼働させていたからである。三月にジーナ・レモンド（Gina M. Raimondo）商務長官等とＳＩＡ幹部が会合を開いた際も、ノイファーＳＩＡ会長が強調したのは国際貿易の重要性であった。しかし、商務省の発表は国内投資の重要性のみを強調し、この点に言及していない[29]。

第三に、ＳＩＡはグローバル・サプライチェーンの脆弱性について、政府しか対処できないとし、特に投資支援を求めた。この認識は半導体各社に共通しており、ＡＭＤ（アドバンスド・マイクロ・

デバイセズ）やインテル、クァルコムなど、主要企業のＣＥＯが大統領に書簡を送って要請した。

(2)　サプライチェーン強靭化策としての対中取引制限

バイデン政権は、半導体のサプライチェーン強靭化策を検討したが、その際に焦点に浮上したのは中国との相互依存の見直しであった。それは、トランプ政権のようなアド・ホックな企業単位の取引制限でなく、本格的な措置に結実する。その相互依存の武器化は、安全保障戦略との連関を一層強めていた。

バイデン政権は二〇二一年三月、暫定的な国家安全保障戦略の報告書を発表し、また二二年一〇月に国家安全保障戦略を発表した。それらは中国を現状変更勢力に位置づけ、「国際秩序を変える意思と能力を備えた唯一の競合国」だとして、その軍事的パワーとともに経済的・技術的パワーの増大を指摘した。他方で後者の報告書は、半導体のサプライチェーンに言及し、その産業競争力と安全保障上の重要性も指摘していた[30]。先端的な半導体は、兵器の自動制御や大規模言語・画像監視のためのＡＩを典型として、安全保障を左右しうると警戒したのである。

この点に関連して、九月にはジェイク・サリバン（**Jake Sullivan**）国家安全保障担当大統領補佐官が技術政策の転換を示した。合衆国は従来、競合国に対する相対的優位を維持する方針であった。しかし今日の戦略的環境において、高度なロジック半導体などについては可能な限り大きなリードを確保すべきだ、と語ったのである。サリバンは、技術輸出の管理が予防以上の意義を持ち、戦場で対峙する相手国の能力低下に繋がるとも述べた[31]。

その約一カ月後に、商務省産業安全保障局が新たな半導体・半導体製造装置の対中取引制限措置を公表するに至った。それは、先端的半導体に照準を合わせた体系的、包括的な制限措置であり、新たな段階を示していた。制限対象の半導体と半導体製造装置は、半導体の演算能力とデータ伝送速度、半導体製造の微細加工水準に関する具体的数値で示し、軍事利用の可能な高度のＡＩ、スーパーコンピュータ、データセンターを封じる内容になっていた。しかも、アメリカ原産の製品と技術を使用しているなら、海外企業の製品等も対象とし、アメリカ人（国籍保有者、合法的居住者など）が中国企業で開発・製造を支援する行為も対象に含めていた[32]。

かなりの民生用半導体が対象から外れたものの、ＳＩＡは「標的を絞り込んだ方法で」制限を実施するように求めた。ＳＩＡが懸念したのは、貿易手続きの煩雑化や中国からの人材撤退だけでなく、やはりイノベーション・サイクルのダメージであった[33]。ＳＥＭＩもグローバル・サプライチェーンの効用を主張し、それを阻害する措置に異論を示した[34]。

これほどの貿易・投資制限を採用するとなると、自由貿易政策との調整が不可欠なはずであった。貿易政策をめぐる政府内論争は、かつての日米経済摩擦では顕著であったが、バイデン政権内では表面化していない。もちろん、貿易制限が安全保障上の必要性によるものなら、ＷＴＯ（世界貿易機関）でも例外扱いが可能であった（ＧＡＴＴ第二一条）。とはいえ、トランプ政権が二〇一八年三月に安全保障を根拠に鉄鋼等の対中関税を引上げた際、中国がＷＴＯに提訴し、ＷＴＯのパネルは違反を認定していた。しかしバイデン政権は、安全保障上の必要性を判断するのはアメリカであり、ＷＴＯには管轄権がないとする立場をとった(35)。

(3) 対中取引制限の補完措置――多国間化

バイデン政権の対中取引制限は、それ自体では完結せず、国際的・国内的な付随的措置をを伴う。国際的には取引制限の多国間化が、国内的には産業支援措置が派生したのである。

半導体取引は、グローバルな相互依存のもとで市場の論理に基づいて展開してきた。このため、アメリカが政治的介入によって対中取引を制限し、その対象に第三国の取引を含めても、制限を徹底するのは難しかった。この点はバイデン政権も理解しており、先にみたサプライチェーンの調査報告書も、同盟国・友好国との協力を提言していた。

しかも、対中取引制限に異論を唱えたはずのＳＩＡやＳＥＭＩが、対中取引の多国間化を望んだ。ＳＩＡは、取引制限の対象製品を中国企業が他国から入手可能かどうか、政府に情報提供する意向をも示した。アメリカＳＥＭＩも、具体的にオランダと日本を半導体製造装置の対中制限国に加えるように要請した。ＳＩＡは、対中制限によって「合衆国企業が不平等な競争条件に置かれる」事態を懸念し、ＳＥＭＩも「企業の公平な競争条件の追求」こそが活動の焦点だとしたのである。アメリカ産業は、中国の脅威が国際秩序に及び、各国に共通するとすれば、市場競争の同等性や機会の平準化の観点から、制限の多国間化は当然だと考えたのである(36)。

バイデン政権は、すでに二〇二一年半ばから関係国に協力を打診していた。七月の日米経済政策協議委員会でサプライチェーン強靭化の協力策を協議し、一二月には韓米政府間で半導体パートナーシップ会合を開催するなどしたのである。とはいえ、対中取引制限について、他国の協力を取りつけるのは容易ではなかった。広大な中国市場での利益は魅力的であり、対中貿易・投資を半導体のイノベーション・サイクルに組み込んでいるのは、アメリカのみではなかったのである。オランダの外国貿易・開発協力相は自国産業を擁護する意向を示し、二〇二三年一月にバイデン大統領とマルク・ルッテ（**Mark Rutte**）首相が会談した際も、合意は成立しなかった。同じ月のバイデン・菅義偉首相会談でも、合意に達しなかった。しかしその後、半導体製造装置の対中規制について、日米蘭三ヵ国の政府高官が改めて協議し、合意に至った（合意内容は非公開）。

米韓間・米台間交渉も難航した。台湾と韓国の有力企業（台湾のＴＳＭＣ〔台湾積体電路製造〕、韓国のサムソン電子など）が中国で大規模な工場を操業しており、しかもアメリカ企業がこれらによる生産に依存していたのである。結局、これらの企業の対中取引は、期限つきで制限の対象外になった。

対中取引制限の多国間化は、複数国間のＦＯＩＰ（自由で開かれたインド太平洋）やＱＵＡＤ、バイデン政権が創設したＩＰＥＦなどの協議でも争点になった。これらの場では、二〇二一年九月にＱＵＡＤが「半導体サプライチェーン・イニシアティヴ」の立ち上げを発表するなど、まずはサプライチェーン強靭化のための需給情報の交換、代替製品の調査、技術協力の検討などが議題になった。また二二年九月には、半導体分野に特化した枠組みとして、日米韓台の「チップ4同盟」を創設するために、予備会合が開催された。

(4)　対中取引制限の補完措置――国内産業支援

対中取引制限に伴う国内的な付随的措置は、産業支援策であった。そのためにバイデン政権は、連邦議会で審議中のCHIPS法案を利用することにした。その法案は包括的で多様な要素を含み、上下両院の法案が異なっていたため、その審議と調整は難航した。このため、まずは主な内容を国防権限法案に反映させ、同法案が二〇二一年一月に成立していた。しかし、それを実施に移すには、約五二〇億ドルの予算を確保する法案を新たに成立させる必要があった。そこで二一年五月、超党派の議員が上院に「合衆国イノベーション・競争法案」を提出し、下院でも同様の法案「アメリカ製造機会創出・技術卓越・経済強化法案」が提出された。

ＳＩＡは当初、中国の産業政策に対応するために、政府の投資支援を求めていた。しかし、政府の対中取引制限が半導体のイノベーション・サイクルに打撃を与えうるため、政府の投資支援はイノベーション・サイクルを支える意味を強めていた。したがって、レモンド商務長官や大統領などに加えて、ＳＩＡやＳＥＭＩも連邦議会に審議を促した。二〇二二年六月には、ＡＭＤやマイクロン・テクノロジーなどだけでなく、半導体ユーザーのマイクロソフトやヒューレット・パッカードをはじめ、アメリカを代表する企業一二三社のＣＥＯが法案の早期成立を求めて、連邦議会に書簡を届けた。[37] 法案は成立が危ぶまれる場面もあったが、六月一一日に上院を通過し、七月二八日に下院でも可決された。

こうして八月九日、バイデン大統領がＣＨＩＰＳ・科学法に署名し、五二七億ドルの投資支援と二五％の投資減税が決定した。バイデンは一般教書演説でこれに言及し、雇用創出上の意義を強調するとともに、「アメリカのイノベーション、未来を規定する産業、そして中国政府が支配しようとしている産業に投資する」と語った。[38]

このＣＨＩＰＳ・科学法もまた、対中取引制限の多国間化を支える機能を備えていた。通称「ガードレール」条項がそれであり、政府の投資支援を受ける企業は一〇年間、中国などに対して半導体製造の投資を禁じられたのである。[39] バイデン政権は、サプライチェーン強靭化の観点から、すでに台湾のＴＳＭＣや韓国のサムソン電子などに対米工場進出を要請していた。これらの企業は、アメリカ政府の支援を期待して対米投資に踏み切ったが、ＣＨＩＰＳ・科学法の支援を受ければ、それらの中国工場で機能向上や設備改善のための投資ができなくなる。これも米韓間・米台間交渉の争点になり、結局、一年間の適用除外が決まった。

以上のように、対中半導体紛争は性格を変え、対立色を強めていった。しかし第一に、中国の産業政策については、政府が正面から対応するには至らなかった。第二に、半導体の対中取引制限は、バイデン政権でも政府主導でグローバル・サプライチェーン問題から派生し、相互依存の本格的な武器化に結実した。第三に、半導体産業は相互依存の粘着性を示す行動を強めたが、武器化に歯止めをかけるには限界があった。他方で、相互依存の武器化と粘着性が共鳴し、その武器化の多国間化を促す役割を果した。半導体分野におけるバイデン政権の多国間協調は、その表われでもあった。

結論

半導体紛争は、トランプ・バイデン政権を通じて発生しており、両者の連続性を示している。その展開は、各政権首脳の信条や基本方針を反映しているとはいいがたく、また従来の経済摩擦によう に、国内産業の要請に対応するものでもなかった。半導体紛争は政府主導で浮上したものの、自覚的な政策決定の結果というよりも、他の問題に付随して発生したのである。その契機は、トランプ政権における通商法三〇一条による制裁であり、バイデン政権においては、半導体供給不足の検討であった。それらを契機として、中国の経済的・技術的台頭という国際構造上の変化が、アメリカ政府における情報収集と検討、安全保障上の懸念を喚起し、政策に反映したのである。

もっとも、両政権の政策は同様ではない。トランプ政権の対中取引制限は非体系的で、その目的も一貫性を欠いていた。しかしバイデン政権の対応は、より体系的で包括的であり、安全保障に直接関わる先端的半導体に照準を合わせ、その生産と技術向上そのものを封じるものになっていた。

トランプ・バイデン政権の非連続性は、前者の単独主義と後者の国際協調を強調して語られがちである。トランプ政権が半導体分野を含む対中制裁・取引制限を実施したのは、確かに単独主義の表われであろう。またバイデン政権は、半導体分野で複数国と協調を進めたが、それは単独主義の対極とはいいがたい。バイデン政権も、対中取引制限を一方的に進め、その実効性を高める観点から対中制限の多国間化に踏み出したのである。その際、アメリカ産業も市場競争上の同等性の観点から多国間化を望み、政府介入による影響を国際的に均霑する格好になった。対中制限の導入も、その他国への要請も、アメリカの判断と決定に基づくものだった点で、やはり単独主義的な色彩を帯びていたといえる。グローバルな相互依存のもとで大規模な取引制限を導入すれば、相互依存の武器化と粘着性とが多国間化に収斂し、相互依存のグローバルな縮小均衡へと向かう、という傾向が窺える。

(1) 鈴木一人「ミドルクラスのための経済安全保障」佐橋亮・鈴木一人編『バイデンのアメリカ——その世界観と外交——』東京大学出版会、二〇二二年、八六頁。米中経済対立については、C. Fred Bergsten, *The United States vs. China: The Quest for Global Economic Leadership*, Polity Press, 2022; Shiping Hua, *The Political Logic of the US-China Trade War*, Lexington Books, 2022; 村上裕三編『米中の経済安全保障戦略』芙蓉書房出版、二〇二一年。

(2) 保城広至「『対米協調』／『対米自主』外交論再考」『レヴァイアサン』第四〇号、二〇〇七年、二三四—二五四頁、参照。

(3) 米中半導体紛争の政治的側面に部分的ながら言及した研究として、戸堂康之・西脇修編著『経済安全保障と半導体サプライチェーン』文眞堂、二〇二三年。Chris Miller, *Chip War: The Fight for the World's Most Critical Technology*, Simon & Schuster, Inc., 2022(千葉敏生訳『半導体戦争——世界最重要テクノロジーをめぐる国家間の攻防——』ダイヤモンド社、二〇二三年).

(4) Robert O. Keohane and Joseph S. Nye, Jr., *Power and Interdependence*, 3rd ed., Longman, 2001; Keohane and Nye, "Power and Interdependence in the Information Age," *Foreign Affairs*, 77, 5, 1998, pp. 81–94.

(5) Kenneth N. Waltz, *Theory of International Relations*, Addison-Wesley, 1979; Dale C. Copeland, *Economic Interdependence and War*, Princeton University Press, 2015; Katherine Barbieri, "Economic Interdependence: A Path to Peace or a Source of Interstate Conflict ?," in Sara McLaughlin Mitchell and John A. Vasquez, eds., *Conflict, War, and Peace*, CQ Press, 2014.

(6) Daniel W. Drezner, Henry Farrell and Abraham L. Newman. eds., *The Uses and Abuses of Weaponized Interdependence*, Brookings Institution Press, 2021.

(7) *Ibid.*, p. 9, 20–22, 30–32.

(8) Miller, *op. cit.*, pp. 295–296(邦訳、四〇二—四〇三頁).

(9) SIA関係者に対するインタビュー。

(10) 大矢根聡『日米韓半導体摩擦——通商交渉の政治経済学——』有信堂高文社、二〇〇二年、七八—一七一頁。

(11) SIA (Semiconductor Industry Association), NATHAN Associates, *Beyond Borders: The Global Semiconductor Value Chain*, 2016.

(12) Michael B. Froman, "The Strategic Logic of Trade: New Rules of the Road for the Global Market," *Foreign Affairs*, 93-6, pp. 111–118.

(13) "U.S. Secretary of Commerce Penny Pritzker Delivers Major Policy Address on Semiconductors at Center for Strategic and International Studies," Speech by Penny Pritzker, U.S. Department of Commerce, November 2, 2016.

(14) Executive Office of the President, President's Council of Advisors on Science and Technology, *Ensuring Long-Term U.S. Leadership in Semiconductors, Report to the President, President's Council of Advisors on Science and Technology*, January 2017.

(15) 台湾と中国が参加しているために個別産業団体の名称は用いず、SIA in US, SIA in Chinese Taipei, SIA in China などと称し、また各国は各地域、各極などと称する。

(16) "Joint Statement of the 18th Meeting of the World Semiconductor Council," 2014, p. 2; "Joint Statement of the 19th Meeting of the World Semiconductor Council," 2015, p. 17; "Joint Statement of the 21th Meeting of the World Semiconductor Council," 2017, pp. 19–20;「半導体国際会議 GAMS/JSTC 開催報告」『JEITAだより』二四、二〇一八年一月、二五—二六頁。SIA・JEITA(電子情報技術産業協会)関係者に対するインタビュー。

(17) *Wall Street Journal*, November 30, 2018.

(18) 政権発足直後に公表された文書として、United States Trade Representative, *The President's 2017 Trade Policy Agenda*, 2016, pp. 1–6.

(19) USTR, "Findings of the Investigation into China's Acts, Policies, and Practices Related to Technology Transfer, Intellectual Property, and Innovation under Section 301 of the Trade Act of 1974," March 22, 2018.

(20) "U.S. Trade Tensions with China hit Fever Pitch," SEMI, March 16, 2018; "SIA Statement on Trump Administration

Section 301 Action on China," SIA, March 22, 2018. ＳＩＡの資料は紙媒体で入手したが、全てＳＩＡのサイトに掲載されている（https://www/semiconductors.org）。

（21）"Commerce Department Further Restricts Huawei Access to U.S. Technology and Adds another 38 Affiliates to the Entity List," U.S. Department of Commerce, August 17, 2020.

（22）Miller, *op. cit.*, pp. 313–315（邦訳、四三四—四三六頁）.

（23）"SIA Statement on Export Control Rule Changes," SIA, August 17, 2020.

（24）SIA, Boston Consulting Group, *How Restricting Trade with China could end US Semiconductor Leadership*, 2000.

（25）"Remarks by Vice President Pence on the Administration's Policy toward China," White House, 2018.

（26）"Joint Statement of the 22nd Meeting of the World Semiconductor Council," 2018, pp. 12–13; "Joint Statement of the 23th Meeting of the World Semiconductor Council," 2019, pp. 19–20; "Semiconductor Leaders Strike Agreement on Global Policy Agenda," SIA, May 24, 2019.

（27）SIA, *Sparking Innovation; How Federal Investment in Semiconductor R6D Spur U.S. Economic Growth and Job Creation*, 2020.

（28）"Building Resilient Supply Chains, Revitalizing American Manufacturing and Fostering Broad Based Growth: 100 day Reviews under Executive Order 14017," 2021, The White House.

（29）"SIA Statement on Meeting with U.S. Secretary of Commerce Gina Raimondo," SIA, March 19, 2021; "U.S. Secretary of Commerce Gina Raimondo Statement on Meeting with Members of the Semiconductor Industry Association," U.S. Department of Commerce, For Immediate Release, March 19, 2021.

（30）*Interim National Security Strategic Guidance*, President Joseph R. Biden, Jr., White House, March, 2021; *National Security Strategy*, The White House, October 2022 pp. 15, 23.

（31）"Remarks by National Security Advisor Jack Sullivan at the Special Competitive Studies Project Global Emerging Technologies Summit," The White House, September 16, 2022.

（32）"Implementation of Additional Export Controls: Certain Advanced Computing and Semiconductor Manufacturing Items: Supercomputer and Semiconductor End Use; Entity List Modification," *Federal Register*, vol. 87, no. 197, October 13, 2022. 商務省関係者に対するインタビュー。この点について、渡邉真理子教授（学習院大学）から貴重な情報を提供していただいた。

（33）"SIA Statement on New Export Control," SIA, October 7, 2022; "SIA Comments: Export Controls should Protect National Security without Undermining Innovation," SIA, January 26, 2023.

（34）"SEMI Focus on Public Policy," SEMI, February 3, 2023; "SEMI Commends Biden Administration's Efforts to Strengthen Semiconductor Supply Chains," SIA, June 10, 2021.

（35）Paul Krugman, "Why America is Getting Tough on Trade," *New York Times*, December 12, 2022.

（36）"SIA Statement on New Export Control," op. cit.; "SEMI Focus on Public Policy," op. cit.

（37）Letter from Shantanu Narayen, Sundar Pichai, et al. to Speaker Pelosi, Leader Schumer, Leader McConnell, and Leader McCarthy, June 15, 2022.

（38）"Remarks of President Joe Biden- State of the Union Address as Prepared for Delivery," White House, February 7, 2023.

（39）"FACT SHEET: CHIPS and Science Act will Lower Costs,

Create Jobs, Strengthen Supply Chains, and Counter China," The White House, August 9, 2022.

（おおやね　さとし　同志社大学）

日本国際政治学会編『国際政治』第213号「アメリカ――対外政策の変容と国際秩序――」（二〇二四年三月）

二つの「一つの世界」

――ローズヴェルトの「平和連盟」とウィルソンの国際連盟――

三島　武之介

はじめに

ローズヴェルト（Theodore Roosevelt）とウィルソン（Woodrow Wilson）は、一九世紀から二〇世紀への転換期に米国を大国として登場させたが、両者の外交思想は峻別されてきた。その典型は、前者が勢力均衡は利己的な国家の競争を調和に導くとしたのに対し、後者はその競争を組織する勢力均衡を戦争原因とみなしたとするキッシンジャー（Henry A. Kissinger）の対比である。[1]

確かにローズヴェルトは、米国の安全が欧州の平和と英国の制海権に依拠すると理解した。[2]しかし彼は、米英を「文明」の頂点に位置付け両国に有利な不均衡を追求し、第一次大戦中には連合国の全面勝利とドイツへの懲罰的講和を求めた。[3]ケナン（George F. Kennan）は、かかる要求は「勢力均衡」の考慮に反していたと語り、「均衡」を回復する必要に気づいていたのは参戦前のウィルソンの方だったと示唆する。[4]ノーラン（Cathal J. Nolan）によれば、ウィルソンが寛容な対独講和を求めたのは、民主化した戦後ドイツが連合国や共産ロシアに対する「平衡錘」として「リベラルな欧州協調」に貢献すると期待したからだという。[5]だがウィルソンは、勢力均衡に代わる新しい平和原理を探し求めた。

つまりローズヴェルトもウィルソンも、欧州の勢力均衡体系が二〇世紀もそのまま有効とは信じなかった。二人はともに武力制裁を伴う国際平和機構の創設と米国の加盟を説いた国際主義者であった。前者は一九一〇年ノーベル平和賞受賞講演で「平和連盟（League of Peace）」創設の理念を語り、一四年にも同種の構想を発表した。後者も国際連盟の創設を第一次大戦の講和条件の根幹に据えた。

管見の限りでは、「平和連盟」構想と国際連盟構想を比較検討した研究は、クーパー（John Milton Cooper, Jr.）論文のみである。その主張は、両構想が「法律主義的・道徳主義的アプローチ（legalistic-moralistic approach）」を採用せず、世界秩序を安定させるのは「大国の意志と関与」であり連盟はそれを確保するための「政治的組織」だと考えた点で一致しているというものである。[6]

確かに両構想は、国際法による道義的制裁よりも物理的強制力の組織化を重視した。[7]しかし、世界秩序へのアプローチに関する両構想の相違点が各所属政党内の政治環境を反映した「状況的」差異に過ぎないというクーパーの評価は、額面通りには受け取れない。クーパーによれば、「平和連盟」構想はモンロー・ドクトリンのローズヴェルト系論（Roosevelt Corollary）を世界に適用し、大国の合議体による世界統治を想定して小国をその客体とみなした。これに対し、国際連盟構想はモンロー・ドクトリンそのものを世界に拡大し、大小問わず全ての国家を対等な共同体の構成員とし米国を大国間の「平衡力」と位置付けたという。この違いは本当に「実質的」ではないのか。

西崎文子は、両者のモンロー・ドクトリン観には大きく三つの違いがあると述べている。第一に、ローズヴェルトは西半球を地理的境界とし、ウィルソンはこれを突破してグローバル化させた。第二に、前者は介入の意図を秩序の維持に、後者は共和政体の擁護においた。第三に、前者は究極の目的を米国の利益に、後者は全世界の福利に据えた。これらを踏まえて西崎は「両者の思い描く国際機構の間には、大きな隔たりがあった」と結論する。[8]

ニンコヴィッチ（Frank Ninkovich）は、一九世紀欧州を中心とする産業化・自由主義・市場経済のグローバルな展開に対する両者の見解の相違が、この「隔たり」を生じさせたと主張する。彼によれば、ローズヴェルトは「世界に文明が広がることに深い葛藤」を抱いていたので、東半球での対外行動を自制してカリブ海一帯の勢力圏化に注力した。これに対して、ウィルソンは大戦を「グローバルな文明」の存続の分水嶺とみたため、米国を参戦させたという。[9]

西崎とニンコヴィッチの研究は、平時のローズヴェルト外交と戦時のウィルソン外交を対比しており、「平和連盟」構想を正面から取り上げてはいない。とはいえ両研究の対比からは、米欧間の文化的・経済的共通性が増大する時代にあって、ローズヴェルトは地域大国だった一九世紀米国の外交伝統に則ったのに対し、ウィルソンは世界大国たる二〇世紀米国の外交伝統を築いたという対照を読み取れよう。

先述のクーパー論文は、かかる対照に反論するために編まれた論集の最終章を飾ったものである。編者のニュー（Charles E. Neu）は、ウィルソンだけでなくローズヴェルトもまた、大国化につれ米国の国益と責任が世界大に及ぶことを自覚した、つまり「世界の本質的な単一性を理解した」二〇世紀の国家指導者だったと主張している。[10]

ローズヴェルトとウィルソンそれぞれの国際主義に対する解釈がかくも違っているのは、二人が思い描く世界秩序の姿が異なっていたからではないか。両者がともに「アメリカの世紀」の始まりを告げた国家指導者であったか否かは、二人の思い描いた「一つの世界」

を比較検討しないことにはつかめないであろう。本稿はかかる関心に沿って「平和連盟」構想と国際連盟構想を比較検討する。

本稿の構成は、「平和連盟」構想に関する先行研究が希少なことを踏まえ、以下のようにとる。[11]第一節では、一〇年と一四年のローズヴェルトの連盟構想を取り上げ、連盟の基軸を列強によるグローバルな勢力圏分割から、環大西洋世界の「文明国」連合に移行させたことを論じる。第二節では、ウィルソンの連盟構想が、米国の中立の道義性と欧州国際体系の改革の必要性とを結び付け、世界全体の民主主義国連合の結成を目標としたことを論じる。第三節では、ウィルソンの「一四箇条」とそれに対するローズヴェルトの批判を取り上げ、両連盟構想の相違点を明らかにして締めくくる。

一　ローズヴェルトの「一つの世界」

(1)「平和連盟」とローズヴェルト系論

前出の受賞講演でローズヴェルトは、諸国の利害が複雑に絡み合う二〇世紀の「産業文明」では、国益追求のために法と秩序を混乱させる「軍国主義」が平和に対する脅威であり、その防止のためなら戦場での「自己犠牲」を厭わない公徳心が諸国民に求められると述べた。彼は、この公徳心に基づく平和を「正義の平和」と呼び、その実現には「平和連盟」の結成が望まれると語った。「平和連盟」とは、国家の主権、名誉および死活的国益に係わらない全ての紛争を仲裁解決する条約を結んだ「文明国」列強が、国際警察として相互の武力衝突および非加盟国による侵略を共同で抑止するという大国連合をさす。[12]

「平和連盟」構想を、当時のアメリカ平和運動の理念たる法の支配の強化を目指したものと解し、ローズヴェルトを「遵法主義者」に分類することもある。[13]確かに彼は、「平和連盟」が結成されれば、その国際警察力が常設仲裁裁判所の判決に強制力を与えると述べた。さらには、戦争違法化に賛同する世界世論が形成され、合衆国最高裁に範をとる世界最高裁の設立や軍縮の推進も検討可能になると語った。[14]だが彼は第一次大戦前から一貫して、平和維持には軍事力による強制が欠かせず、その発動は緻密な司法手続ではなく大国の判断と合意によると信じていた。このことは、彼が法の支配に服さない「遅れた諸国」の存在を理由に「平和連盟」の即時結成は不可能と述べ、まずは「文明国」列強連合が国際警察力を明確な制限のもとに行使することから始めよと論じたことからも分かる。[15]

ローズヴェルトのいう「遅れた諸国」を「慢性的犯罪」「無能」に陥った後進諸国に限る研究もある。[16]確かに彼は、国際公約や対外的義務を履行できない諸国と仲裁条約を締結すれば「文明社会の紐帯」を損なうと警告した。しかし彼は、「文明国」か否かは大国か小国かによらず可変的とみた。よって「遅れた諸国」には、彼がヴェネズエラ危機や日露戦争などを通して平和愛好や法令順守の程度において米英に劣る「準文明国」と判定した、ドイツやロシアも含まれうる。[17]

全ての列強が「文明国」とは限らないという現状認識ゆえに、ローズヴェルトは「文明国」列強が「準文明国」列強に対し軍事的劣勢に立たぬよう軍縮を控えるべきだと訴えた。さらには、「文明国」列強連合が保護する小国はスイスやオランダのような「文明国」に限るべきだと論じた。彼は中国での列強の角逐を観察した経験から、「未開」小国の「慢性的犯罪」「無能」が複数の列強による武力干渉を招き、ひいては列強間戦争を引き起こすという教訓を得た。この教訓に鑑みて彼は、後進地域での警察活動は単一の列強に委ねる方がよいと述べ、各列強の勢力圏（sphere of influence）を「文明国」列強連合の活動範囲から除外した[18]。

このグローバルな勢力圏分割論こそ、「平和連盟」がローズヴェルト系論の世界化といわれる所以である。一般にこの系論は、米国が西半球から列強を排する名目で、中南米諸国への干渉を正当化する実体を呈したものとされるが、評価は定まっていない[19]。「名目」を重くみれば、伝統に則って近接地域から列強を排し、米欧間の相互不干渉を確立しようとしたと言いうる[20]。「実体」に注目すれば、旧世界と新世界という伝統的な秩序観に代わって「文明」と「未開」という帝国主義の秩序観を受容し、列強にならって「文明」を膨張させようとしたと解しうる[21]。

実際にはローズヴェルト系論は、列強が通商や文化交流を介して権利や影響力を行使することを許す一方で、武力により中南米諸国の権利や利益を不当に侵すのは阻止するという区別をつけた。その上で、米国が中南米諸国の「慢性的犯罪」「無能」を是正し列強の正当な権益を保護すると保証した。さらに米国の武力干渉は、中南米諸国がこれらを自力で是正できないときの「最終手段」であり、併合や保護領化を意図しないと強調した[22]。

ここには、米国の勢力圏を中南米諸国にも欧州列強にも「公平な取引」をもたらす国際公共財として示し、列強間の「戦争可能性を最小化」しようとするローズヴェルトの努力が表れている。「平和連盟」構想はこの努力を世界化しようとしたものである。彼は、列強が各々の勢力圏を警備して列強にも後進諸国にも「秩序と文明の利益」をもたらせば、「文明」の中心たる米欧が「軍国主義の危機」に陥るおそれもなくなると期待したのである[23]。

(2)「正義の平和のための世界連盟」

ただローズヴェルトは、列強の勢力圏分割だけで平和が保障されると楽観しなかった。彼は既に大統領在任中、大陸軍を擁する「専制的で野蛮な諸国」が欧州大戦を引き起こし、米国が干渉せざるを得なくなる局面を想像していた[24]。ニンコヴィッチは、ローズヴェルト外交が西半球を欧州の勢力均衡体系から隔離し、米国の関与を最小化しようとしたと解する[25]。だがローズヴェルトは欧州大戦の可能性を最小化すべく、ドイツの「世界政策」への英国の対抗を支援したのである。一九〇六年に大西洋艦隊を配備し、白色艦隊を世界周航させ、高平＝ルート協定で日米摩擦を解消して海軍力を大西洋に集結した[26]。

一四年八月、ドイツが中立国ベルギーに侵攻して英国が対独宣戦した時、ローズヴェルトは「憂鬱」を禁じえなかった。彼にとって一九世紀は、米欧諸国民が相互依存を深め、国益だけを理由とする対外行動は不正との価値観を醸成し、大国の小国に対する侵略への反感を強めた「進歩」の時代であった。しかし欧州が大戦を免れなかったことで、彼は「文明諸国間の国際関係の基礎がいかに不十分か」を思い知らされたのである。[27]そこで彼は米国民に戦備自衛を説くとともに、「正義の平和のための世界連盟」の結成を提唱する。一見「平和連盟」と同種の構想だが、一九一〇年よりも明確にされた点がいくつかある。

第一に、「世界連盟」は主権国家間の「規約」に基づいて設置されるが、軍事同盟ではない。ローズヴェルトは、全ての列強が「文明化」するまでは連盟軍を組織化しても世界を「混乱に後戻りさせる」おそれがあるので、国際警察力は各国指揮下の軍隊を以て構成すべきだと論じた。ただし彼は、「同盟は国益に基づき、絶えず移ろ」うので「不確実」とし、主権国家間の力と国益の調整に平和を託すことを拒否した。[28]

第二に、「世界連盟」の理事会は、加盟を承認または除名する権限を有する。ローズヴェルトは、加盟要件を国際警察活動に従事する能力と意志をもつ「文明国」と定め、「平和連盟」よりも多くの国々を加盟国に数えた。大戦後のドイツやロシア、「文明化」した地域大国アルゼンチン・ブラジル・チリ（以下ＡＢＣ）、「文明の発展」に寄与している小国としてウルグアイ・スイス・ベルギー・オランダ・スカンディナヴィア諸国を加え、中国とトルコは除いた。[29]

第三に、「世界連盟」は「文明国」を保護するが「未開国」は保護しない。ローズヴェルトは、加盟要件の能力と意志を欠く「文明国」も加盟国と同等に保護すべきと述べた。一方「無秩序で脆弱な第三国」は、その対処に関し「文明諸国の共通の合意」が得られるまで放置し国際管理も控えよと論じた。さらに彼は、かかる区別を米国の軍事関与にも適用するよう説く。米国が単独で防衛すべき勢力圏を米本土、アラスカ、ハワイ、パナマ運河一帯のみと定め、赤道以南の西半球防衛はＡＢＣ三国が米国に支援を仰がない限りこの三国に任せるべきとした。フィリピンは有事の際の「アキレス腱」に過ぎないので独立を認め米軍を撤退させ、他方カナダやオーストラリアが米国の支援を求めれば応じよと主張した。[30]

つまり「世界連盟」は、米欧の「文明諸国」が東西両半球にまたがる一つの「文明」世界を共に防衛する機構であった。ローズヴェルトが「未開国」を放任し勢力圏を自衛上必要な範囲に限るよう求めたのは、米国は「文明」世界の防衛に専念してその他の軍事負担増は避けるべきだと考えたからである。ケネディ（Ross A. Kennedy）は、ローズヴェルトら米国の大西洋主義者が、戦後ドイツが復興を早急に果たして西半球を侵略すると予期して勢力圏の単独防衛に専心したと解する。[31]だがローズヴェルトは、米国が欧州に軍事関与する可能性に備えて勢力圏を整理縮小したのである。

かくしてローズヴェルトは、環大西洋世界の集団防衛機構の創設を唱える先駆者となった。だが間もなく彼は、「世界連盟」の即時結成は不可能との立場に戻り、戦備自衛を優先する「米国第一」を訴えるようになる。この変化をオズグッド（Robert E. Osgood）は「利己主義」の発現と評するが、これは「米国第一」が大統領ウィルソンと彼を支持する反戦派に対する批判的スローガンでもあった点を軽んじている。[32]

ウィルソンは、ルシタニア号事件以前は戦備について沈黙し、民主党反戦派の首領ブライアン（William Jennings Bryan）が閣外に去った後も不戦中立の方針を保ち、一九一六年大統領選挙の公約とした。この慎重な対応はローズヴェルトにとって、票田の確保と引き換えに米国が戦勝に貢献して講和会議での発言権を獲得する機会を逸し、戦後秩序の形成を交戦国間の権力政治に任せる所業であった。彼は不戦中立を叫ぶ反戦派をかかる所業に加担する人々と軽蔑していた。

連盟創設の機運がその反戦派の間でも高まるのを受けて、ローズヴェルトは連盟構想が「正義の平和」を妨げると危ぶむようになる。彼は、国家の主権、名誉および死活的国益を守る意志と能力をもつ国家だけが、弱国を強国の抑圧から守る「国際義務」を果たせると信じていた。ゆえに彼は、戦備増強すら拒む反戦派が武力による平和強制を加盟国に要請しうる連盟の結成を説くことを公徳心に反する「偽善」とみなし、しばしの間「世界連盟」構想を封印し戦備運動に邁進する。[33]

二　ウィルソンの「一つの世界」

(1)　孤立なき中立と「勝利なき平和」

ウィルソンが米国の国際平和機構への加盟の意向を初めて宣言したのは、一六年五月の平和強制連盟（League to Enforce Peace）総会での来賓演説である。[34]まず彼は、「諸国家の世界連合」の創設を講和の基礎とする方針を示した。彼の理解では、大戦の原因は交戦国の具体的利益ではなく、一九世紀に相互依存がグローバル化したという現実と二国間関係を軸とする旧来の秘密外交や同盟外交とが齟齬をきたしたことにあった。新たな外交手法の確立に「文明」の存続がかかっていると考えた彼は、国際益を国益の上位におく公徳心のもとに諸国家を糾合する「会議」の創設を米国の使命と説き、孤立からの離脱を表明した。

次にウィルソンは不戦中立の方針を再確認し、米国は交戦国間の調停にあたっても平和の保障以外の利益を求めないと述べた。彼は、連合国支持を鮮明にすれば中央同盟国支持層の票田を失いかねない状況を認識していた。だが彼は、ローズヴェルトと逆に中立を道徳的優位と捉え、その優位が米国の調停を可能にすると考えた。[35]そのためウィルソンは、交戦国の戦争目的に関心はないと述べ、その戦争遂行や戦後の領土調整にも巻き込まれないと言明した。

さらにウィルソンは、「世界連合」の役割の第一に公海自由の維持を挙げた。公海自由は、彼の命を受けたハウス（Edward M. House）が米国の調停に対する英独の意向を打診するなかで、駐米ドイツ大使が英国に尊重させるよう要請し、英外相グレイ（Edward Grey）が議論を避けたものである。[36]かかる自由の維持をウィルソンが連盟に課した背景には、米国の安全は英国の制海権に依存するとのローズヴェルトの認識を共有せず、英国の経済封鎖を中立権侵害とみなしていたことがある。[37]ローズヴェルトが参戦の契機とみたルシタニア号事件を経てもなお、ウィルソンは集団安全保障体制の確立と合わせて軍縮を推進し、英国の「海軍主義（navalism）」をドイツの「軍国主義」と揃って駆逐したがった。いずれも巨大な軍事力を国際益ではなく国益のために用いる不道徳と捉えたからである(38)。

演説の前後に英国が展開した通商外交は、ウィルソンに「海軍主義」への「我慢の限界」を迎えさせた。六月のパリ連合国経済会議は、戦時中の中央同盟国に対する経済封鎖を戦後も継続するとの決議を採択した(39)。七月英国は、ドイツと取引する米企業をブラックリストに追加した。これらを経済ブロック化と解したウィルソンは、対連合国の借款禁止と通商制限を考慮し、後者につき連邦議会の授権を確保した(40)。九月には、米英が経済と海軍の両面で大戦前の英独と同位置につけていると危ぶむハウスに、英海軍を凌駕しようと告げた。十月には、米国がいずれ世界最大の債権国になると示唆した(41)。

だがウィルソンは早期講和の望みを捨てはしなかった。彼が連盟の第二の役割として挙げた「領土保全および政治的独立の保障」は、ドイツによるベルギーの中立侵犯を条約違反と解釈した英国の宣戦布告を、米国の「信念」に沿って書き換えたものである。彼は、「世界連合」は主権平等の原則に則り、大国が世界世論の判断を仰ぐことなく小国の主権を侵害して戦争に及ぶのを抑止すると語った。

このようにウィルソンは「世界連合」を介して、米国の孤立なき中立を世界秩序の安定と結びつけた。すなわち「世界連合」を、米国が参戦せずに欧州の古い外交手法を刷新し、英国の「海軍主義」を抑えて公海自由を、ドイツの「陸軍主義」を制して領土保全および政治的独立の保障を実現する手段とした。この位置づけは、大統領選後の一六年一二月に交戦国へ講和予備交渉の条件を照会した覚書でも変わらなかった。ウィルソンは「海軍主義」と「軍国主義」のいずれが勝利しても永久平和は訪れないと信じ、「文明」の再生が可能なうちに終戦を望んだのである(42)。だが旧世界の交戦国は戦場で雌雄を決する考えを改めなかった。

そこでウィルソンは一七年一月の連邦議会演説において、「新世界の諸国民」の関与なき平和はありえないと述べ、国家間競争を組織する欧州の勢力均衡に講和を委ねない決意を示した。その上で、平和を組織する「力の共同体」つまり国際連盟を、ローズヴェルトとは対照的に戦後すぐに創設すべきと語り、連盟の基本原則を三つ挙げた。第一は勝利なき平和である。勝者と敗者、大国と小国の別なく対等な権利を保障することを求めた。第二は、被治者の同意なき領土分割への反対である。政府権力は被治者の同意に由来し、人々を恣意的に配転できないと認めよと述べた。第三は公海自由の原則である。平時・戦時を問わぬ自由通商が相互の信頼醸成に不可欠とし、海軍軍縮を推進する必要性を説いた(43)。

こうしてウィルソンは新たに、国際連盟を「会議」から「共同体」に格上げし、欧州の外交手法のみならず国際体系をも改編する考えを明らかにした。そのためには、孤立なき中立の範囲を講和会議での領土調整にまで広げる用意があることも示した。この時、彼の国際連盟は米国を欧州とその勢力圏に、ローズヴェルトの「世界連盟」よりもはるかに広く深く関与させる可能性を浮上させた。

けれども、「勝利なき平和」演説を読んだローズヴェルトが問題視したのは、基本的に公海自由の原則と海軍軍縮のみであった。彼にとって、ドイツの「軍国主義」と英国の「海軍主義」を同列に扱うことは、人類を「無慈悲で野蛮な専制」に「隷属」させることを意味した。ローズヴェルトは参戦後、ドイツの無条件降伏まで「いかなる犠牲を払っても」[44]戦うことを要求し、ドイツの連盟への即時加盟にも反対し続ける。

(2)　「汎米連合」構想

ウィルソンは、「勝利なき平和」の三原則はモンロー・ドクトリン――侵略を受けず自ら政体を選択し独自の発展を遂げる自由をどの国家にも保障する米国の「伝統」――を世界に適用するものだと解説し、連盟に加わるべき「文明諸国」に中南米諸国を含めた。よって国際連盟は、彼の「汎米連合（Pan-American Union）」構想の世界化を試みたものと言える。彼の中南米政策は、ローズヴェルトのそれを武力干渉の頻度と規模において大きく上回った。[45]けれどもウィルソンは、ローズヴェルト系論とは異なるドクトリンを模索した。

一三年一〇月ウィルソンは、パナマ運河を開放し対外貿易を活性化させることにより中南米諸国を「外国資本」の支配から解放する意欲を示し、一四年六月にはパナマ運河通行料の徴収を米国艦船だけ免除する法律を連邦議会に撤回させた。[46]その一つの目的は、中南米諸国を一九世紀以来の「立憲的自由」の発展に寄与する「共同体」に米国と「対等な条件」で迎え入れることであった。ウィルソンは、米国の立場を「後見人」から対等な「仲間」に転換しようとしたのである。[47]

一四年一二月ウィルソンは、ハウスがＡＢＣ三国と「汎米条約（Pan-American Pact）」の締結交渉を始めることを許可する。この交渉は、不戦中立の四国が政治的独立と領土保全を互いに保障する「汎米連合」を結成すれば、大戦後の講和が実現すべき平和の「共同体」の姿を欧州に例示できるとの着想からなされた。[48]「汎米連合」を国際連盟への足がかりと捉えていたウィルソンは、一六年三月ハウスが「汎米条約」の締約国に英国を加える手筈を整えると、英国が共和政体をとらない点を気にしながらも締結自体は承認した。[49]

結局「汎米連合」構想は、ＢＣ二国が条約締結に応じなかったため頓挫したが、西半球を勢力圏から共同体と捉え直したことで二つの画期をなした。第一は、西半球と東半球を切れ目のない一つの世界として捉えたことである。ウィルソンは、列強の権力政治が西半球に広がるのを阻止する決意をローズヴェルトと共有したが、大戦前のローズヴェルトのように西半球で国際警察力を独占するつもりはなかった。[50]ウィルソンは、世界秩序を正すためなら、東半球の列強たる英国を西半球の共同体に迎え入れられたのである。

第二は、米国の対外関与の範囲を他国との「協同」を通して広げようとしたことである。先述の通りローズヴェルトは、ＡＢＣ三国を「文明国」と判定して庇護の対象から外した。勢力圏は国際秩序の安定に資する公共財だが、「文明」や国益の要請に応じて縮小すべきと考えたからである。[51]これに対しウィルソンは、共同体は国益を上回る価値をもつ「文明化」装置だから拡大すべきと考えた。ここで彼が、ローズヴェルトのように米国の軍事負担増をおそれなかったのは、米州諸国が不戦中立で一致団結している限り西半球は基本的に安全と考えていたからである[52]。

以上の「汎米連合」構想が「勝利なき平和」演説の基礎となるが、国際連盟とは重要な一点で異なっていた。それは、前者に加わる西半球の共和国人民が独立、政体選択や大統領選出などを通して「自決（self-determination）」の経験を積んできたのに対し、後者に加入すべき東半球の諸国民にはその積み重ねを欠く人々がいる、とウィルソンがみたことである。彼の政治学では、「自決」の歴史の重みが人民に「自治（self-government）」を達成させることになっていた。さらに「自治」が民主主義に到達するのは、人民が個人の自由や権利の欲求を尊重するだけの段階から、その欲求を「自制」して社会全体の問題に関する「公共の協議（common counsel）」に参加しその決定に従う段階に至るときとされていた[53]。

ウィルソンは、かかる民主主義を実現した諸国が、国益追求を「自制」して世界世論に開かれた「公共の協議」に参加し、国際平和を創り出していくと考えていた。そして、不戦中立の中南米諸国は自らの求める民主主義国の基準に近く、「軍国主義」のドイツは遠いと評価した。ただ彼の「勝利なき平和」は、「専制政府」に反対する「リベラル」や「大衆」が「自決」の機会に恵まれなかったことが「軍国主義」をもたらしたのであって、国際連盟がドイツを包み込み世界世論の圧力によってその機会を保障すれば、ドイツは民主化し「軍国主義」を克服していく、との楽観に立脚していた[54]。

この楽観は、ドイツに体制転換を強制せずとも平和を達成できるとの見通しを与えるため、ウィルソンの不戦中立の方針と辻褄が合っていた。しかし一七年四月の対独宣戦布告要請演説で彼は、ドイツが民主化するまでは連盟加入を認めないと示唆した。無制限潜水艦戦、ツィンメルマン電報事件を受けて参戦を余儀なくされたウィルソンにとって、ドイツは今や「世界の自由諸国民」の敵であった。ドイツをかくも不名誉な地位に追いやった責任は国民にもあると考えたウィルソンは、「自決」の経験に乏しいはずのドイツ国民に皇帝廃位を決するよう求めたのである[55]。

三　「一四箇条」をめぐる論戦

参戦後もウィルソンは、米国を「提携国」と称してローズヴェルトの望む連合国との全面的共闘体制を避ける態度をみせる。だがウィルソンは、交戦国となった米国はもはや英国の「海軍主義」とドイツの「軍国主義」を同列に扱えないと認識していた。ゆえに彼は、英国の対独経済封鎖を「専制」の「悪」に対する制裁と位置付け、米国をこれに参加させた。一七年八月、ドイツ国民が「軍国主義」の克服を証明するまで経済封鎖を続けると明言し、十二月には戦後の継続も示唆した。つまり彼は、ドイツの民主化による平和の達成という道義的目的に資する限り公海自由の制限を受け入れる立場を表明したのである[56]。

こうしてウィルソンは対独経済封鎖を集団的な経済制裁として正当化したが、一八年一月の「一四箇条」演説で自らが「勝利なき平和」の三原則に忠実なままだと主張する。ボリシェヴィキの講和攻勢や交戦国内の講和要求を受けて行われたこの演説は、国際連盟のもとで新世界秩序を創りだす構想を明かした。[57]

ローズヴェルトはこの構想をドイツへの「降伏」と非難し、米国よりも戦勝に貢献した連合国の意向を尊重して再検討せよと唱えた。[58]その要点は二つある。一つは、戦後の米英対立を招きかねない各条――公海自由（第二条）、植民地要求の公平な調整（第五条）、諸民族の「自主的発展（autonomous development）」（第一〇・一二条）――と、米国の独立権に係わる各条――経済障壁の撤廃（第三条）、軍縮（第四条）――の修正または削除である。もう一つは、講和と国際連盟（第一四条）を切り離して、連盟を連合国との戦時同盟から出発させ戦備の「代替」でなく「追加」となすことである。[59]

ウィルソンは第二・第三の各条に但書を付すことにより、連盟規約に違反し平和を脅かす国家には集団的な経済制裁を科せるとの含みを持たせつつ、かかる例外を除いて経済封鎖は違法化されるべきとの見解を示した。現に彼は、前述のパリ連合国経済会議の決議は「利己的で排他的」な経済同盟を目指していると批判し、ドイツが民主化し平和愛好国となれば平等な通商条件を認めるべきだと主張していた。この主張を通すには英国に「海軍主義」を払拭させねばならないと確信するウィルソンは、英海軍を国際連盟の管理下に置き、そのシーパワー行使を連盟の要請による集団的制裁に限ることをも考慮した。[60]

ローズヴェルトは第二条に、英国の制海権に対する挑戦を認めた。彼は、ウィルソンが「比類なき海軍」計画を武器に「一四箇条」を英国に受諾させるつもりだと見抜いていた。[61]米英が制海権を争う事態を避けたいローズヴェルトは、米海軍の戦力を英海軍に次ぐ世界第二位にとどめるよう要求した。その理由について彼は、英海軍は東半球に広大な勢力圏を有するが、米海軍は大戦のごとく「文明」の防衛の「大義」が明白な場合を除けば限られた勢力圏の警備に徹すればよいからと説明した。[62]戦後が迫るにつれ、彼は「世界連盟」構想に立ち戻ったのである。

このことはローズヴェルトが、連盟で「指導的役割」を担う国家、その役割は担わないが加盟資格をもつ国家、加盟させない国家の区分を求めたことにも表れている。[63]第一の区分は連合国とくに英語諸国民である。彼は、米英関係は大戦を経て同盟および包括的仲裁条約の締結が可能な段階に至ったと判断し、この現状を維持すべく第五条に関し交戦国への信賞必罰を求めた。[64]すなわち、ドイツに戦争責任を帰して賠償金を課し、連合国に敗戦国の植民地処理を委ねよと主張し、連合国占領下の旧ドイツ植民地の統治を中立国に委任するとのウィルソン案に反対した。[65]

ローズヴェルトの信賞必罰の姿勢は、第一〇・一二条の「自主的発展」についても貫かれた。ウィルソンは、オーストリアとトルコの帝国を解体し民族自決を徹底すれば、連合国の諸帝国も混乱に陥り、結果として国際連盟が強制力の基盤を失うと心配した。ゆえに彼は「自決」の表現を避け、帝国内で諸民族自治を推進するにとどめようとした。[66]だがこの苦慮は、ローズヴェルトには意味をなさなかった。彼は、連合国にならって両帝国の解体を主張し、諸民族は独立または周辺の同一民族の国家に統合させ、「自決能力のない」民族は近隣の「文明国」列強の庇護のもとで自治の訓練を受けるのがよいと述べた。(67)

ローズヴェルトがかくも連合国に有利な講和を求めたのは、それが「正義の平和」の基礎にあるべき「国際道徳」にかなうと信じていたからである。彼の理解では、「国際道徳」は国家の主権、名誉および死活的国益と両立することでその拘束力を保てるのであって、後者を度外視した「正義の平和」はありえなかった。そのため彼は、「一四箇条」が米国の独立権を侵すことも許さなかった。(68)

第三条に関してローズヴェルトは、関税賦課は国家の独立権の範疇にあり、米国が高関税によって米国の労働者を保護するのも、互恵通商協定を結んだ南米諸国や大戦を共に戦った連合国を優遇するのも正当な権利だと論じ、敵国をこれらの友好国と同条件で遇することはありえないと述べた。(69)この一八年中間選挙戦中の批判に対してウィルソンは、一九世紀米国を二分した関税論争を再開する意図はなく、国家間の反目の原因を除き連盟による経済制裁の効果を保つためだと弁明したが、ローズヴェルトは説得されなかった。(70)

第四条についてローズヴェルトは、ウィルソンが第一四条の連盟の制裁に必要な軍事力を確保する趣旨から付した「自国の安全と両立する最小限度まで」との但書を、国内の治安維持に足りる程度まで軍縮する意向を示したものと解して猛反対した。ローズヴェルトは、最も確実な安全保障の手段は国際連盟ではなく戦備増強の継続だと主張した。彼が戦備にこだわったのは、自存自衛を確立して初めて、連合国とともに「文明」の中心たる米欧を「軍国主義」の脅威から防衛できると信じたからである。(71)

この信念からすれば、あらゆる民主主義国に政治的独立と領土保全を保障するよう加盟国に求めうる国際連盟は、無用の長物であった。ローズヴェルトは、連盟が列強には米国の勢力圏に干渉する口実を与え、米国には「国益に係わりのない」勢力圏外の「未開」の人々への干渉を強いる結果、米国が国力を上回る「コスト」を背負わされ国際公約を守れない立場に追い込まれうると警告した。(72)かかる状況を避けたいがために、彼は連盟を講和と分離するよう求めたのである。

以上の反対論に基づいて、ローズヴェルトは条約批准権をもつ連邦上院が「一四箇条」を講和条件とすることに反対を宣言するよう求めた。(73)ウィルソンも「一四箇条」が講和会議で修正される余地を認めていたが、ローズヴェルトの修正要求はその許容範囲を超えていた。のちにランシング（Robert Lansing）が、政治的独立と領土保全の保障がモンロー・ドクトリン、連邦議会の宣戦布告権、米国民の「巻き込む同盟」への忌避感に抵触しうる法的根拠を示し、この保障を加盟国相互の誓約にとどめるよう助言した際、ウィルソンは一顧だにしなかった。(74)ウィルソンには米国を果てなき軍事関与に陥れる意図はなかったが、連邦上院はそれを疑うことになる。(75)

おわりに

ローズヴェルトの「平和連盟」は、「文明国」列強連合が先進地域たる米欧で「文明」小国を保護することを視野に入れつつも、基本的には個々の列強が米欧以外の後進地域で勢力圏を警備する構想であった。「世界連盟」は、米欧内外を問わず小国を含む「文明国」連合が環大西洋世界を集団防衛する構想であった。後者で彼が米国の勢力圏を劇的に縮小させようとしたことは、第一次大戦勃発から受けた衝撃の大きさを物語っている。

大戦前のローズヴェルトは、米欧を「文明」の中核、米欧以外をその周縁と位置付け、中核の国際秩序は盤石ではないが周縁での列強間摩擦を解消すれば十分に維持可能と想定し、「平和連盟」構想における米国の基本的な義務を周縁たる中南米の「文明化」に定めた。しかし、欧州国際秩序の崩壊により中核の脆弱さを思い知った彼は「世界連盟」構想のなかで、自衛に係わりの薄い南米から撤退して連合国と共に中核防衛に専念するよう米国に求めた。以後、米国の勢力圏を「平和連盟」構想で定めた領域に戻すことはなかった。

ウィルソンの国際連盟は、先進地域か後進地域か大国か小国かを問わず全ての民主主義国が連合し、世界全体の集団安全保障に従事する構想であった。彼が米国の対外関与を世界大に拡大しようとしたのも大戦の衝撃ゆえである。彼は、「専制的支配者の利己的な諸集団」の国際体系が「グレイト・ゲーム」を生じさせ、これを「ウィーン会議の手法」――国際問題を個々の「君主間の取引」で解決する「パッチワーク」――が大戦に至らせたと理解した。そして彼は、その体系と手法を米国が刷新しなければ永久平和は達成されないと確信し、英国の「海軍主義」とドイツの「軍国主義」のいずれにも組さず中立を旨とした。

かかる確信を外交方針として定式化したのが「汎米連合」である。ウィルソンはこの試みを通して、かつて米国の独占的な勢力圏とされた西半球に、欧州列強をも含む利害関係国のすべてが対等な立場で領土保全と政治的独立を互いに保障する共同体という枠組を与えた。彼は、この枠組を世界に応用すれば、一九世紀の大国政治――列強に抵抗する「連合と力」を欠く小国やマイノリティの自治権を無視し、その支配を欲する列強間に不和と反目を再生産し、「文明」を存続の危機に陥れた欧州の古い外交――を終わらせられると期待した。ゆえに彼は、制裁に必要な軍事力と財政力を拠出できる列強だけでなく、それらを拠出できない小国にも連盟での議決権を与えようとしたのである(76)。

互いの連盟に対する二人の批評は、「世界連盟」と国際連盟の相違点を凝縮している。ローズヴェルトは、ウィルソンの連盟を米国の名誉と独立を脅かす「神聖同盟」と非難した。彼にとって、連合国と中央同盟国を平等に扱おうとするウィルソンは、「文明」に対する両陣営の功罪の判断を放棄し、米国と連合国の間に実質上存在する同盟関係の破棄を試みているに等しかった。ローズヴェルトは、英語諸国民との連帯が米国の対外関与を限定しながら「文明」を守る「不均衡」を確実にすると判断していた。ゆえに彼は、ウィルソンの連盟を「正義の平和」に反し米国の安全を脅かす「害悪」とみなし、国際連盟が米国と連合国の完全勝利を妨げるのを阻むべく講和と切り離すよう要求したのである(77)。

他方ウィルソンはローズヴェルトの連盟を、自治を欲する諸国民から自決の機会を奪う「神聖同盟」と批判した。ウィルソンにとって、連合国を有徳の勝者、中央同盟国を不徳の敗者と差別して、「公共の協議」を経ずにつくられた勝者の講和条件を敗者に強制することは、世界世論の声を無視して革命と戦乱を招いた欧州の歴史を繰り返すも同然であった。かかる歴史を終わらせることが米国の使命だと信じるウィルソンは、国際連盟はドイツ国民が体制転換を自決し自治を確立すれば対等な民主主義国として迎え入れる「共同体」であるべきと考えた。ゆえに彼は、国際連盟を講和の「本質」と位置付け、講和を敗者への懲罰にはしない方針を改めて示した(78)。

ローズヴェルトとウィルソンはともに、二〇世紀の世界秩序は米国の関与と国際平和機構の創設を要すると認識していた。だがローズヴェルトは、ウィルソンが中立を道徳的優位と捉え、連盟に「準文明国」「未開国」を加入させるために英語諸国民との紐帯を犠牲にする結果、米国を際限なき軍事関与に陥れ「文明」の危機を再発させると批判した。ウィルソンは、連盟は軍事関与の必要性を低下させるとした上で、ローズヴェルトの階層的な文明観こそ、「海軍主義」と「軍国主義」の対立構造ひいては敗者や小国に自治権を認めない欧州「帝国主義者」の国際体系を温存し、「文明」の危機を再来させると反論した(79)。

かかる相違点を米国の世界秩序に対する責任という観点からみれば、ローズヴェルトの連盟では、米国は「文明」と国益の要請に応じて単独行動か多国間協調かを自在に選択できるが、国家の独立権を重視するゆえに死活的国益を理由とする戦争を正戦と肯定し、「文明標準（standards of civilization）」に合致しない列強や後進諸国を排斥することになる(80)。ウィルソンの連盟は、国際益を国益の上位に置くため戦争違法化をより徹底し、自治可能であればいかなる国家・民族でも受け入れられるが、世界中の民主主義国を紛争解決の主体とするため米国はいつでも領土紛争に巻き込まれ得る。だとすれば二人は、二〇世紀の、そして二一世紀への転換期の米国で交わされた国際主義のあるべき姿をめぐる論争を先取りしたと言えよう(81)。

（1）ヘンリー・A・キッシンジャー（岡崎久彦監訳）『外交〈上巻〉』日本経済新聞社、一九九六年、二一—二二、三四—五三頁。ヘンリー・キッシンジャー（伏見威蕃訳）『国際秩序』日本経済新聞社、二〇一六年、二八四、二八六—二八七、二九四頁。
（2）佐々木卓也編『戦後アメリカ外交史』第3版、有斐閣アルマ、二〇一七年、一二〇—一二一頁。
（3）William N. Tilchin, *Theodore Roosevelt and the British Empire: A Study in Presidential Statecraft* (St. Martin's Press, 1997), 49, 241.
（4）ジョージ・F・ケナン（近藤晋一・飯田藤次・有賀貞訳）『アメリカ外交50年』岩波現代文庫、二〇〇〇年、一〇〇頁。
（5）Cathal J. Nolan, "Learning to Lead: Theodore Roosevelt, Woodrow Wilson, and the Emergence of the United States as a World Power," in Willian N. Tilchin and Charles E. Neu eds., *Artists of Power: Theodore Roosevelt, Woodrow Wilson, and Their Enduring Impact of U.S. Foreign Policy* (Praeger Security International, 2006), 154-155.
（6）John Milton Cooper, Jr., "Whose League of Nations?: Theodore

Roosevelt, Woodrow Wilson, and World Order," Tilchin and Neu, *Artists of Power*, 174–175, 178–179.

（7） 三牧聖子『戦争違法化運動の時代――「危機の20年」のアメリカ国際関係思想』名古屋大学出版会、二〇一四年、八四、一〇一―一〇二頁。

（8） 西崎文子「モンロー・ドクトリンの系譜――「民主主義と安全」をめぐる一考察」『成蹊法学』七五号、二〇一一年一二月、二三〇―二三八、二三四―二三三頁。

（9） Frank Ninkovich, *The Wilsonian Century: U.S. Foreign Policy since 1900* (The University of Chicago Press, 1999), 12–13, 24–29, 61–64.

（10） Tilchin and Neu, *Artists of Power*, xvii-xix, xxi-xxiv.

（11） James R. Holmes, *Theodore Roosevelt and World Order: Police Power in International Relations* (Potomac Books, 2006), 122–125 と Gregory Russell, *The Statecraft of Theodore Roosevelt: The Duties of Nations and World Order* (Republic of Letters, 2009), chap. 5 のほかは、関連研究で挿話として扱われるにとどまっている。

（12） Theodore Roosevelt, *African and European Addresses* (G.P. Putnam's Sons, 1910), 76, 81–83. ローズヴェルトが仲裁対象を制限したのは、米国が仲裁条約を守れない立場に追い込まれ、仲裁条約の有効性と諸外国の米国への信頼とを低下させることを事前に防ぐためである。ローズヴェルトの仲裁観については、Elting E. Morison ed., *The Letters of Theodore Roosevelt*, 8 vols. (Harvard University Press, 1951–1954 [以下 *LTR*]), 4:1094, 1208, 5:348–49 601.

（13） マーク・マゾワー（依田卓巳訳）『国際協調の先駆者たち――理想と現実の２００年』ＮＴＴ出版、二〇一五年、一〇八―一一〇頁。

（14） Roosevelt, *African and European Addresses*, 78–81.

（15） Roosevelt, *African and European Addresses*, 95; Hermann Hagedorn ed., *The Works of Theodore Roosevelt*, National ed., 20 vols. (Charles Scribner's Sons, 1926 [以下 *Works*]), 16:313–315.

（16） Holmes, *Theodore Roosevelt and World Order*, 123.「慢性的犯罪」とは、国際公約を破り、領土内の外国人の生命と財産を保護する責任を果たさないことを指す。「無能」とは、領土内の治安を維持することも対外的義務を果たすこともできないことを指す。

（17） Theodore Roosevelt, *Presidential Addresses and State Papers*, 8 vols. (The Review of Reviews Company, 1910 [以 下 *PASP*]), 3:176–177; Theodore Roosevelt, *American Problems* (Outlook, 1910), 3–4; *LTR*, 1:555, 645, 647, 2:1428, 3:5–6, 52, 5:596.

（18） Roosevelt, *American Problems*, 5–8.

（19） 中嶋啓雄『モンロー・ドクトリンとアメリカ外交の基盤』ミネルヴァ書房、二〇〇二年、一五七、一七六―一七七頁。

（20） Ninkovich, *The Wilsonian Century*, 81; Ａ・ハミルトンほか著（斎藤眞・中野勝郎訳）『ザ・フェデラリスト』岩波文庫、一九九九年、七七―七八頁。

（21） Jay Sexton, *The Monroe Doctrine: Empire and Nation in Nineteenth-Century America* (Hill and Wang, 2011), 237–239, 247–248.

（22） *PASP*, 3:172–177, 259, 4:439–443, 599–606, 5:967–970.

（23） *LTR*, 4:740; 5:348; *PASP*, 3:210–214.

（24） *PASP*, 3:178; *LTR*, 5:16–17.

（25） Frank Ninkovich, "Theodore Roosevelt: Civilization as Ideology," *Diplomatic History*, 10-3 (Summer 1986), 237, 240, 245.

（26） Michael J. Crawford, ed., *The World Cruise of the Great White Fleet: Honoring 100 Years of Global Partnerships and Security* (United States Department of Defense, 2008), 92, 96.

（27） *LTR*, 7:794; *The New York Times* [以下 *NYT*], September 27,

October 18, 1914; Theodore Roosevelt, *America and the World War* (C. Scribner's Sons, 1915), 84–85, 107–109, 246.

(28) *NYT*, November 29, 1914; Roosevelt, *America and the World War*, 214–215, 237–238, 253–254.

(29) Roosevelt, *America and the World War*, 239–240. ABC三国は「政治的・社会的安定」と「経済的繁栄」を達成し相互に協調しているため「慢性的犯罪」「無能」によって列強の干渉を招く危険性はないので、米国は三国に対する「後見人の任務」から降り、三国が列強から侵略を受けた場合にのみ支援すればよいとの判断は、大戦前から示されていた（*Works*, 16:299–300）。

(30) Roosevelt, *America and the World War*, 159–163, 178–180, 238–240, 247; Roosevelt, *American Problems*, 299–300; Theodore Roosevelt, *Fear God and Take Your Own Part* (George H. Doran Co., 1916), 80–81, 225–227. なお Cooper, "Whose League of Nations?," 171–172 は、ABC三国や英連邦が米国の支援を仰いだ場合には干渉しうるとの留保には言及していない。

(31) Ross A. Kennedy, *The Will To Believe: Woodrow Wilson, World War I, and America's Strategy for Peace and Security* (The Kent State University Press, 2009), 37–38.

(32) Robert E. Osgood, *Ideals and Self-Interest in America's Foreign Relations: The Great Transformation of the Twentieth Century* (Phoenix Books, 1964), 142–150, 271–273, 281–286.

(33) Roosevelt, *America and the World War*, xiii–xiv, 276–277; *NYT*, November 29, 1914; Roosevelt, *Fear God and Take Your Own Part*, 134–135, 169–171, 178–180; Louis Einstein, *Roosevelt, His Mind in Action* (Houghton Mifflin Co., 1930), 249–250.

(34) Arthur S. Link ed., *The Papers of Woodrow Wilson*, 69 Vols. (Princeton University Press, 1966–1994 [以下 *PWW*]), 37:113–116.

(35) Joseph P. Tumulty, *Woodrow Wilson as I Know Him* (Doubleday, Page, 1921), 230–231; *PWW*, 35:294, 297, 306.

(36) Lloyd E. Ambrosius, *Woodrow Wilson and the American Diplomatic Tradition: The Treaty Fight in Perspective* (Cambridge University Press, 1990), 18–19; Charles E. Neu, *Colonel House: A Biography of Woodrow Wilson's Silent Partner* (Oxford University Press, 2015), 214–217, 224–226, 234–246.

(37) *PWW*, 31:421–422, 35:306.

(38) Charles Seymour ed., *The Intimate Papers of Colonel House*, 4 vols. (Houghton Mifflin Co., 1926–28 [以下 *IPCH*]), 1:299–300.

(39) William Smith Culbertson, *Commercial Policy in War Time and After* (D. Appleton, 1919), 346–348.

(40) Ray Stannard Baker, *Woodrow Wilson: Life and Letters*, 8 vols. (Doubleday & Doran, Co., 1940), 6:312–313.

(41) *PWW*, 38:258–259, 528–529.

(42) *PWW*, 40:273–276.

(43) *PWW*, 40:533–539.

(44) *NYT*, January 29, 1917, October 29, 1918; Theodore Roosevelt, *Roosevelt in the Kansas City Star: War-Time Editorials* (Houghton Mifflin Co., 1921 [以下 *RKCS*]), 30–32, 134, 252, 270–271.

(45) Alan Dawley, *Changing the World: American Progressives in War and Revolution* (Princeton University Press, 2003), 79.

(46) *PWW*, 29:271, 312–313, 378–380, 408.

(47) *PWW*, 28:448–452, 35:294–296.

(48) *PWW*, 31:469–470, 35:294.

(49) *IPCH*, 1:228–230; Thomas J. Knock, *To End All Wars: Woodrow Wilson and the Quest for a New World Order* (Princeton University Press, 1992), 72–73.

(50) *PWW*, 35:296.

(51) Theodore Roosevelt, "The Monroe Doctrine," *The Bachelor of Arts*, 2–4 (March 1896), 437.

(52) *PWW*, 35:294, 296. ただしウィルソンは、「平和の追求」には戦場の兵士と同じ「共同体」への「自己犠牲」が伴うと語っていたので、有事の際には共同体の「仲間」に応分の軍事負担を求めたと思われる（*PWW*, 32:183–184.）。

(53) *PWW*, 12:218–226, 32:38–39, 37:357–358, 45:16–17, 63:16.

(54) *PWW*, 29:522, 35:294–296, 40:536–538, 41:333–335, 42:297.

(55) *PWW*, 41:519–527, 42:499–504, 45:16. ローズヴェルトも、ドイツ国民が皇帝を廃して初めて、国民と政府を区別できるとの立場をとっていた（*LTR*, 8:1381）。

(56) *PWW*, 44:57–59, 45:195–200; *RKCS*, 60–62.

(57) *PWW*, 45:534–539.

(58) *RKCS*, 194–195; *LTR*, 8:1380–1381.

(59) *LTR*, 8:1378, 1393, 1402, 1415; *RKCS*, 227–228, 231, 248, 263, 269.

(60) *PWW*, 44:58–59, 51:128–131; W. B. Fowler, *British-American Relations 1917–1918: The Role of Sir William Wiseman* (Princeton University Press, 1969), 286–287.

(61) *LTR*, 8:1416.

(62) *RKCS*, 264, 284–289, 294; *LTR*, 8:1416.

(63) *RKCS*, 294.

(64) *LTR*, 8:1407, 1417. ローズヴェルトは陸軍大国フランスとの同盟には当初及び腰であった（*LTR*, 8:1412, 1415）。

(65) *LTR*, 8:1385, 1393, 1396; *RKCS*, 202, 243–244.

(66) Trygve Throntveit, *Power without Victory: Woodrow Wilson and the American Internationalist Experiment* (The Chicago University Press, 2017), 250.

(67) *LTR*, 8:1350–1351, 1359, 1400–1401; *NYT*, October 30, 1918, December 14, 1918; *RKCS*, 65–66, 294.

(68) *RKCS*, 177, 251.

(69) *RKCS*, 244, 249–250.

(70) *PWW*, 51:476–477.

(71) *RKCS*, 62, 193–195, 229–231.

(72) *NYT*, December 14, 1918; *RKCS*, 195, 278.

(73) *LTR*, 8:1380.

(74) John A. Thompson, *Woodrow Wilson: Profile in Power* (Longman, 2002), 199–201.

(75) Lloyd E. Ambrosius, *Wilsonianism: Woodrow Wilson and His Legacy in American Foreign Relations* (Palgrave Macmillan, 2002), 68–72.

(76) *PWW*, 46:320–324; Patricia O'Toole, *The Moralist: Woodrow Wilson and the World He Made* (Simon & Schuster Paperbacks, 2018), 319.

(77) *RKCS*, 64, 233, 279, 246–248; *LTR*, 8:1413–1414.

(78) *PWW*, 45:198–199, 51:129–131; Fowler, *British-American Relations*, 279, 289–290, 293.

(79) *PWW*, 45:538, 63:353–355, 403–404, 452.

(80)「文明標準」については、Gerrit W. Gong, *The Standard of 'Civilization' in International Society* (Clarendon Press, 1984), 14–15.

(81) David Fromkin, "Rival Internationalisms Lodge, Wilson, and the Two Roosevelts," *World Policy Journal*, 13-2 (Summer 1996), 79–80.

（みしま　たけのすけ　　城西国際大学）

日本国際政治学会編『国際政治』第213号「アメリカ――対外政策の変容と国際秩序――」（二〇二四年三月）

なぜ米国はイラクに侵攻したのか？
――開戦事由をめぐる論争とその再評価――

溝渕正季

はじめに

二〇〇三年三月一七日、ブッシュ（George W. Bush）米大統領は全米向けテレビ演説のなかで、フセイン（Saddam Husayn）大統領とその家族に向けて四八時間以内にイラク国外へと退去するよう勧告し、全面攻撃の最後通牒を行った。そして予告通り、二日後の三月一九日、「イラクの自由」作戦と銘打った作戦に則り、英国などと共にイラクへの軍事侵攻を開始した。

イラク戦争の開戦事由についてブッシュは、同年三月二二日、「我々の使命は明確だ。イラクの大量破壊兵器（ＷＭＤ）の武装解除、フセインのテロ支援終結、そしてイラク国民の解放だ」と主張している。だが、イラク侵攻後の最初の一年間で、フセイン政権がＷＭＤを保有しておらず、また具体的な開発計画さえも無かったこと、そして同政権がアル＝カーイダとつながっていることを示す証拠も存在しなかったことが明らかとなった[1]。さらに、二〇〇三年五月には「主要な戦闘作戦」の終結が宣言されたにもかかわらず、戦後復興計画の杜撰さと見通しの甘さにより、その後のイラク国家再建は困難を極めた[2]。イラクで生じた凄惨な内戦の結果、直接的な暴力で死亡した人数だけでも（米国側・イラク側合わせて）三〇万人以上と推定され、戦争の余波でさらに数十万人が死亡し、さらに多くの人々に甚大な後遺症を残した[3]。また、宗派対立の激化、暴力の拡散、イスラーム過激主義の台頭、反米主義の蔓延など、その影響はイラクのみならず中東全域に拡散し、開戦から二〇年を経た今日においてもその爪痕は長く尾を引いている[4]。こうした事実により、イラク侵攻は間違いであったとする認識が広く人口に膾炙していった。ナイ（Joseph Nye）の言葉を借りれば、イラク戦争は米国の「一極集中の瞬間」の終焉、「米国覇権の崩壊」、そして「民主主義の拡大」という理念の失敗を示すものであった[5]。

それでは、二〇〇三年三月、米国はなぜこのような破滅的なイラク侵攻計画を実行に移したのだろうか。本稿の目的はこの問いを検討することであり、こうした作業は戦争から二〇年を経た今日においても——そして今後も変わらず——依然として重要である。まず、上述のようにイラク戦争は、その後の米国と中東、そして世界全体に対して甚大な傷跡を残した。このため、この戦争の開始事由を理解することは今日の国際安全保障環境についての洞察を深めるために必要不可欠な作業である。また、この戦争は、大国が戦争に至るまでの意思決定過程についての重要な問題を投げかけた。二〇二二年一月に開始されたロシアによるウクライナ侵攻の事例からも明らかな通り、こうした問題については今もなお議論が続いており、イラク戦争の開戦事由を研究することでそうした議論に新たな知見を加えることにもつながる。

なお、本稿の目的は、イラク戦争の原因として何か単一の要因／誰か単一の人物を特定することではない。そうではなく、本稿の目的は、これまでに開示された多くの文書、情報、データ、当事者自身によって刊行された回顧録や回顧的研究、そして著者自身が実施したインタビュー調査を元に、これまでに提示されてきたいくつかの仮説がどの程度の妥当性を持つのか、あるいはその順位付けについて評価を行うことである。

以下、本稿は次のような構成で進められる。続く第二節では、なぜ米国はイラクに侵攻したのかという問いを巡って、これまでに提示されてきた五つの仮説について要約する。その上で第三節では、いずれの仮説がどの程度の妥当性を持つのかを検証する。最後に第四節では、これまでの議論と本稿の結論をまとめる。

一　既存の諸仮説

イラク戦争の開戦事由について、これまでの研究で提唱されてきた仮説は概ね（一部重なり合う部分はあるが）、①大量破壊兵器（ＷＭＤ）仮説、②ペトロダラー仮説、③イスラエル・ロビー仮説、④ネオコン仮説、⑤パフォーマティブ・ウォー（ＰＷ）仮説、の五つである。以下、本節では、それぞれの仮説について詳しくみていく。

(1)　大量破壊兵器（ＷＭＤ）仮説

ＷＭＤ仮説とは、ブッシュ政権はフセイン政権がＷＭＤを保有している（あるいは将来的に保有する）可能性が高く、脅威が深刻化する前に予防攻撃を行う必要があると考え、それゆえにイラク侵攻は決断された、とする議論である。この仮説によれば、ＷＭＤ疑惑は明らかな誤りであったことが戦後明らかになったとはいえ、意図的に国民や国際社会を欺こうとする思惑はブッシュ政権には無かった（つまり、同政権は本心からイラクのＷＭＤ疑惑を脅威と認識していた）ということになる。

ＷＭＤ仮説の基礎となっているのは「戦争の交渉理論」である。その基本的な考え方とは、戦争には必然的にコストが掛かるため、当事国双方にとって戦争に訴えるよりも望ましい平和的な妥協案が必ず存在するはずだ（つまり戦争とは交渉の失敗である）というものである。そして、交渉を失敗させる要因は大きく分けて、①情報の非対称が存在すること、②将来的な約束遵守を信頼できないこと、③争点が分割不可能であること、の三つである（ただし、第三の状況は滅多に存在しない）とされる。[6]

こうした考え方に立てば、イラク戦争とは、「ＷＭＤ非所持の証明」か「軍事力による体制転換」か、という二つの選択肢を提示されたフセインが、ブッシュ政権の決意の度合いを見誤り、最後まで平和的な妥協案（米国の要求を全面的に受け入れ降伏すること）に至れなかったことから生じた予防戦争である。[7] たとえばデブス（Alexandre Debs）とモンテーロ（Nuno Monteiro）は、「この戦争における米国の主な動機はイラクの核武装を防ぐことであった。仮にそうした事態が生じた場合、イラクに有利な大規模かつ急速なパワーバランスの変化が生じるとワシントンは考えたのだ。……フセイン政権が査察団に全面的に協力していないと主張する米政権は、核武装したイラクの脅威を排除する唯一の方法として侵攻を正当化した」[8]と論じている。

他にも、明示的に交渉理論の枠組みに沿った議論を展開しているわけではないが、たとえばレフラー（Melvyn Leffler）は、豊富な文書資料と数多くの当事者たちへのインタビューを通じて、強制外交の失敗が最終的に戦争へとつながったことを綿密に実証している。[9] ただし、レフラーの議論はよりニュアンスに富んだものであり、政権内部の意見対立や、あるいは大統領自身の葛藤などを細かく描写している。ジャーヴィス（Robert Jervis）は、「ブッシュとその同僚が、フセインが積極的にＷＭＤを開発していると心から信じていたことを疑う理由はほとんどない」として、その理由として、「侵攻直後のＷＭＤ捜索の必死さ、そして結果が出るまでの政策・情報両部門の主要メンバーの明らかな苦悩は、彼らがこうした脅威となる兵器の発見を予想していたことを示している」[10]と述べている。

他方で、戦争や制裁といった喫緊のリスクにもかかわらず、フセイン政権が査察妨害やＷＭＤ保有を疑わせる行動を続けるなど、身の潔白を証明せず最後まで曖昧で矛盾したシグナルを発し続けたこと（これが最終的に交渉決裂を招いた大きな要因の一つである）の理由については、概ね以下のような説明がなされてきた。第一に、政権が軍事的弱点を補うために、イランをはじめとする地域の敵対者、さらには国内の政敵や反体制勢力に対する抑止力を維持しようとしたこと。[11]「フセインは、一方では米国と、他方では国内の敵対者や他国と、要するにｎ人プレイの戦略ゲームをしていたのだ。このうちフセインは米国よりも国内の競争相手やイランに関心を寄せていた」[12]。第二に、ＷＭＤ開発能力をどの程度明らかにすべきか、（過去の欺瞞を含む）真実を明らかにすればするほど報われる可能性が低くなる一方で、否定し続ければ制裁解除を妨げる（さらには軍事侵攻を招く）という「詐欺師のジレンマ」に直面していたこと[13]など、様々な解釈が存在する。

(2) ペトロダラー仮説

ペトロダラー仮説とは、大まかに言えば、米国がイラクに侵攻したのは、国際社会における米国の支配的地位を維持し続けるために、イラクの炭化水素鉱床を掌握し、死活的重要性を有する国際石油市場での米ドルの特権的地位を維持し続けるためであった、とする議論である。ブッシュ政権関係者はこうした動機を決して認めてこなかった。だが、二〇〇七年八月、イラク戦争時に連邦準備制度理事会（ＦＲＢ）議長を務めていたグリーンスパン（Alan Greenspan）がその回顧録のなかで、「誰もが知っていることを認めることが政治的に不都合であることを悲しく思う。イラクは主に石油に関するものだ」[14]と書いたことにより、大きな論争が巻き起こった。グリーンスパンは率直に、米国がイラクに侵攻したのは、フセイン政権を排除して、世界第二位の石油確認埋蔵量を誇るイラクの油田をよりよく「管理」するためだったと認めたのである。

そもそもブッシュ政権発足当初、米国のエネルギー事情は危機的状況にあった。一九九八年四月、米国は史上初めて石油消費量の半分以上を輸入でまかなうようになっており、その後も一貫して輸入石油の割合は増え続けていた。さらに二〇〇〇年の大統領選挙時には石油価格も大幅に高騰していた。こうしたことから、ブッシュ政権高官たち、とりわけ大統領やチェイニー（Dick Cheney）副大統領は政権発足当初からエネルギー危機を深刻に捉えていた。そして、そうした危機意識の核となっていたのがイラク問題であった。

世界の石油確認埋蔵量の約一〇％を保有していると推定されるイラクは、一九七〇年代に石油産業を国有化し、主に米国を拠点とする国際石油会社を国内市場から締め出していた。しかし、一九九〇年代後半以降、フセイン政権は中国やロシアなど、より親イラク的な国や企業と新たな油田開発契約を結ぶようになった。米国の石油会社はこうした契約から締め出されただけでなく、イラクの石油生産が大幅に増加すれば、石油価格が下落し、米国企業に打撃を与える可能性もあった。加えて、フセイン政権は二〇〇〇年秋、石油の決済通貨をドルからユーロに変更することを決定していた。

これらの動きは米国の覇権的立場を根幹から揺るがすものであった。そして、イラクに軍事侵攻を行い、イラクの油田を米国の管理下に置き、フセイン政権をより民主的でより親米的な政権へと交代させることができれば、これらの問題は一挙に解決できると考えられた[15]。ペトロダラー仮説によると、九・一一テロ事件は、まさにそのような解決策を実行する絶好の機会を米国に与えたのである。

(3)　イスラエル・ロビー仮説

米国と「特別な関係」にあるイスラエルの安全保障を担保し、政治・軍事・外交といった様々な側面においてイスラエルを後押しすることは、紛れもなく米国の対中東政策における柱の一つであった[16]。だが、これまでの過度に親イスラエル的政策は米国の国益に反しており、その背後には米国政治におけるイスラエル・ロビー——ここでは簡潔に「米国の外交政策をイスラエル寄りにしようと活動している個人や諸団体の緩やかな連合体」と定義しておく——の強力な影響力が存在すると論じたのがミアシャイマー（John Mearsheimer）とウォルト（Stephen Walt）である[17]。彼らはイラク戦争についても、「イスラエルとイスラエル・ロビーの圧力だけで、ブッシュ政権が二〇〇三年三月のイラク戦争開戦の決定を行ったのではない」と前置きをしつつも、「しかしそれはきわめて重要な要因であった」として、「この戦争が、少なくともそれなりに、イスラエルをより安全なものにしたいという願望によって動機付けられていた」[18]と明確に述べている。これがイスラエル・ロビー仮説の骨子である。

ミアシャイマーとウォルトによると、イスラエルとイスラエル・ロビーはイラク戦争を積極的に主導したわけではなかったが、ブッシュ政権がイラク攻撃を決断し、それを議会や世論が支持するよう、様々な手法を通じて後押しを行なったという。シャロン（Ariel Sharon）首相を始めとするイスラエル政府高官たちはメディアやマスコミを通じてイラクの脅威を喧伝し、戦争を求める主張を繰り返した。また、ブッシュ政権内部の親イスラエル派勢力（ウォルフォウィッツ［Paul Wolfowitz］国防副長官やファイス［Douglas Feith］国防次官、パール［Richard Perle］国防政策委員会委員長など）を通じて戦争に躊躇する大統領に圧力をかけ続け、ワシントンのイスラエル・ロビーは上下両院議員に対して戦争を支持するよう激しいロビー活動を行なった。同時に、親イスラエル派の政府高官は、フセイン政権が喫緊の脅威であるという認識を醸成するために諜報部門のインテリジェンスを操作しようとした（そこでは特にリビー［Irving Lewis “Scooter” Libby］副大統領首席補佐官の役割は大きかった）。このように彼らは主張している。

ミアシャイマーとウォルト以外にも、イラク戦争の開戦事由としてイスラエルとイスラエル・ロビーの存在を指摘するジャーナリストや政府高官は多い。たとえばノヴァック（Robert Novak）は、開戦前からこの戦争を「シャロンの戦争」と呼び、二〇〇七年には「この戦争に踏み切る決断にイスラエルは大きく貢献したと私は確信している。戦争前夜、シャロンが上院議員との非公開の会話の中で、フセインの排除に成功すれば、イスラエルの安全保障問題は解決すると言っていたことを私は知っている」と述べている。[19] ＮＡＴＯ軍最高司令官も務めたクラーク（Wesley Clark）陸軍大将は二〇〇二年八月、「今この攻撃を支持している人たちは、フセインが米国にとって脅威ではないことは恐らく事実だと、率直に、内々に話すだろう。だが、彼らは、仮に彼が核兵器を持っていれば、ある時点でそれをイスラエルに対して使用する決定を下すかもしれないと恐れているのだ[20]」。

もっとも、イスラエル・ロビー仮説を支持する論者の多くは、その影響力が万能であると論じているわけではない。事実、イスラエルとイスラエル・ロビーはクリントン（Bill Clinton）政権にイラク侵攻を売り込むことはできなかったし、イラク戦争に続いてイランやシリアの体制転換を実行させることもできなかった。イスラエル・ロビー仮説の支持者たちはあくまで、九・一一テロ事件によって「機会の窓」が開いたことにより、イスラエルとイスラエル・ロビーがイラク侵攻というアイディアをブッシュ政権に売り込むまたとない機会が生じたと主張しているのである。

(4) ネオコン仮説

ある有名なネオコン（新保守主義者）によれば、「ブッシュ・ドクトリンとは本質的にはネオコンの対外政策と同義語[21]」であるという。

ネオコン仮説とは、ネオコン的世界観と外交政策理念がブッシュ政権の外交政策における理論的・政策的支柱となり、それがイラク侵攻の決断に際して決定的な役割を果たした、とする議論である。

ネオコンの外交政策理念とは、ミアシャイマーによると、「牙を備えたウィルソン主義」[22]に他ならない。それは第一に、米国は世界で唯一の超大国であり、その覇権的地位を半永久的に維持しようとする考え方から始まる。ネオコンの代表的論客であるクリストル（William Kristol）とケーガン（Robert Kagan）は一九九六年、『悪の帝国』を打ち破った」米国は「世界の主要国のほとんど」が歓迎する「慈悲深い世界的覇権国」として振る舞うべきだと論じている。[23]こうした考え方は一九九二年にリークされた「国防計画ガイダンス（DPG）」にも顕著に反映されていた。この文書は当時、チェイニーの下で国防次官を務めていたウォルフォウィッツが取りまとめたもので、そこでは「新たなライバルの出現を防ぐ」ことの重要性が強調されている。[24]

第二に、リベラリズム的世界観もネオコンの外交戦略における重要な柱である。それによると、米国は外交政策において物質的な意味で定義される国益のみならず、自由や民主主義といった価値の実現を目指さなければならない。なぜなら、「対外政策は、それぞれの国民国家の基底を成す社会の価値観を反映する」[25]のであり、専制主義国家は放置しておけばいずれ必ず秩序を撹乱する。そういった国々はパワーを均衡させることで封じ込めたりはできず、米国による覇権の下、体制転換を行う他に選択肢はない。実際、ウォルフォウィッツは、「勢力均衡の維持よりも政治的自由の方が大切だと考えていた。……ブッシュ政権になってから、彼は政治的安定よりも倫理的価値を重視する考え方を米国の対イラク政策でも採用した。フセインを失脚させると中東の勢力均衡が崩れるというのならば、それでも良いではないか、と。彼にとって最も重要だったのは、自らが信じる倫理的価値を追求することだった」[26]。

そして第三に、ネオコン的外交政策において軍事力はきわめて重要な役割を果たす。冷戦終結以降、軍事力の面で米国は卓越した存在となった。[27]それゆえ米国は、そうした圧倒的な軍事力を用いて国際システムを自身の理想に合うように再編成することが可能であり、またそうすべきであるとされる。さらに、軍事力の有効性に関するこうした過度の信頼が、先制攻撃と単独行動主義という発想につながる。なぜなら、米国は圧倒的な軍事的優位を保持しているのだから、脅威が既に存在している状況でそれを看過する必要はないのであり、また他国が束になっても敵わないほどの軍事力を有している以上、国連や安保理において、あるいは同盟国との間で煩雑な根回しや協議を行うよりも、単独で戦争を行った方が遥かの効率的だからである。[28]

ネオコン仮説によると、こうした世界観を共有するネオコンたちが、ブッシュ政権の内外できわめて大きな役割を果たしたという。彼らは、戦争が必要で有益であると喧伝し、反対者に対しては「弱腰」とのレッテルを貼り、戦争の是非に関する真剣な議論を抑制することで、イラク侵攻を強力に推し進めた。[29]すなわち、「戦争が起こったのは、権力を持ったアクターが特定の思想の論理に説得され、戦争が九月一一日の攻撃への必要かつ適切な対応とみなされたからだ[30]」ということである。

(5) パフォーマティブ・ウォー（ＰＷ）仮説

パフォーマティブ・ウォー（ＰＷ）仮説とは、九・一一テロ事件によって傷付けられた威信と抑止力を回復させるために米国は「見せしめ」を求めており、フセイン政権下のイラクはそうした対象として打ってつけであった、とする議論である。「見せしめ」はある程度手強い方が、暴力はなるべく理不尽である方が、そして勝利は可能な限り劇的で象徴的である方が望ましい[31]。

国家は戦争に勝利することで、平和的交渉や外交などでは得ることのできないような威信、名声、あるいは地位の向上を得ることができる。そしてそれは、「潜在的な敵対者を啓蒙[32]」し、当該国家の一般抑止能力を向上させる[33]。ギルピン（Robert Gilpin）が論じたように、国際的な威信は「まずもって力の行使における成功と、とくに戦争における勝利」によって獲得することができる。そして、「国際システムにおいて最も威信に富んだ国々とは、最も最近に経済力、あるいは軍事力の行使に成功し、それによって自らの意志を他国に強制した国々なのである[34]」。

ＰＷ仮説とネオコン仮説は重なる部分も多いが、イラク戦争の開戦事由に「価値の実現」というリベラリスト的な動機を見出さない点で決定的に異なるものである。ＰＷ仮説によれば、ブッシュ政権には戦後イラクを民主化し、さらに中東全域に自由と民主主義を波及させるといった目的は存在しなかった。「戦争はリベラリズムの産物であるという考え方ほど……誤解を招く……社会通念は存在しない」とデュードニー（Daniel Deudney）とアイケンベリー（John Ikenberry）は批判する。そして、ブッシュ政権はむしろ「覇権主義的リアリズム」と呼ぶべき理念を追求していたとして、同政権にとって「イラクの決定的な敗北は、北朝鮮やイランのような挑戦者から世界的な地位を守る米国の能力と意志を世界に示すものであり、クリントン政権時代に生じた米国の武力行使の意志に対する疑念を払拭するものでもあった」と論じている[35]。

つまり、ＰＷ仮説によれば、イラク戦争の開戦事由を「合理的」に説明しようとすることは元より困難なのである。なぜなら、ブッシュ政権が戦争に打って出たのは、フセイン政権が真に切迫した脅威であると認識されたことでも、イラクで（そして広く中東諸国全域に）自由と民主主義を打ち立てることでも、あるいは石油やイスラエル・ロビーといった国内における利益団体を宥めることでもなく、ただ純粋に戦争そのものを欲していたからだ、ということになるからである。自らの力を誇示すること、あるいは暴力それ自体が目的であり価値があるため、（交渉理論が示唆するような）互いに妥協可能な交渉範囲はそもそも存在しなかった。そして、そのような「パフォーマンス」としての戦争は、よりランダムで、より理不尽で、より劇的である方が、価値が高いのである。

二　評価

前節で論じてきたように、イラク戦争開戦事由については大きく分けて五つの仮説が提唱されてきた。いずれの仮説も少なくとも一片の真実を含んでいることは事実であろう。また、当然、意思決定過程には様々なアクターが関与し、それぞれの当事者たちはそれぞれ異なる理念と利害関係を有していた。イラク戦争はそれら多様な理念と利害が収斂するかたちで最終的に決断されたのであり、単一の要因に基づく単純な説明は現実を大きく見誤ることにつながろう。とはいえ、イラク戦争の開戦事由を説明するにあたり、それぞれの仮説の妥当性については明確な差異が存在する。以下ではこの点について改めて評価していこう。

(1)　比較的根拠の薄弱なイスラエル・ロビー仮説とネオコン仮説

まず、上述の仮説のなかで比較的根拠が薄弱であると思われるイスラエル・ロビー仮説とネオコン仮説についてみていこう。たしかに、ミアシャイマーとウォルトが詳細に論じているように、イスラエル・ロビーの影響力は米国の対中東政策におけるいくつかの側面、特に議会におけるイスラエルへの顕著な支持などを説明する上では非常に重要である。彼らが詳細に論じているように、イスラエル・ロビーはきわめて効率的に組織化されており、潤沢な資金を持ち、議員やそのスタッフに容易に接触でき、議会の選挙区に密接な同盟者を持ち、接戦の選挙では候補者の当落に決定的な影響を与えることができる。この点についてはミアシャイマーとウォルトに批判的な論者も同意している[36]。

しかし、イラク戦争の決断にイスラエル・ロビーが大きな影響力を及ぼしたかと問われれば、その答えは否定的なものにならざるを得ない。スレイター（Jerome Slater）が論じているように、外交政策の決定権を持つのは基本的にはホワイトハウスと行政府であり、議会ではない[37]。だが、イスラエル・ロビーが大統領や行政府を説得しようとした、あるいは実際に説得に成功したという証拠はほとんど見つけられなかった[38]。また、伝統的に一枚岩であることを強みとしてきた米国のユダヤ人コミュニティであるが、近年では多様性や見解の相違が目立つようになってきており、とりわけイラク戦争をめぐっては、体制転換の是非、そしてその手段としての軍事侵攻の是非に関して鋭く意見が対立していた[39]。この点もまた、イラク戦争におけるイスラエル・ロビーの影響力を過大評価できない理由の一つである。

そしてまた、イスラエルとイスラエル・ロビーは一九九〇年代以降一貫してイランの核施設に対する米国の先制攻撃を求めてきたが、そのような主張が実行に移されることはなかった。ミアシャイマーとウォルトら自身が認めているように、「イスラエル政府高官は米国の政府高官に対し、イランの方が〔イラクよりも：訳者注〕より大きな脅威である」と述べており、「イスラエルの指導者たちは、米国がフセインの排除のみに集中するあまり、イランの脅威を見逃してしまうことのみを心配していた[40]」。イスラエルとイスラエル・ロビーはまた、その強硬な反対にもかかわらず、二〇一五年七月、オバマ（Barak Obama）政権によるイラン核合意（ＪＣＰＯＡ）の成立を許してしまった。その他にも、米国は二〇〇〇代以降、イスラエルとイスラエル・ロビーの意に反する対中東政策（サウジアラビアをはじめとするアラブ諸国への高性能兵器の売却など）をしばしば採用してきた。

以上から、ブッシュ政権がイラク戦争に踏み切った背景には多くの要因があり、同盟国であるイスラエルの安全保障はそのうちの一つであったかもしれないが、明らかに最重要なものではなかったと考えられる。「チェイニー、ラムズフェルド、ウォルフォウィッツなどの指導者は、政権外の勢力に押されて侵攻した消極的な戦士ではなかった[41]」。

また、ネオコン仮説、すなわち、ブッシュ政権がネオコン的世界観と外交政策を全面的に受け入れた、あるいはそこまではいわずとも、そうした思想的影響を強く受けるかたちでイラク侵攻を決断したという主張も、実際には根拠が薄い。たしかに、ウォルフォウィッツをはじめとする何人かの政府高官は、前節で論じたような世界観（「牙を備えたウィルソン主義」）を共有する典型的なネオコンであった。この点は様々な証言によって強く支持されている[42]。だが、ブッシュ政権のその他の高官たち――特に大統領、副大統領、国防長官――がネオコン的世界観を共有していたり、その理念から強い影響を受けていたとは考えづらい。

後に「ブッシュ・ドクトリン」と呼ばれることになる二〇〇二年の『国家安全保障戦略』には、「自由の恩恵を世界中に拡大する好機が到来した……米国は世界の隅々にまで民主主義、開発、自由市場、自由貿易といった希望をもたらすために積極的に取り組む」といった一文や、「先制攻撃」や「単独行動主義」といったキーワードに加えて、「テロ支援国家を民主化する」という、一見するとリベラルな要素も含まれてはいた[43]。だが、ブッシュ政権がそうした理念の実現を真剣に追求した形跡は見当たらない。事実、イラク侵攻に際しても、ＷＭＤ開発の可能性を排除するために必要な「安定した、法を遵守するイラク」については頻繁に言及がなされたものの、自由や民主主義を拡大するというビジョンへの言及は皆無であった（政権がイラクやアラブ諸国の体制の質を話題にし始めたのは、開戦から暫く経った二〇〇三年春以降である）。

また、イラクと同じく民主主義とは到底呼べない政治体制を有し、アル＝カーイダを財政的に支援し、さらに九・一一テロ実行犯の一九人のうちの一五人の出身国でもあるサウジアラビアは、ネオコンの論理から言えば当然次なる標的となるはずであった。だが、ブッシュ政権がサウジアラビアへの攻撃を検討した形跡は一切ない（それどころか、ブッシュ家は代々サウード家と昵懇の間柄であった[44]）。同様のことは、エジプトやペルシャ湾岸諸国といった米国の同盟国にも言え、自由や民主主義とは程遠いそれら諸国の体制転換が計画されることは決してなかった[45]。

つまり、イラク戦争は「『ネオコン』の策謀に乗ぜられた[46]」ことで実行されたわけではなく、またウォルフォウィッツはブッシュ政権の「精神的指導者[47]」でもなかったのである。二〇〇六年、自分たちの思想が戦争を議会と世論に売り込むためだけに「利用された」と感じたネオコンたちは、ブッシュ政権と決別し、逆に政権の外交政策を厳しく批判し始めた。ブッシュのスピーチライターを務めたネオコンのフラム（David Frum）は、「私はスピーチライターとして、大統領を説得してある特定の言葉にコミットさせることができれば、大統領はその言葉の根底にある理念にコミットしていると感じることができると信じていた……私にとっての大きな衝撃は、大統領は言葉を発しながらも、その考えを吸収していなかったということだ」と語っている。[48] こうした発言は「悲惨な失敗に終わったイラク戦争と自分たちを切り離すためのネオコンたちの自己弁護」という側面も当然あるだろうが、同時に自分たちの理念が無視されたという彼らの嘆きには一定の根拠があるとも言えよう。

(2) ＰＷ仮説と覇権主義的リアリズム

このように、ブッシュ政権の高官たちがイスラエルやイスラエル・ロビーからの圧力を受けて、あるいはネオコン的理念に説得されてイラク侵攻を決断したとは──少なくとも、それらが最重要な要因であったとは──考えにくい。この点はとりわけ副大統領と国防長官というブッシュ政権における二人の最高意思決定者について言える。両者の意思決定を説明するロジックとしては、ＰＷ仮説と覇権主義的リアリズムによる説明が最も説得的である。

そもそもラムズフェルド（Donald Rumsfeld）は九・一一テロ以前からイラクの体制転換を悲願としていた。彼はテロ発生直後、今後の戦略に関して国家軍事指揮センターで熱弁を振るっているが、彼の補佐官はその内容に関して次のようなメモを残している。「最新情報を至急。ＳＨ〔サッダーム・フセイン〕も同時に攻撃できるかどうか判断。ＵＢＬ〔ウサマ・ビン・ラーディン〕だけでなく。大規模派兵。一掃。関係あるなしにかかわらず」。[49] そんな彼にとって、元よりフセイン政権とのあいだに交渉の余地は無かった。

また、その理由は決してリベラルな価値観に基づくものではなく、ＰＷ、あるいは覇権主義的リアリズムというアイディアに基づくものであった。実際、ラムズフェルドが九月一一日の夜、内々に、「我々は（アフガニスタン以外の）他の国を爆撃して、我々は大きくて強く、この種の攻撃にも動じないということを証明する必要がある」と語っている。[50] 九月二〇日の大統領との会談に備え、彼はメモにこう書いている。「大統領は、我々の戦いを狭く定義しておらず、九月一一日の攻撃に直接関与した者だけに焦点を当てているわけではないことを強調している。……初動の軍事攻撃でアル＝カーイダ以外の標的を攻撃すれば、この点を強調することができるだろう。これが、私がイラクにも初動で焦点を当てることに賛成する理由の一つだ」。[51] 一〇日後の大統領宛のメモで彼は、「重要な戦争の目的は、テロ支援をやめるように他国を説得するか、強制することであろう」と述べている。「もし戦争が世界の政治地図を大きく変えないなら、米国はその目的を達成することはできないだろう。必要な変化の大きさのオーダーを明確にすることには価値がある」。そのために、「米国政府は、次のような線での目標を構想すべきである。（その他の諸国家の政策を変更するための政治的・軍事的取り組みを強化するために）アフガニスタンの新体制と、テロを支援するもう一つ（あるいは二つ）の重要な国家〔の打倒〕である」[52]。

ラムズフェルドとは異なり、チェイニーは九・一一テロ以前の段階では軍事的手段によるフセイン政権の排除を公的に主張したことはなかった（この点はブッシュと同様である）。しかし、彼が実際にはイラク攻撃というアイディアに共感していたことを示す証拠は多い。たとえば、「人事は政策なり」[53]をモットーとしていたチェイニーは、一九九〇年代からイラクの体制転換を公然と主張してきた多くの人材を政府高官に任命すべく、二〇〇〇年の選挙期間中から周到な工作と圧力をかけていた。こうした人事はチェイニーが九・一一テロ以前からイラクの体制転換を望んでいたことを示す明確な証拠である。

もっとも、ネオコンと呼ばれる人々を多く権力の座につけたものの、チェイニー自身はリベラルな理念を共有していたわけではなかった。副大統領就任前、彼は石油サービス大手ハリバートンのCEOを務めており、当時は石油を確保するために独裁国家とビジネスを行うことを公然と容認していた。彼は一九九八年の講演会で、「不愉快な独裁国家」とビジネスを行うことへの批判に対し、「石油のあるところに行くしかない」と答えている。「私はそのことをあまり考えていない」[54]。少なくとも彼にとって、イラクを民主化することよりも石油資源を米国の管理下に置くことの方が遥かに優先順位が高かった。こうした思想を公言していた彼が突如ネオコン的理念に共鳴するようになるとは考えづらい。

チェイニーとラムズフェルドがイラクのWMD疑惑を心の底から脅威だと考えていたかどうかは定かではない[55]。少なくとも国内外の諜報機関はイラクがそうした兵器を保有している（あるいは将来的に保有する）可能性は限りなくゼロに近いと評価していた[56]。ただ、仮にイラクがWMDの開発に成功すれば、米・イラク間関係は本質的に変化するであろうし、さらにそれがテロリストの手に渡った場合、予想されるコストは受け入れがたいほど高くなる。したがって、九・一一テロ事件を契機として、イラクが核兵器を開発し、それをテロリスト集団と共有する確率がたとえ「一％」であったとしても、その結果は壊滅的なものであり、そうした事態を確実なものとして扱わなければならない――いわゆる「一％ドクトリン」――と彼らが考えるようなっていたとしても不思議ではない[57]。もっとも、たとえフセインがWMDに関する身の潔白を証明し得たとしても、彼らがイラク侵攻計画を白紙に戻したとは考えづらい。

以上のことから、チェイニーとラムズフェルドについてはPW仮説と覇権主義的リアリズムによる説明が最も現実に近いように思われる。彼らにとって、アフガニスタン戦争のみでは単なる反撃に過ぎず、さらにターリバーン政権だけでは相手としては不足であった。一九九二年のDPGに明記されていたように、彼らは一九九〇年代以降、米国はその世界的覇権を半永久的に維持し続ける必要があると確信し、世界中に認識面でも軍事面でもその事実を受け入れさせ、潜在的な挑戦者を抑止するために、軍事行動を通じて自国の軍事的優位を世界に見せつけること（「デモンストレーション効果」）が必要であると考えていた。そして象徴的な意味でも地政学的な意味でも、イラクは標的として最適であった。軍事力の行使は手段ではなく目的そのものであり、そこに交渉による平和的な解決という選択肢は元より存在しなかった。

　二〇〇〇年から五年のあいだ国家情報担当官（中東担当）を務めたピラー（Paul Pillar）は、戦争の主要な目的の一つは、「米国の力を行使する能力と意志を示すことであり、それによって世界中にある米国の利益に対する信頼を高め、敵対勢力や自称トラブルメーカーがその利益に挑戦することを抑止することであった」と述べている[58]。チェイニーとラムズフェルドは、フセインを強制的に排除するという願望を共有し、決断力に優れ、米国民と議会に戦争を売り込むための有能な人材を政権高官に登用した。そして九・一一テロ事件がそのための「機会の窓」を提供した。彼らにとってイラク戦争は、何より「米国の卓越性を強く主張するため[59]」の戦争であったのである。

(3)　最後まで強制外交に拘ったブッシュ大統領

　ブッシュ大統領の真の動機については判断が難しい。大統領自身は他の政権高官たちと異なり、九・一一テロ以前からフセイン政権の排除を熱望していたというわけではなかった。ＣＩＡのモレル（Michael Morell）は大統領就任の数週間前からブッシュに対して毎日のようにブリーフィングを行っていたが、モレルは「初日のブリーフィングから、ブッシュはイラクに執着していない」と感じたという。「湾岸戦争のやり残しや、あるいは父親の暗殺未遂といった理由から大統領がサッダームに特別な敵意を抱いていないことは、私にとって自明のことであった[60]」。ブッシュには元よりそれを判断するだけの政治経験も外交経験もなかった。また、上述のように、彼がイスラエルやイスラエル・ロビーの圧力を受けたり、あるいはネオコンに教化されたわけでもなかった。

　イラクとＷＭＤ問題については他の高官と同様の認識であった。イラクがそれを保有している（あるいは将来的に保有する）可能性、そしてそれをテロリストと共有する可能性は限りなく低いが、それでも「一％」でも可能性がある限り、それに対処しなければならない。ただし、ブッシュはその手段として最初から軍事侵攻を想定していたわけではなく――つまり、ＰＷや覇権主義的リアリズムといったアイディアを共有していたわけではなく――最後まで外交交渉（あるいは強制外交）を通じてフセインに「ＷＭＤ不保持の証明」を行わせることに拘り、戦争はあくまで最後の手段であると考えていた可能性が高い[61]。

　実際、二〇〇二年一月の「悪の枢軸」発言以降の段階でも、たとえば二〇〇二年八月二六日、米軍退役軍人会の年次大会においてチェイニーが、「独裁者が大量破壊兵器を手に入れ、それを米国に壊滅的な被害を与えようとするテロリストと共有する用意がある以上、封じ込めは不可能である」とし、フセイン政権に対する先制攻撃の必要性を主張した際には、その内容を不服とし、ライス（Condoleezza Rice）国家安全保障担当大統領補佐官に「ディックに電話して、私がまだ決断していないことを伝えろ」と指示を出している[62]。同年九月七日の国家安全保障会議では、大統領はチェイニーとラムズフェルドの好戦的な主張を退け、イラクのWMD問題を国連に持ち込むことを決定、査察・軍縮・執行を要求する新たな決議を求めることになった。その場にいた誰もが「大統領が、武器について白状するか、戦争になるか、どちらかだと言ったのを聞いた」[63]。そこでも、「大統領は上級補佐官の多くよりも、まだ戦争に行く気がないように見えた」[64]。

結局、ブッシュは二〇〇二年一一月頃に戦争の決断を下したが、その理由はWMD仮説の項目で詳述した「交渉の失敗」という論理で説明するのが最も適切であろう。つまり、上記のような戦争推進派政府高官の影響は大きかったとはいえ、あくまで大統領自身について言えば、フセイン政権が最後までWMDの不保持を明確に証明しなかったことで、またブッシュ政権が戦争および戦後の統治コストを過剰に低く見積もったことで[65]（「情報の非対称性」による交渉の失敗）、「核武装したイラクの脅威」を排除する唯一かつ最後の手段としてイラク侵攻を支持するようになったのである。

おわりに

ここまで本稿では、なぜ米国はイラクに侵攻したのかという問いを巡って、これまでに提示されてきた五つの仮説について検証してきた。本稿における結論は次の通りである。第一に、これまでにしばしば通俗的に論じられてきたイスラエル・ロビー仮説とネオコン仮説は、実際には比較的根拠が薄弱なものであった。イスラエルの安全保障に対する懸念はイラク戦争開戦事由としては瑣末なものであったし、ネオコン的理念がブッシュ政権の基本方針として採用されることもなかった。ウォルフォウィッツをはじめとする政権内外のネオコンたちは、単に戦争を議会と世論に売り込むために利用されたに過ぎなかった。第二に、チェイニーとラムズフェルドはPW、あるいは覇権主義的リアリズムというアイディアに基づき九・一一テロ以前からイラク戦争を構想しており、それを実現するための機会が九月一一日に到来したのである。彼らの思想のなかには民主主義の拡大といったリベラルな理念は存在しなかったし、また元より交渉による解決の余地も無かった。第三に、ブッシュは、イラク戦争推進派の高官たちに影響を受けつつも、最後まで外交的解決を模索していた。しかし最終的な交渉の失敗を受けて、戦争支持へと回ったのである。

なお、ペトロダラー仮説については、第二節で論じたようにそれを支持するような状況証拠（たとえば米国の直面していたエネルギー危機、あるいはブッシュやチェイニーの石油業界との緊密さなど）はいくつか存在するものの、それを改めて裏付けるような確実性の高い証拠や証言を得ることはできなかった。また、先行研究や状況証拠からでは石油という要素が第一義的動機であったのか、あるいは副次的動機（「どうせ戦争をするならば、ついでに石油も手に入れたい」）であったのかも判断が難しい。したがって、本稿においてはこの仮説の妥当性については留保せざるを得ず、今後のさらなる調査が求められよう。

このように、イラク戦争の開戦事由は一つではなく、またブッシュ政権の高官たちもそれぞれがそれぞれの理念と利害を有し、それら多様な意見が収斂するかたちでイラク戦争は決断されたのである。そして、それらの意見は、かつてスナイダー（Jack Snyder）が「帝国の神話」と呼んだものと概ね似通ったものであった[66]。スナイダーの危惧した通り、米国もまた、驕りと恐れに駆られて悲劇的な運命を辿った歴史上の帝国と同じ運命を辿るのだろうか（その兆候は既に見えつつある）。ウクライナ侵攻後のロシアは、あるいは近年ますます攻撃的な対外政策を追求しつつある中国は、米国の先例から何を学んだのか。国際秩序の将来を占う上で、イラク戦争から引き出せる教訓はまだまだ数多くあるだろう。

（1）Charles A. Duelfer, "Comprehensive Report of the Special Advisor to the DCI on Iraq's WMD, with Addendums," (April 25, 2005).

（2）山尾大『紛争と国家建設：戦後イラクの再建をめぐるポリティクス』（明石書店、二〇一三年）; Thomas E. Ricks, *Fiasco: The American Military Adventure in Iraq* (Penguin, 2006).

（3）Neta C. Crawford, "Blood and Treasure: United States Budgetary Costs and Human Costs of 20 Years of War in Iraq and Syria, 2003–2023," Costs of War Project, Watson Institute for International and Public Affairs, Brown University (March 15, 2023).

（4）Louise Fawcett, "The Iraq War 20 Years on: Towards a New Regional Architecture," *International Affairs*, 99-2 (2023), pp. 567–585.

（5）Joseph S. Nye, Jr, "The Rise and Fall of American Hegemony from Wilson to Trump," *International Affairs*, 95-1 (2019), pp. 63–80.

（6）James D. Fearon, "Rationalist Explanations for War," *International Organization*, 49-3 (1995), pp. 379–414; Robert Powell, "Bargaining Theory and International Conflict," *Annual Review of Political Science*, 5 (2002), pp. 1–30.

（7）David A. Lake, "Two Cheers for Bargaining Theory: Assessing Rationalist Explanations of the Iraq War," *International Security*, 35-3 (2010/11), pp. 19–20.

（8）Alexandre Debs and Nuno P. Monteiro, "Known Unknowns: Power Shifts, Uncertainty, and War," *International Organization*, 68-1 (2014), pp. 15–16.

（9）Melvyn P. Leffler, *Confronting Saddam Hussein: George W. Bush and the Invasion of Iraq* (Oxford UP, 2023).

（10）Robert Jervis, "Explaining the War in Iraq," in Jane Cramer and A. Trevor Thrall, eds., *Why Did the United States Invade Iraq?* (Routledge, 2011), p. 31. 加えて、Jervis, *Why Intelligence Fails: Lessons from the Iranian Revolution and the Iraq War* (Cornell UP, 2010), chap. 3 も参照。

（11）Michael R. Gordon and Bernard E. Trainor, *Cobra II: The Inside Story of the Invasion and Occupation of Iraq* (Pantheon, 2006), p. 55, 122; Jervis, *op.cit.*, 2010, pp. 146–148.

（12）Lake, *op.cit.*, p. 29.

（13）Målfrid Braut-Hegghammer, "Cheater's Dilemma: Iraq, Weapons of Mass Destruction, and the Path to War," *International Security*, 45-1 (2020), pp. 51–89.

（14）Alan Greenspan, *The Age of Turbulence: Adventures in a New World* (Penguin, 2007), p. 463.

(15) Navin A. Bapat, *Monsters to Destroy: Understanding the War on Terror* (Oxford UP, 2019), pp. 30–31; John S. Duffield, "Oil and the Decision to Invade Iraq," in Cramer and Thrall, *op.cit.*, pp. 147–148; Michael T. Klare, *Blood and Oil: The Dangers and Consequences of America's Growing Petroleum Dependency* (Metropolitan Books, 2004), chap. 3–4.

(16) David Tal, *The Making of an Alliance: The Origins and Development of the US-Israel Relationship* (Cambridge UP, 2021).

(17) John J. Mearsheimer and Stephen M. Walt, *The Israel Lobby and U.S. Foreign Policy* (Farrar, Straus and Giroux, 2007). イスラエル・ロビーの定義についてはp. 5より引用。

(18) Mearsheimer and Walt, *op.cit.*, p. 231.

(19) Robert Novak, "Sharon's War?" *CNN.com* (December 26, 2002); Akiva Eldar, "Sharp Pen, Cruel Tongue," *Haaretz* (April 13, 2007).

(20) "US Assumes UK Help in Iraq, Says General," *Guardian* (August 20, 2002).

(21) Charles Krauthammer, "The Neoconservative Convergence," *Commentary*, 120-1 (2005), p. 22.

(22) John J. Mearsheimer, "Hans Morgenthau and the Iraq War: Realism versus Neo-conservatism," *openDemocracy* (May 18, 2005).

(23) William Kristol and Robert Kagan, "Toward a Neo-Reaganite Foreign Policy," *Foreign Affairs*, 75-2 (1996).

(24) "Excerpts from Pentagon's Plan: 'Prevent the Emergence of a New Rival'," *New York Times* (March 8, 1992).

(25) Francis Fukuyama, *America at the Crossroads: Democracy, Power, and the Neoconservative Legacy* (Yale UP, 2006), p. 29.

(26) James Mann, *Rise of the Vulcans: The History of Bush's War Cabinet* (Penguin, 2004), p. 76.

(27) Barry R. Posen, "Command of the Commons: The Military Foundation of U.S. Hegemony," *International Security*, 28-1 (2003), pp. 5–46.

(28) Robert Kagan, *Of Paradise and Power: America and Europe in the New World Order* (Alfred A. Knopf, 2003).

(29) Andrew Flibbert, "The Road to Baghdad: Ideas and Intellectuals in Explanations of the Iraq War," *Security Studies*, 15-2 (2006), pp. 310–352.

(30) Flibbert, *op.cit.*, p. 313.

(31) Ahsan I. Butt, "Why Did the United States Invade Iraq in 2003?" *Security Studies*, 28-2 (2009), pp. 250–285.

(32) Patrick M. Morgan, "The State of Deterrence in International Politics Today," *Contemporary Security Policy*, 33-1 (2012), p. 86.

(33) Jonathan Renshon, "Status Deficits and War," *International Organization*, 70-3 (2016), pp. 513–550.「一般抑止」と「緊急抑止」の違いについては、Patrick M. Morgan, *Deterrence Now* (Cambridge UP, 2003), chap. 3を参照。

(34) ロバート・ギルピン（納家政嗣監訳・徳川家広訳）『覇権国の交代：戦争と変動の国際政治』（勁草書房、二〇二二年）三〇頁。

(35) Daniel Deudney and G. John Ikenberry, "Realism, Liberalism, and the Iraq War," *Survival*, 59-4 (2017), p. 7, 8.

(36) Jerome Slater, "Explaining the Iraq War: The Israel Lobby Theory," in Cramer and Thrall, *op.cit.*, p. 103.

(37) Ibid.

(38) 筆者による匿名の元国務省職員二名へのインタビュー（二〇一八年八月一四、一六日、於ワシントンＤＣ）でもこの旨についての重要な示唆を得た。記して感謝したい。

（39）Dov Waxman, *Trouble in the Tribe: The American Jewish Conflict over Israel* (Princeton UP, 2016), chap. 5.
（40）Mearsheimer and Walt, *op.cit.*, pp. 233–234.
（41）Butt, *op.cit.*, p. 253.
（42）Mann, *op.cit.*
（43）George W. Bush, *National Security Strategy of the United States of America* (White House, 2002).
（44）Craig Unger, *House of Bush, house of Saud: The Secret Relationship between the World's Two Most Powerful Dynasties* (Scribner, 2004).
（45）溝渕正季「米国の対中東政策：『非リベラルな覇権秩序』の興亡」Synodos（二〇二一年六月）。
（46）村田晃嗣『現代アメリカ外交の変容：レーガン、ブッシュからオバマへ』（有斐閣、二〇〇九年）一六二頁。
（47）George Packer, *The Assassins' Gate: America in Iraq* (Farrar, Straus and Giroux, 2005), p. 44.
（48）David Rose, "Neo Culpa," *Vanity Fair* (November 3, 2006).
（49）Packer, *op.cit.*, p. 40.
（50）Stephen Glain, *State vs. Defense: The Battle to Define America's Empire* (Random House, 2012), p. 379.
（51）Douglas J. Feith, *War and Decision: Inside the Pentagon at the Dawn of the War on Terrorism* (HarperCollins, 2008), p. 66.
（52）Donald Rumsfeld, "Strategic Thoughts," memorandum to George W. Bush, *DNSA*, *op.cit.*, (September 30, 2001).
（53）Barton Gellman, *Angler: The Cheney Vice Presidency* (Penguin, 2008), p. 35.
（54）Kenny Bruno and Jim Valette, "Cheney and Halliburton: Go Where the Oil Is," *Multinational Monitor* (May 22, 2001).
（55）ラムズフェルドはその回顧録のなかで、ＷＭＤを強調したことを「広報戦略上の誤り」であったと論じている。Donald Rumsfeld, *Known and Unknown: A Memoir* (Penguin Press, 2011), p. 435. ファイスは、フセインがＷＭＤを所有しているという疑惑は、「戦争を始める根拠の基礎ではなかった」と書いている。「ＷＭＤは、国内外の懐疑論者を説得するのに便利な議論に過ぎなかった」。Feith, *op.cit.*, p. 228.
（56）Jane Cramer and Eric Duggan, "In Pursuit of Primacy: Why United States Invaded Iraq," in Cramer and Thrall, *op.cit.*, pp. 202–210; Butt, *op.cit.*, pp. 253–263.
（57）Ron Suskind, *One Percent Doctrine: Deep Inside America's Pursuit of Its Enemies Since 9/11* (Simon and Schuster, 2006).
（58）Paul R. Pillar, *Intelligence and US Foreign Policy: Iraq, 9/11, and Misguided Reform* (Columbia UP, 2011), p. 18.
（59）Cramer and Duggan, *op.cit.*, p. 230.
（60）Leffler, *op.cit.*, p. 31.
（61）Ibid., chap. 4–8.
（62）Condoleezza Rice, *No Higher Honor: A Memoir of My Years in Washington* (Brown Publishers, 2011), p. 180.
（63）Ibid., pp. 180–181.
（64）George Tenet, *At the Centre of the Storm: My Years at the CIA* (Harper, 2007), p. 319.
（65）Allawi, *op.cit.*; Packer, *op.cit.*; Ricks, *op.cit.*
（66）Jack Snyder, "Imperial Temptation," *National Interest*, 75 (2003).

（みぞぶち　まさき　広島大学）

日本国際政治学会編『国際政治』第213号「アメリカ——対外政策の変容と国際秩序——」（二〇二四年三月）

ＡＳＥＡＮのミャンマー問題への対応

——「自律性の希求」の観点から——

渡辺理子

はじめに

東南アジア諸国連合（ＡＳＥＡＮ）は、加盟国であるミャンマーの動向に関し、その加盟当初から現在に至るまで対応を迫られてきた。最近では、ミャンマー問題をＡＳＥＡＮの議題として扱うことが公然となりつつある。例えば二〇二一年二月のミャンマー政変（以下、クーデタ）時には、クーデタ発生同日にＡＳＥＡＮ議長国声明を発出している。では、ＡＳＥＡＮは何に基づいてこうしたミャンマーの情勢に対応しているのだろうか。

本稿は、ＡＳＥＡＮ首脳会議や長くＡＳＥＡＮの意思決定の場として位置づけられてきたＡＳＥＡＮ外相会議（ＡＭＭ）において、ミャンマーの政治的な展開、もしくは状況（**developments, situation**）として議題とされた結果、議長声明や共同声明内で同国の国内情勢が扱われたことをＡＳＥＡＮにとっての「ミャンマー問題」と設定する。この考え方に則れば、ミャンマー問題は大きく分けて三度議題となった[1]。これらは広く捉えればいずれも同国内の民主化／統治のあり方が問題視されたことに端を発している。本稿はＡＳＥＡＮの本問題への対応を「自律性の希求」という観点から論じる。

ミャンマー問題へのＡＳＥＡＮの対応は、これまでＡＳＥＡＮの原則の中心と指摘されてきた内政不干渉に照らし、それが変化しているのかという文脈で主に問われてきた。特にミャンマーのＡＳＥＡＮ加盟以降、二〇〇〇年代におけるＡＳＥＡＮの関与のあり方に焦点を当てて不干渉原則の変化を検討するものが多い[2]。その後、二〇一〇年前後からサイクロン・ナルギスやロヒンギャ問題などでミャンマー域内を中心とした人道支援を巡る研究が増えたが[3]、本稿で扱うミャンマーの政治的な展開へのＡＳＥＡＮの対応は同国の民主化が進んだ後には十分に検討が進んでこなかった。更に近年のＡ

ＳＥＡＮの内政不干渉原則の変化を扱う研究は主に規範理論、もしくは実践理論との関係を主眼にしており、ミャンマー問題が事例となることは少ない(4)。以上のように、ＡＳＥＡＮのミャンマー問題への対応は各時期ごとに事例とされることがほとんどであった。これに対し、より長い時間軸を対象とすることは、ＡＳＥＡＮが何に基づきミャンマー問題に対応してきたのかを検討するのに貢献するだろう。長期的な視点の意義は、各時期のＡＳＥＡＮのミャンマー問題への対応の要因を論じた先行研究からも指摘できる。例えば、二〇〇〇年代のＡＳＥＡＮは域外国・機関の圧力を受けミャンマー問題に対応したと説明されることが多い。これに対して、一九九〇年代には、域外国・機関の意に反する意思決定をすることがあった。そのため、こうした違いをどのように説明すれば良いのかという課題が残っている。

　本稿は、各時期についての先行研究の主張を否定するものではない。ここでは、三〇年にわたるミャンマー問題へのＡＳＥＡＮの対応を整合的に論じる必要性に鑑み、自律性の希求という観点から事例を検討する。これにより、ＡＳＥＡＮの行動のより包括的な説明を目指す。二〇二一年クーデタの発生により、ＡＳＥＡＮは今後も何らかのミャンマー情勢への対応を行うことが予想される。同クーデタへのＡＳＥＡＮの対応を含めて検討することは、ＡＳＥＡＮの行動を総体として捉える助けになるだろう。

一　ＡＳＥＡＮの自律性

自律性（autonomy）とは、ギリシャ語の autos（自己）と nomos（法）を語源とし、自らに法を与える能力を意味してきた(5)。現代では、参照する辞書によって細かな語句の相違はあるが、概ね以下の二つの要素が含まれている(6)。一つは、外部からの制約からしばられない／脱すること、もう一つは自身の立てた規則に従い主体的に行動することである(7)。この概念は社会科学分野でも広く使用されている。国際関係に限定すれば、国際連合（国連）をはじめとした国際制度の下にある組織や欧州連合（ＥＵ）・ヨーロッパの小国研究で使用されることが多い(8)。ＡＳＥＡＮに関しても、自律性との関係を論じた研究は複数ある(9)。ＡＳＥＡＮと自律性に関する論考は、この地域外の環境や国家との関わりを念頭に置いている点で、創設当初より常に地域外との関係を前提にしてきたＡＳＥＡＮを対象とする際に有用である(10)。他方、一般的な定義と比較すると、ＡＳＥＡＮの自律性についての既存研究は地域外からの制約に焦点を当てており、もう一つの要素である「自分で決定を行うこと、その能力」についてはより語源に近いにも関わらず十分に検討されてこなかった。

　本稿ではＡＳＥＡＮの自律性を以下の二つの要素に分けて考える。一つは、ＡＳＥＡＮの地域外からの制約にしばられないこと、もう一つはＡＳＥＡＮ自らの意思決定に基づき行動すること、そしてその能力である。前者は地域外と、後者は地域内と深く関わる。ＡＳＥＡＮにとって何が外部にあたるのかは、検討の余地がある。

しかし、ＡＳＥＡＮが東南アジア地域の国々による地域機構であり、ＡＳＥＡＮの自律性に言及する研究はいずれも加盟国家の地理的範囲の外を外部と捉えていることに鑑み、本稿ではさしあたりこの考え方を採用する。また、ＡＳＥＡＮと加盟各国の国家主権との関係、つまり、ＡＳＥＡＮの自律性とＡＳＥＡＮ加盟国の自律性の相違に留意すべきである。[11] ＡＳＥＡＮは独立して意思決定を行う機能を持たないため、ＡＳＥＡＮの意思とはほとんどの場合、ＡＳＥＡＮ加盟国のコンセンサスの結果を指す。例えば、カンボジアが一〇カ国目の加盟国として承認されたのは、ＡＳＥＡＮという機関による決定ではなく、各加盟国の選好や思惑に基づき、譲歩や説得が行われた結果である。自律性に関しては、加盟国の自律性の総和／合計がＡＳＥＡＮの自律性を意味するとは限らない。仮に加盟各国が他国に一切左右されず意思決定をしている状態を想定した時、それがＡＳＥＡＮの自律性に寄与しない場合もある。むしろ加盟国間で合意に至ることができず、ＡＳＥＡＮとしての自律性は低下するかもしれない。逆に、ＡＳＥＡＮとしての自律性が各加盟国の自律性に貢献しない例も考えられる。ＡＳＥＡＮとして自律性を保っている時、加盟国にとって自国のことを自国内で決められない状況であることは容易に想像できるだろう。

加盟各国がＡＳＥＡＮとしての意思決定を行う際、自国の利益を無視するとは考えづらいことが自明である一方で、どの程度ＡＳＥＡＮとしての利益やあり方を重視しているかについても一概にはいえない。以上を前提として、加盟各国の行動や言動、ＡＳＥＡＮとしてのアウトプットが観察可能な事象の大部分を占めていることから、これらの事象に基づきＡＳＥＡＮの自律性がどのように考慮されているかを検討することは一つの方法である。事例の観察にあたっては、地域外のアクターからの制約を気にする様子がみられるか、そうした制約から逃れようとしているか、自ら決定を下すことに関しては独自性を追求し主体的な意思決定を行おうとしているか、もしくはそうした能力を得ようとしているかに主な焦点を当てる。

二　一九九〇年代——ＡＳＥＡＮ加盟

(1)　問題の所在

一九九〇年代、ミャンマーのＡＳＥＡＮ加盟がＡＳＥＡＮにとっての対応すべきミャンマー問題となった。この背景にはミャンマーの国内情勢がある。一九八八年、ミャンマー国軍は民主化運動を鎮圧し、国家法秩序回復評議会（ＳＬＯＲＣ）を組織し政権を担った。[12] 一九九〇年の総選挙ではアウンサンスーチー（選挙当時は自宅軟禁下。以下でも肩書きを記さずスーチーとのみ表記）率いる国民民主連盟（ＮＬＤ）が大勝したが、国軍は政権を移譲せずに民主化運動の弾圧を続けた。一九八八年の国軍による政権奪取以降、米国とＥＵを中心とする欧米諸国は制裁措置として対外援助の停止と武器禁輸を継続した。[13]

ミャンマーは、一九九六年八月にＡＳＥＡＮ加盟を申請した。この頃、ＡＳＥＡＮ内部でも、すべての加盟国がミャンマーの早期加盟に積極的だったわけではない。当時国内の民主化が進展していたフィリピンとタイ、ＡＳＥＡＮ域内の経済統合の進展を懸念したシンガポールが懐疑的な立場を表明した。[14]積極的な姿勢をみせたのはインドネシアとマレーシアである。インドネシアでは、特に議長国を務めた一九九六年頃からスハルト大統領の意向が強く働いた。同年の第一回非公式首脳会議では、ミャンマーの早期加盟のために強引ともいえる議事運営を行い、反対意見を押さえ込んだ。[15]マレーシアは当初、ミャンマーのオブザーバーとしてのＡＭＭ出席にも反対していた。[16]しかし、タイが提案する東南アジア一〇カ国会議構想（ＳＥＡ―10）に対抗するため、その立場を変化させ、ミャンマーの加盟に積極的な役割を担った。[17]

(2)　域外諸国への対抗・懸念と独自性の強調

ミャンマーの加盟は一九九七年七月に実現する。[18]ＡＳＥＡＮは、設立時のバンコク宣言や当時の加盟国首脳の発言で、最終的に「東南アジア」のすべての国の加盟を想定していると明言していた。だが、ＡＳＥＡＮ拡大は冷戦後まで具現化しなかった。[19]前節でみたような加盟国の意見の相違を踏まえると、ミャンマーの加盟は早期に実現したといえる。

ミャンマーの加盟はどのように早期に合意されたのだろうか。これには、域外国・機関の存在が関係していた。ここで域外国・機関とは、米国とＥＵ、そして中国の二つの陣営を指す。前者に関しては、ミャンマーの加盟を認めないというこれら欧米諸国の強い要求をＡＳＥＡＮ諸国の指導者らが不当な干渉と見なし忌み嫌ったとの指摘がある。ＡＳＥＡＮにとって、同国の加盟承認は、欧米諸国の見下しを拒否する姿勢を示すひとつの手段であった。[20]欧米諸国からの働きかけを受け、ＡＳＥＡＮ諸国には「自分たち」のやり方を指図されてはいけないという決意がみられるようになった。[21]こうした「自分たち」の強調は、欧米諸国の方法よりもミャンマーの経済的発展を支持すれば同国の民主化と人権が促進されるというロジックを公的説明で採用したことからもみてとれる。[22]一九九〇年代のＡＳＥＡＮの対ミャンマー政策の代名詞である「建設的関与」は、欧米諸国のとった制裁と対照的であった。[23]特に、欧米の働きかけがＡＳＥＡＮの対ミャンマー政策全般から、ＡＳＥＡＮ加盟を断念させようとするものに変わると、加盟国はこうした域外国・機関とＡＳＥＡＮのミャンマーへの関わり方の違いを強調するようになる。[24]例えば、インドネシア、マレーシア、ベトナムはＡＳＥＡＮは国連と同様、加盟に際し国内政治を条件としないとの立場を表明した。[25]また、ウェザービー（Weatherbee）によれば、ＡＳＥＡＮ内にはＡＳＥＡＮとミャンマーの関係を米中関係になぞらえ、人権や民主化問題を国際経済関係などから切り離せるとの意見もあった。[26]

欧米諸国とは異なり、中国はミャンマーの加盟に関し特段の姿勢を示さず、むしろ米国の強固な要求に対しＡＳＥＡＮと立場を同じくする旨の発言をしている。[27]ＡＳＥＡＮ諸国には中国からミャンマー加盟に関する制約を受けたとの認識はなかったといえる。しかしＡＳＥＡＮ諸国は、この頃ミャンマーと中国の関係強化を気がかりに感じていた。[28]ソ連崩壊からアジア通貨危機にかけて、ＡＳＥＡＮと中国の間では融和が進む一方で、南シナ海における緊張が高まるなどしており、関係の不安定さが露呈していた[29]。ＡＳＥＡＮ諸国もそれぞれ中国との距離を測っていたが、ミャンマーのＡＳＥＡＮ加盟を拒否した場合、孤立した同国が中国に過剰に接近し、中国のミャンマーへの影響が強まり地域の不安定化につながるという懸念が生じた[30]。こうした懸念は、ミャンマーの加盟を推進する後押しとなったといえよう。そして、それに先手を打つことで、将来の中国からのミャンマー、ひいては東南アジアへの影響を緩和することができると考えた[31]。つまり、この地域における制約を小さくすることを念頭に置いていた。

このように、ミャンマーの早期加盟の背景には、ＡＳＥＡＮ諸国の欧米諸国の働きかけに対する反発や抵抗、そして中国の影響力拡大への懸念があった。ＡＳＥＡＮ諸国の抱く反発や警戒心は、ＡＳＥＡＮ域外からの制約を避ける行動として現れているといえる。また、中国との関係でみたように、ここでいう制約とは、差し迫ったものに限られるわけではない。将来の制約を回避することも、ＡＳＥＡＮとしての対応の理由になり得る。ただし、単に制約を避けるのであれば、域外国の要求に従うなど他の行動をとることも考えられる。ここで重要なのは、ＡＳＥＡＮ諸国が欧米諸国との差異を強調して、「自分たち」としての独自性をもった意思決定を追求したことである。こうした独自性の希求は、中国との関わりの中では明らかであったとはいえない。両者を比較すると、ＡＳＥＡＮはより欧米諸国との関係において、独自性を追求していたといえる。

三　二〇〇〇年代——ＡＳＥＡＮ議長国就任問題

(1)　問題の所在

二〇〇〇年代、主にミャンマーのＡＳＥＡＮ議長国就任の是非がＡＳＥＡＮにとっての具体的なミャンマー問題となった。ミャンマーは、二〇〇六年夏に議長国就任を予定していた。この問題は、二〇〇五年七月の第三八回ＡＭＭにおいて同国がＡＳＥＡＮ議長国就任を辞退したことで、一応の決着をみた[32]。

本問題が顕在化する前の一九九八年頃、ＡＳＥＡＮ諸国は内政不干渉原則の見直しを検討したが、合意に至らなかった[33]。二〇〇〇年以降は、二〇〇〇年一〇月から軍政がＮＬＤと非公式対話を開始し、二〇〇二年五月にはスーチーの自宅軟禁の解除及び政治犯の釈放を進めるなど、国内で問題の解決の兆しがみられた。そのため、この期間、ＡＳＥＡＮ内で同国の国内情勢が特段問題視されることはなかった。その後、二〇〇三年五月にスーチーとＮＬＤ一行が襲撃を受け当局に拘束され、二〇〇七年にはサフラン革命と呼ばれる民主化運動とその弾圧が起こるなど、事態は変化した。しかし、ＡＳＥＡＮは、関連会合で議題とする以上の対応は行わなかった。この時期、ＡＳＥＡＮの公式文書に民主化／民主主義という文言がみられるようになったことは、一つの変化である。しかし、こうした文言ベースでの言及に留まり、ＡＳＥＡＮとしてミャンマー情勢にどのように関与するかは定まっていなかったともいえる[34]。

こうしたミャンマーの国内情勢への関与に対し、議長国就任問題では、ＡＳＥＡＮ諸国は迅速に対応した。二〇〇六年夏からを予定していたミャンマーの議長国就任について、インドネシア、マレーシア、シンガポールは懸念を表明した。インドネシアとマレーシアは二〇〇五年三月にそれぞれ、ミャンマーは国内の課題を整理した上で議長国を務めるべきとの見解を示した。同三月末には、シンガポールのリー・シェンロン首相がミャンマーを訪問し、ミャンマーの動向はＡＳＥＡＮに影響を与えるという見解を直接伝えるなど、関与の姿勢を示した(35)。この後、議長国就任に懸念を持つ加盟国がミャンマーを個別に説得する構図となり、同年七月の第三八回ＡＭＭで、同国は議長国就任を辞退した。反対する国はなく、「ＡＳＥＡＮはミャンマーが議長国を務める準備が整い次第、議長国に就任することに合意した」旨が共同声明に明記された(36)。

ＡＳＥＡＮ、特に議長国就任に際しミャンマーを説得した加盟国の焦点は、同国の国内情勢への関与よりも議長国就任回避にあった。このことは、議長国就任辞退が決定した後のミャンマーへの対応に明らかである。議長国就任辞退後初めての首脳会議となる第一一回ＡＳＥＡＮ首脳会議で、ミャンマー問題を議題としないという見解が域内で示されるようになったのである(37)。結果的に、二〇〇五年一一月にＳＰＤＣが首都をネピドーへ移転、スーチーの拘束延長を発表するなど、国内の状況が変化したことで、ＡＳＥＡＮは本件を首脳会議で公式に議題とした(38)。しかし、この後ＡＳＥＡＮ関連会合で議題とする以上の対応は行わず、二〇〇七年にサフラン革命が弾圧された後も同様であった(39)。

(2)　広域制度の実現と内部からの働きかけ

なぜＡＳＥＡＮ諸国は、ミャンマーの議長国就任問題に迅速に対応したのだろうか。これは期限がある類の問題だったとはいえ、ＡＳＥＡＮは域内と域外双方からの働きかけに直面した。前者に関しては、二〇〇四年にマレーシアで設立されたカンボジア、インドネシア、マレーシア、フィリピン、シンガポール、タイからなるミャンマーに関するＡＳＥＡＮ議員連盟（ＡＩＰＭＣ）と、インドネシア、マレーシア、フィリピンなど複数の加盟国議会もしくは議会委員会で、ミャンマーの議長国就任辞退が主張され、ＡＳＥＡＮも無視できなくなった(40)。この時期、閣僚に留まらず各国の議員レベルからも働きかけが起こったことは、加盟国内部の動きとして大きな変化である。後者に関しては、複数の域外国・機関が、ミャンマー議長国下でのＡＳＥＡＮ関連会議への出席をボイコットする兆候を示していた。例えば、米国では二〇〇五年三月に上院議員が「米国とＥＵはミャンマーが議長を務めるＡＳＥＡＮ関連会合に出席するべきでない」とボイコットを呼びかけていた(41)。ＥＵも、五月の欧州議会が「ミャンマーが条件を満たさずＡＳＥＡＮの議長国を務める場合、ＥＵはＡＳＥＡＮ関連会合への欠席を正式に表明する」とし、ＥＵの対ミャンマー共通政策を直ちに強化する意向を示した(42)。これは、インドネシア、マレーシア、シンガポールなど一部の加盟国にとって、望ましくない動きであった(43)。こうした地域外の動きを認識した上で、ＡＳＥＡＮ内の協議も行われた(44)。

この後者の動きについては、米国やＥＵがＡＳＥＡＮへ働きかけを行ったという意味で、一九九〇年代のＡＳＥＡＮ加盟問題と二〇〇〇年代の議長国就任問題には共通点がある。しかし、二(2)でみたように、ミャンマーのＡＳＥＡＮ加盟申請に際して、ＡＳＥＡＮはこうした働きかけに反する意思決定を行った。これに対して、議長国就任問題では米国とＥＵの意向に沿った行動を取った。これは、ＡＳＥＡＮが地域外からの関与を受け入れたことを意味するのだろうか。この頃、ＡＳＥＡＮでは自身の信頼性が問題視されていた。これには、アジア通貨危機の影響でＡＳＥＡＮの評判は傷つき、ＡＳＥＡＮ加盟後もミャンマーが抑圧的な政治を続けたことが関係している。そのため、この時期の加盟国首脳らの発言からは、ＡＳＥＡＮの評判や信頼性を気にかける様子がみてとれる(45)。そして信頼を回復し、自身のプレゼンスの維持や周縁化の回避を目的にＡＳＥＡＮは積極的に手を打っているところであった。例えば、第二ＡＳＥＡＮ協和宣言の採択は、ＡＳＥＡＮ内部の関係強化を約束することで、外部のパートナーに対する集団的影響力を回復しようとする試みであった(46)。また、ＡＳＥＡＮ周辺国以外による東南アジア友好協力条約（ＴＡＣ）への加入、東アジア首脳会議（ＥＡＳ）の開始など、域外国・機関の参加を想定したＡＳＥＡＮ中心の制度構築が具現化していた(47)。これらの試みの最中に米国やＥＵがＡＳＥＡＮ関連会合への出席をボイコットすれば、ＡＳＥＡＮが構築しようとしている制度の信頼性を損なう可能性があった。ミャンマーの議長国就任辞退での迅速な合意形成は、単に地域外の働きかけに従ったというよりは、制度構築を達成するために行われたとみる方が自然である。

以上をまとめると、ミャンマーの議長国就任問題においては、ＡＳＥＡＮの意思決定に、一定程度地域外からの影響を確認することができる。ただし、これを単に外部からの制約に応じた結果とみることは以下の点から困難である。まず、議長国就任辞退の動きをＡＳＥＡＮ加盟への対応との比較でみると「なぜ一九九〇年代と異なり地域外の働きかけに応じたのか」というパズルが生じる。これは、ＡＳＥＡＮ中心の広域制度の構築を目指していたためという説明ができる。更に、自律性の希求の観点からみると、議長国就任辞退に関してはＡＳＥＡＮ内の主体的な意思決定が重視されていたことが伺える。一九九〇年代には、ミャンマーへの関与に関してＡＳＥＡＮ諸国は域外国・機関とＡＳＥＡＮの相違を指摘したり、反発することでその独自性を強調した。対して二〇〇〇年代には、加盟国の首脳や閣僚に限らず、議員・議会レベルからの働きかけが強くなり、ＡＳＥＡＮとしても見過ごせなくなった。その意味で、ＡＳＥＡＮとしてのアウトプットに本問題への域内からの働きかけが作用したといえよう。地域外をＡＳＥＡＮの外部と設定する本稿では、加盟国内からの働きかけを受けた行動はＡＳＥＡＮの主体性と関わることになる。

四　二〇二〇年代――二〇二一年クーデタ

(1) 問題の所在

二〇二三年時点では、二〇二一年二月一日のクーデタに端を発した問題が、二〇二〇年代におけるＡＳＥＡＮの主要な議題である。

　クーデタ発生後のＡＳＥＡＮの初動は迅速で、同日中に議長国声明が発出、[48]一カ月後の三月初めには非公式外相会議が実施された。[49]インドネシアは、積極的な動きをみせた。[50]二月中にルトノ外相が全加盟国外相、主要域外国・機関と協議を行うシャトル外交を展開した。同国のジョコ・ウィドド大統領もミャンマー危機（crisis）を議論するための首脳会議開催を議長国ブルネイに求め、四月にジャカルタでＡＳＥＡＮ緊急首脳級会議を開催した。同会議の議長声明では「ミャンマーに関する五項目の合意（以下、五項目の合意）」において、暴力の即時停止や関係者間の対話や人道支援、ＡＳＥＡＮ特使のミャンマー訪問などがミャンマーの出席及び同意の上で発表された。[51]ＡＳＥＡＮ首脳会議を約二週間後に控えた一〇月、ＡＳＥＡＮ緊急外相会議がオンラインで開催され、ミャンマーを除く加盟国は議長声明で五項目の合意の進展が十分でないと確認した上で、「第三八回及び第三九回ＡＳＥＡＮ首脳会議及び関連首脳会議におけるミャンマーからの政治的代表の出席に関するコンセンサスは得られなかった。よって、（略）本会議は同国の非政治代表を来る首脳会議等（the upcoming Summits）に招待する決定を承認した」と発表した。[52]ミャンマーは、これをミャンマー軍政のＡＳＥＡＮ会合への出席拒否と捉え、反発した。[53]

　二〇二二年に入ると、一時的に本問題に対する加盟国間の足並みの乱れが顕在化した。まず、議長国を引き継いだカンボジアのフン・セン首相が、同一月にミャンマーを訪問し、ミンアウンフライン国軍司令官と面会した。これをＡＳＥＡＮ議長国としての訪問と捉えたインドネシア及びシンガポールが強く批判し、より抑えたトーンではあるもののマレーシアやフィリピンも両国に続いた。[54]更に、二度のＡＳＥＡＮ関連会合が延期された。[55]その後カンボジアは議長国としての立場を大々的に使いミャンマーに関与することを諦め、ＡＳＥＡＮミャンマー特使を引き継いだプラク外相を二度ミャンマーに派遣するなどＡＳＥＡＮの合意内容の中で行動していることがわかる。また、ミャンマーに厳しい態度をとっている加盟国も、一部の閣僚級会合には同国からの出席を受け入れている。六月下旬の第一六回ＡＳＥＡＮ防衛大臣会合（ＡＤＭＭ）には、ミャートゥンウー・ミャンマー国防大臣も出席した。また、九月の第五四回ＡＳＥＡＮ経済大臣会合（ＡＥＭ）及び第四〇回エネルギー担当大臣会合へも、ミャンマーからの出席者が確認できる。[56]加盟国間に立場の違いはあるものの、ＡＳＥＡＮ首脳会議やＡＭＭ以外の閣僚級会合へはミャンマー軍政の出席を認めており、現時点では注目の集まる閣僚級会合以外の場ではＡＳＥＡＮとしての一体性を優先しているといえる。

(2)　迅速な対応と内部における独自の運用

　二〇二一年クーデタに対するＡＳＥＡＮの一連の対応は総じて迅速であり、過去に地域外から批判された点を反映した「優等生」的なものであった。それは、クーデタ発生から一カ月で当事国を含めた加盟国が集まり具体的な合意を打ち出し、二〇二一年中にミャンマー軍政のＡＳＥＡＮ関連会合への出席を事実上拒否したことに見出だせる。この結果、過去にＡＳＥＡＮを批判した米国やＥＵは、現時点までＡＳＥＡＮに対し大きな非難を行っていない。これら域外国・機関はＡＳＥＡＮの行動や対応の進捗が十分でないと指摘することはあっても、ＡＳＥＡＮが取るべき具体的な対応を示すことはほとんどなかった。ＡＳＥＡＮがミャンマー軍政のＡＳＥＡＮ会合への出席を事実上拒否したため、域外国・機関の関連会合への出席の有無を懸念することもなかった。このように、ＡＳＥＡＮは二〇二一年クーデタ以降、過去のミャンマー問題で地域外からの制約として懸念された事項について先手の対応をとってきた。ここから、少なくともＡＳＥＡＮは、地域外からの制約が露呈することから逃れようとしているといえる。

同時に、全般にわたって、ＡＳＥＡＮ諸国はＡＳＥＡＮとして対応するべき事項を内部で設定し、行動していることも指摘できる。例えば、五項目の合意は暴力の即時停止など過去にもＡＳＥＡＮ内で言及された内容からＡＳＥＡＮミャンマー特使の派遣など新たな取り組みまでをひとまとめにした合意及び対応内容を示しており、ＡＳＥＡＮとしての独自性を強調するものである。また、ミャンマー軍政のＡＳＥＡＮ関連会合への出席を事実上拒否した後も、ミャンマー軍政がＡＳＥＡＮ首脳会議やＡＭＭ以外の関連会合に出席していることからは、合意の一部が形式的なものに留まり、運用には域内の別のロジックが働いていることがわかる。これが加盟国のどのような意図、やり取りに基づくのかは、本稿で導くことができなかった。ただし、単に地域外からの制約を気にかけているだけであれば、ＡＳＥＡＮとして打ち出した内容をそのまま運用し、ミャンマー軍政の全てのＡＳＥＡＮ関連会合への出席を拒否する選択肢もあったはずである。(57)

以上をまとめると、二〇二一年クーデタ後、ＡＳＥＡＮは独自に合意や対応を重ねながらも、その内容には過去のミャンマー問題において地域外から批判を受けた点を反映している。ここから、本稿で挙げた二つの自律性の要素がＡＳＥＡＮの対応において必ずしも可分ではないことが指摘できる。つまり、地域外からの制約を避けることと独自の意思決定をすることは独立に追求されるとは限らない。地域外からの制約を避けるためにＡＳＥＡＮとしての意思決定を強調したり、独自の行動をするために地域外からの制約を避けたりすることがある。

おわりに

本稿では、ミャンマーのＡＳＥＡＮ加盟から二〇二一年クーデタまでの約三〇年間を対象として、ＡＳＥＡＮが同国の政治的な展開として議題とした「ミャンマー問題」へのＡＳＥＡＮの対応を検討した。これは、これまで各時期や事例に限定して論じられてきた同国の情勢に対するＡＳＥＡＮの行動や意思決定を、総体として捉えるための一つの方法である。特に、時期を横断してみると相反するともとれるこれらの対応を整合的に説明するようつとめた。検討にあたっては、ＡＳＥＡＮの自律性をＡＳＥＡＮの地域外からの制約にしばられないこと、ＡＳＥＡＮ自らとして決定を行いそれに沿って行動すること及びそのための能力の二つに整理し、ＡＳＥＡＮの本問題への対応を「自律性の希求」という観点から論じた。

　事例はミャンマーに関連する一九九〇年代のＡＳＥＡＮ加盟、二〇〇〇年代の議長国就任辞退、二〇二一年クーデタに端を発する情勢の三つの時期区分を対象とし、右記の自律性を構成する二つの要素との関係を中心に論じた。いずれの時期においても、ＡＳＥＡＮ諸国は域外国・機関の反応を踏まえて行動してきた側面がみられた。本稿のこの指摘は、加盟国首脳の発言や、先行研究での主張を補強するものである。域外国・機関の一連の反応は、ＡＳＥＡＮにとって避けるべき制約であった。同時に、地域外からの制約だけでは、ＡＳＥＡＮの対応の内容を時期区分をまたいで説明することは難しいことも指摘した。その上で、ミャンマー問題に対するＡＳＥＡＮの意思決定に自らの行動を自ら決定するという自律性の語源でもある要素が関係していることを確認しつつ、それが地域外からの制約を避けようとする意図との間で実践されているという見方を提示した。

　自律性の希求という概念を通してミャンマー問題へのＡＳＥＡＮの対応を論じたことで、今後ＡＳＥＡＮの行動を分析する視点として二点が指摘できる。まず、ＡＳＥＡＮのミャンマー問題への対応の特徴に、自律性の要素の一つである「ＡＳＥＡＮ自らの意思決定に基づき行動すること」が関わっているということである。自らの意思決定に基づいた行動が具体的に何を指し示すのかは事例によって異なり、本稿ではこれらの時期ごとの違いを検討する紙幅はなかった。しかしこの点は、地域外の反応やそれを加盟国がどのように認識していたかと共に確認する必要があり、自律性の二つの要素を共に検討する意義を示唆している。次に、ＡＳＥＡＮとしての意思決定を行う東南アジア諸国にとってＡＳＥＡＮの「外部」が何にあたるのかということである。本稿では地域外をＡＳＥＡＮの外部と設定したが、東南アジア域内からミャンマー問題に関する強い意見を受けるなど、域内の様々なアクター、東南アジア社会からの自律性という視点からみることもできる。これは、各加盟国の意思決定のあり方と切り離すことはできない。

　ミャンマー問題は地域外からの関心、ひいては働きかけも強く、これらにＡＳＥＡＮとして対応する意向をＡＳＥＡＮ諸国が共有したのは自然なことである。しかし同時に、その対応において域内の意思を重視したのは、加盟国にとってのＡＳＥＡＮがミャンマーを含む内部のための組織であることも示している。「地域の自律ではなく従属が東南アジアの永遠の宿命であろう[58]」と称されたこの地域は、ＡＳＥＡＮを利用して宿命に抗うための自律性を希求しているのかもしれない。

(1) ミャンマー西部ラカイン州のイスラム教徒を指すロヒンギャの問題も「ラカイン州の出来事」として二〇一〇年代にＡＳＥＡＮ首脳会議及びＡＭＭで取り上げられるようになった。この問題が顕在化した理由の一つにミャンマーが民主化の過程にあることが指摘されており、本稿で扱う同国の民主化／統治の問題と無関係ではない。しかし、ミャンマー国内外に避難民をもたらした本問題は、ＡＳＥＡＮ内でミャンマーの政治的な展開ではなく人道問題、非正規の人の移動として扱われるようになったため、本稿では対象としない。ロヒンギャ問題へのASEANの対応については、重政公一「ミャンマーのロヒンギャ問題とASEAN」『国際政治』第一九〇号、二〇一八年、八一―九六頁を参照。ロヒンギャ問題は二〇二三年現在もASEAN閣僚級会議の公式声明において人道支援の文脈で言及されている。また、二〇〇八年五月に発生したサイクロン・ナルギスはミャンマー南西部で大きな被害をもたらし、国外からの支援の受入れが特に米国・豪州やヨーロッパ諸国、国連との間で争点となった。ここでの焦点は人道支援等にあり、本稿では扱わない。本事例は国際関係の文脈では人道支援のための保護する責任として論じられることが多い。例えば、Bellamy Alex J. and Beeson Mark, “The Responsibility to Protect in Southeast Asia: Can ASEAN Reconcile Humanitarianism and Sovereignty?,” *Asian Security* 6.3 (2010): 262–279; Haacke Jurgen, “Myanmar, the Responsibility to Protect, and the Need for Practical Assistance,” *Global Responsibility to Protect* 1.2 (2009): 156–184 を参照。

(2) 例えば、Haacke Jurgen, “Enhanced Interaction’ with Myanmar and the Project of a Security Community: Is ASEAN Refining or Breaking with Its Diplomatic and Security Culture?,” *Contemporary Southeast Asia* 27.2 (2005): 188–216; Jones Lee, “ASEAN's Albatross: ASEAN's Burma Policy, from Constructive Engagement to Critical Disengagement,” *Asian Security* 4.3 (2008): 271–293; Katanyuu Ruuken, “Beyond Non-Interference in ASEAN: The Association's Role in Myanmar's National Reconciliation and Democratization,” *Asian Survey* 46.6 (2006): 825–845; Kuhonta Martinez Erik, “Walking a tightrope: democracy versus sovereignty in ASEAN's illiberal peace,” *The Pacific Review* 19.3 (2006): 337–358; *idem*, “Toward Responsible Sovereignty: The Case for Intervention,” in Emmerson Donald K. ed., *Hard Choices: Security, Democracy, and Regionalism in Southeast Asia* (Stanford, CA: Walter H. Shorenstein Asia-Pacific Research Center, 2008): 293–313. この時期はミャンマー問題に限らず、ASEANの内政不干渉原則の変化が指摘されている。例えば、Katsumata Hiro, “Why is ASEAN Diplomacy Changing?,” *Asian Survey* 44.2 (2004): 237–224; Jones Lee, “ASEAN's unchanged melody? The theory and practice of ‘non-interference’ in Southeast Asia,” *The Pacific Review* 23.4 (2010): 479–502 などを参照。

(3) 注(1)も参照。

(4) 例えば、Davies Mathew, “A Community of Practice: Explaining Change and Continuity in ASEAN's Diplomatic Environment,” *The Pacific Review* 29.2 (2016): 211–233; Ruland Jurgen, “The Limits of Democratizing Interest Representation: ASEAN's Regional Corporatism and Normative Challenges,” *European Journal of International Relations* 20.1 (2014): 237–261 を参照。近年不干渉原則を念頭にミャンマーに言及する場合でも、ロヒンギャ問題もしくはナルギス被害をめぐる対応が事例とされている。Glas Aarie and Laurence Marion, “Changing Norms in Practice: Noninterference in the UN and ASEAN,” *Journal of Global Security Studies* 7.2 (2022): 1–17; Suzuki Sanae, “Why Is ASEAN Not Intrusive? Non-Interference Meets State Strength,” *Journal of Contemporary East Asia Studies* 8.2 (2019): 157–176 を参照。

(5) Pauly Louis W. and Coleman William D., *Global Ordering: Institutions and Autonomy in a Changing World* (Vancouver: UBC Press, 2008), 8. 本章の議論は Riko Watanabe, “ASEAN's ‘Quest for Autonomy’ in Practice: The Adoption and Implementation of the ASEAN Charter,” presented at ISA Asia-Pacific Region Conference 2023, 13–15 を基にしている。

（6）「自律」『大辞泉　新装版』、小学館、一九九八年、一三五七頁：「自律」『国語辞典　第二版』、集英社、二〇〇〇年、八五七頁：「自律」『広辞苑　第六版』、岩波書店、二〇〇八年、一四二六頁：「自律」『新明解国語辞典　第六版』、二〇〇九年、七三八頁など。なお、新明解国語辞典は後者の要素のみ、広辞苑も一文目で後者の要素のみに言及しており、自身の立てた規則に従って主体的に行動することの方が第一義的な意味であると伺える。

（7）ここで、自律性は概ね自治（self-government）と同義である。自治は単一の国家や連邦政府内における統治のあり方、すなわち地方自治を対象とする際に用いられることが多い。例えば以下を参照。Broadbent P. B., "Sudanese Self-Government," *International Affairs* 30.3 (1954): 320–330; Ghai Yash and Woodman Sophia, *Practising Self-Government: A Comparative Study of Autonomous Regions* (Cambridge: Cambridge University Press, 2013); McEwen Nicola, "Irreconcilable Sovereignties? Brexit and Scottish Self-Government," *Territory, Politics, Governance* 10.5 (2022): 733–749. プシェヴォルスキ（Przeworski）が「自治は自律（性）を実現するためのシステム」と表現するように、自治は制度や法の整備を想定していることが多い。ここでは国際機構であるＡＳＥＡＮを扱うため、自律性の概念を用いた。Przeworski Adam, *Democracy and the Limits of Self-Government*, New York: Cambridge University Press, (2010).

（8）Collins Richard and White D. Nigel, *International Organizations and the Idea of Autonomy: Institutional Independence in the International Legal Order* (Abingdon, Oxon: Routledge, 2011); Pauly and Coleman, *op. cit.*.

（9）ただし、ＡＳＥＡＮが自律性を重視していると論じても、ほとんどは同概念の意味までは定めていない。Ba Alice, "The ASEAN Regional Forum: Maintaining the Regional Idea in Southeast Asia," *International Journal (Toronto)* 52. 4 (1997): 635–656; *idem*, "Systemic Neglect? A Reconsideration of US-Southeast Asia Policy," *Contemporary Southeast Asia* 31.3 (2009): 369–398; *idem*, "The Association of Southeast Asian Nations: Between Internal and External Legitimacy," in Zaum Dominik ed., *Legitimating International Organizations* (Oxford: Oxford University Press, 2013): 132–162; Bae Ki-Hyun, "The Dilemma of Attraction-Autonomy Deficits," *The Korean Journal of International Studies* 12.2 (2014): 353–377 Katsumata Hiro, "Mimetic Adoption and Norm Diffusion: 'Western' Security Cooperation in Southeast Asia?," *Review of International Studies* 37.2 (2011): 557–576; Southgate Laura, "ASEAN: Still the Zone of Peace, Freedom and Neutrality?," *Political Science* 73.1 (2021): 31–47; Stubbs Richard, "The ASEAN Alternative? Ideas, Institutions and the Challenge to 'Global' Governance," *The Pacific Review* 21.4 (2008): 451–468; Weatherbee Donald E., *International Relations in Southeast Asia: the Struggle for Autonomy (3rd ed.)* (Lanham, Maryland: Rowman & Littlefield, 2015): 35–36. 例外として、Acharya Amitav, "Regional Military-Security Cooperation in the Third World: A Conceptual Analysis of the Relevance and Limitations of ASEAN," *Journal of Peace Research* 29.1 (1992): 17; Emmers Ralf, "Unpacking ASEAN Neutrality: The Quest for Autonomy and Impartiality in Southeast Asia," *Contemporary Southeast Asia* 40.3 (2018): 349–370. 前者はＡＳＥＡＮ地域の自律性が安全保障分野での「完全な自立（self-reliance）ではなく（略）外部からの介入（intervention）を求める必要性を最小化する能力」と定義する。後者はＡＳＥＡＮの中立性を公平性と自律性の二つに分けた上で、自律性は「東南アジアの問題への外部の干渉（interference）を制限するために冷戦

期に追求された」と説明する。

（10）Ganesan N., "ASEAN's Relations with Major External Powers," *Contemporary Southeast Asia* 22.2 (2000): 258–278.

（11）この議論を明記する契機となった、査読者からの指摘に特に感謝する。

（12）一九九七年、ＳＰＤＣ（The State Peace and Development Council：国家平和開発評議会）に改組。

（13）米国及びＥＵの制裁政策は、武田康裕「ミャンマーをめぐる人権・民主化政策」武田康裕、丸川知雄、厳善平編『政策（現代アジア研究三）』慶応義塾大学出版会、二〇〇八年、一三三―一三九頁にまとまっている。その他、カナダや豪州なども制裁を課した。

（14）Nischalke Tobias Ingo, "Insights from ASEAN's Foreign Policy Co-Operation: The 'ASEAN Way', a Real Spirit or a Phantom?," *Contemporary Southeast Asia* 22.1 (2000): 102–103; 鈴木早苗『合意形成モデルとしてのASEAN国際政治における議長国制度』東京大学出版会、二〇一四年、一二六―一二七頁。タイとフィリピンの立場は、湯川拓「ＡＳＥＡＮ研究におけるコンストラクティヴィズム的理解の再検討」『国際政治』第一五六号、二〇〇九年、六二頁も参照。

（15）石田正美「ASEAN・ミャンマー関係」工藤年博編『ミャンマー経済の実像――なぜ軍政は生き残れたのか――』アジア経済研究所、二〇〇八年、二一一―二一二頁：村野勉「「ASEAN10」の早期実現で合意：ASEAN」『アジア動向年報』アジア経済研究所、一九九七年、一二二頁。

（16）Ganesan, *op. cit.*, 267; Pabibatra Sukhumbhand, "From ASEAN Six to ASEAN Ten: Issues and Prospects," *Contemporary Southeast Asia* 16.3 (1994): 252.

（17）ミャンマーの加盟をめぐるマレーシアの立場や行動は、鈴木、前掲書、一一七―一四二頁。

（18）一九九七年七月二三日、ＡＭＭ（同二四―二五日）に先立ち、加盟国外相の合意により正式に加盟した。

（19）Cribb Robert, "Burma's Entry into ASEAN: Background and Implications," *Asian Perspective* 22.3 (1998): 53; Funston John, "ASEAN: Out of Its Depth?," *Contemporary Southeast Asia* 20.1 (1998): 23; Kraft Herman Joseph S., "ASEAN and Intra-ASEAN Relations: Weathering the Storm?," *The Pacific Review* 13.3 (2000): 455; Wah Chin Kin, "ASEAN: The Long Road to 'One Southeast Asia'," *Asian Journal of Political Science* 5.1 (1997): 7.

（20）Nischalke, *op. cit.*, 102.

（21）Cribb, *op. cit.*, 54.

（22）Guyot James, "Burma in 1997: From Empire to ASEAN," *Asian Survey* 38.2 (1998): 191; Vatikiotis Michael R.J., "ASEAN 10: The Political and Cultural Dimensions of Southeast Asian Unity," *Southeast Asian Journal of Social Science* 27.1 (1999): 84. 湯川は、ＡＳＥＡＮ Ｗａｙの概念が欧米諸国の人権外交に対する反発から生まれ、ミャンマーへの関与のあり方に関する加盟国間の論争によって使用されるようになったと主張する。湯川、二〇〇九年、前掲論文、「ＡＳＥＡＮ研究におけるコンストラクティヴィズム的理解の再検討」。

（23）Kraft, *op. cit.*, 463–464; Renshaw Catherine Shanahan, "Democratic Transformation and Regional Institutions: The Case of Myanmar and ASEAN," *Journal of Current Southeast Asian Affairs* 32.1 (2013): 37.

（24）Guyot, *op. cit.*, 191; Renshaw, *op. cit.*, 38; Wah, *op. cit.*, 12–13.

（25）*Ibid.*, 12–13.

（26）Weatherbee Donald E., "Southeast Asia at Mid-decade: Independence through Interdependence," *Southeast Asian Affairs* 1995.1 (1995): 23.

(27) クリントン政権によるミャンマーへの投資禁止措置に対し、中国外務省報道官は「同国の孤立と排除は緊張や対立を激化するだけで誰にとっても利得がない」と発言した。Moller Kay, "Cambodia and Burma: The ASEAN Way Ends Here," *Asian Survey* 38.12 (1998): 1092–1093.

(28) Cribb, *op. cit.*, 55; Ganesan, *op. cit.*, 269–270, 272–273; Kuhonta 2006, *op. cit.*, 351; Moller, *op. cit.*, 1090; Pabibatra, *op. cit.*, 248; Vatikiotis Michael, "Friends and Fears," *Far Eastern Economic Review* 160.19 (1997): 14–15; Weatherbee 1995, *op. cit.*, 23. ＡＳＥＡＮ諸国が中国とミャンマーの関係をどのように見ていたかについては、警戒心、疑念、懸念、気がかり、などの表現がある。

(29) 一九九一年に米軍がこの地域の複数の基地から撤退し、ＡＳＥＡＮの勢力拡大のチャンスと捉えられると同時に中国の台頭が懸念されていた。その後、ミャンマーの海軍基地建設に中国が関与しているとの報道や、アンダマン海で中国の活動が活発になったことを受け、複数の加盟国が懸念を示した。Ciorciari John D., "ASEAN and the Great Powers," *Contemporary Southeast Asia* 39.2 (2017): 255; Moller, *op. cit.*, 1090.

(30) Cribb, *op. cit.*, 55; Moller, *op. cit.*, 1090; Weatherbee 1995, *op. cit.*, 23.

(31) Kuhonta 2006, *op. cit.*, 351.

(32) ASEAN, "Joint Communique of the 38th ASEAN Ministerial Meeting," July 2005. ＡＳＥＡＮの公式文書はウェブ上で容易に検索が可能であり、そのＵＲＬは頻繁に改変されるため、本稿ではタイトルに留めアクセス先のＵＲＬを示さない。

(33) 代わりにＡＳＥＡＮ内部では「強化された相互作用（Enhanced interaction）」の名が非公式に採用された。Haacke Jurgen, "The Concept of Flexible Engagement and the Practice of Enhanced Interaction: Intramural Challenges to the 'ASEAN Way'," *The Pacific Review* 12.4 (1999): 582, 598–605; 鈴木、二〇一四年、一五八―一五九頁；武田、前掲論文、一二七―一五一頁などを参照。

(34) 二〇〇三年八月、ＳＰＤＣは「民主化への七段階のロードマップ」を発表した。これは新政権樹立までの民政移管プロセスを示しており、ＳＰＤＣの意思表示として注目された。第九回ＡＳＥＡＮ首脳会議でもこれを進展として歓迎し、この後の公式文書はミャンマーの民主化に対し本ロードマップに留意するとのみ言及するものが多く、必ずしも民主化への移行を求めるとはしていない。更に、総選挙の実施が現実的になると、ＡＳＥＡＮの声明でも民主化ではなく公正な選挙の実施に言及するようになった。この時期、ＡＳＥＡＮが民主化／民主主義、またその要件としての総選挙に言及したことは大きな変化である。ただし、その前提として、当事国であるミャンマー自身の民主化への意向や国内情勢があった。

(35) Haacke, 2005, *op. cit.*, 195–196.

(36) ASEAN, *op. cit.*. 本共同声明内では、議長国辞退の理由は国民和解及び民主化プロセスに集中するためとされたが、ミャンマーが議長国を務めるにあたり整えるべき準備の内容は明記されなかった。結果的に同国は総選挙実施後、二〇一一年の首脳会議より二〇一四年の議長国就任を主張し、ＡＳＥＡＮ加盟国も検討を重ね合意した。

(37) これは一時的なものではなく、同会議の高級事務レベル会合（ＳＯＭ）でインドネシア代表団も「ミャンマーは議題とならない」と明言した。Roberts Christopher, *ASEAN's Myanmar Crisis: Challenges to the Pursuit of a Security Community* (Singapore: ISEAS, 2009), 143.

(38) ASEAN, "Chairman's Statement of the 11th ASEAN Summit," December 2005.

(39) ASEAN, "Chairman's Statement of the 13th ASEAN Summit," November 2007. サフラン革命の際には、フィリピン上院がＡＳ

EANに対しSPDCによる国民への弾圧停止を求める決議を採択、シンガポールはミャンマーへの投資の停止に言及するなど、一国としては踏み込んだ対応を試みた加盟国もあった。Marchi Ludovica, *ASEAN vis-à-vis Myanmar: what influences at play?*, The London School of Economics and Political Science, Centre for International Studies (LSE Online), (2014): 9.

（40）Haacke Jurgen, "ASEAN and Political Change in Myanmar: Towards a Regional Initiative?," *Contemporary Southeast Asia* 30.3 (2008): 361–362; Jones Lee, "Democratization and Foreign Policy in Southeast Asia: The Case of the ASEAN Inter-Parliamentary Myanmar Caucus," *Cambridge Review of International Affairs* 22.3 (2009): 387–406; Renshaw, *op. cit.*, 41. 各国の議員レベルの動向に関してはKuhonta 2006, *op. cit.*, 352–353. ただし、ジョーンズ（Jones）によれば、AIPMCはミャンマーのASEAN脱退や国連による同国への介入支持を主張していたが、その全てをASEANの決定に反映することはできなかった。同氏は、他の圧力との組み合わせでAIPMCの影響力が決まっていた可能性を指摘している。Jones 2009, *op. cit.*, 399.

（41）Anonymous, "US, EU asked to boycott ASEAN over Burma," *ABC News*, 31 March, 2005, https://www.abc.net.au/news/2005-03-31/us-eu-asked-to-boycott-asean-over-burma/1542800.

（42）Anonymous, "Call for boycott of ASEAN if Burma becomes chair in 2006," *Agence Europe*, 14 May, 2005, https://agenceurope.eu/aewebsite_dev/en/bulletin/article/8947/5.

（43）例えば、Anonymous, "Myanmar gives up 2006 ASEAN Chairmanship," *New York Times*, 26 July, 2005, https://www.nytimes.com/2005/07/26/world/asia/myanmar-gives-up-2006-asean-chairmanship.html（二〇二二年二月九日アクセス。下記、URLは別途記載のない限り同日にアクセスしたことを示す）：鈴木、前掲書、三五—三六頁。

（44）Roberts, *op. cit.*, 124.

（45）Jones 2008, *op. cit.*, 279–280.

（46）Weatherbee 1995, *op. cit.*, 100.

（47）山影進「ASEANを動かしている力は何なのか」『アジ研ワールド・トレンド』第十五巻、第十一号、二〇〇九年、四—六頁。TACとこうした広域制度の関係については同「ASEANの変容—東南アジア友好協力条約の役割変化からみる」『国際問題』第五七六号、二〇〇八年、九—一〇頁。ASEAN中心性という言葉がASEANの公式文書に登場したのも同時期であった。

（48）ASEAN, "ASEAN Chairman's Statement on the Developments in the Republic of the Union of Myanmar," February 2021.

（49）ASEAN, "Chair's Statement on the Informal ASEAN Ministerial Meeting (IAMM)," March 2021.

（50）Ministry of Foreign Affairs of the Republic of Indonesia, "Minister for Foreign Affairs of Indonesia Press Briefing on the Outcome of the Visit to Bangkok," 24 February, 2021, https://kemlu.go.id/portal/en/read/2192/berita/minister-for-foreign-affairs-of-indonesia-press-briefing-on-the-outcome-of-the-visit-to-bangkok（二〇二二年四月一五日アクセス）。

（51）ASEAN, "Chairman's Statement on the ASEAN Leaders' Meeting," April 2021. ラオス、フィリピン、タイからは外相が首脳の特使として出席。

（52）この議長声明はブルネイ外務省ウェブサイトに掲載され、ASEANのウェブサイトでの言及はない。Ministry of Foreign Affairs of Brunei Darussalam, "Statement of the Chair of the ASEAN Foreign Ministers' Meeting," October 2021, http://www.mfa.gov.bn/Lists/Press%20Room/news.aspx?id=947.

（53）Anonymous, "Myanmar rejects ASEAN decision to exclude

junta leader from summit," *Channel News Asia*, 22 October, 2021, https://www.channelnewsasia.com/asia/myanmar-junta-asean-summit-snub-reject-decision-2262906.

(54) Ministry of Foreign Affairs of Singapore, "Prime Minister Lee Hsien Loong's Video Call with Cambodian Prime Minister Hun Sen," January 2022, https://www.mfa.gov.sg/Newsroom/Press-Statements-Transcripts-and-Photos/2022/01/20220115-PM-LHL-VC-Cambodian-PM-Hun-Sen; Muzliza Mustafa and Tria Dianti, "Malaysia: Cambodian PM Should have Consulted ASEAN Members Before Myanmar Visit," *Benar News (English)*, January 2022, https://www.benarnews.org/english/news/malaysian/malaysia-indonesia-express-reservations-about-hun-sen-myanmar-visit-01132022165351.html.

(55) 一月に予定されていたＡＳＥＡＮリトリート、三月に予定されていた米ＡＳＥＡＮ首脳会議がそれぞれ一カ月ほど遅延して実施された。いずれもミャンマーからの出席者はなかった。

(56) ASEAN, "Joint Media Statement of the 54th ASEAN Economic Ministers' (AEM) Meeting," September 2022; *idem*, "Joint Ministerial Statement of the 40th ASEAN Ministers on Energy Meeting," September 2022.

(57) これは、過去の域外国・機関からの働きかけの内容が、必ずしも加盟国によって内面化されたとは言い難いことを示している。ただし同時に、域外国・機関からの働きかけそのもの（内容如何ではなく）に対応するべきであるという意識が域内に醸成されていたという見方も本稿からは否定されない。このように、本稿で扱ったＡＳＥＡＮとしての「主体的な意思決定」の中には、加盟国にとって規範とされる内容を含む可能性も多分にあると考えられるが、ここでは検討できなかった。

(58) Leifer Michael, *ASEAN and the Security of South-East Asia* (London: Routledge, 1989): 12.

〔付記〕本稿はＪＳＴ次世代研究者挑戦的研究プログラムJPMJSP2128の研究成果の一部であり、日本国際政治学会二〇二二年度研究大会「国際関係と国内政治の交差」パネルでの報告を基にして作成された。

（わたなべ　りこ　早稲田大学大学院）

日本国際政治学会編『国際政治』第213号「アメリカ――対外政策の変容と国際秩序――」（二〇二四年三月）

〈書評論文〉

植民地独立と国連平和維持活動の起源から見えるもの

ハニー・ヒルミー著『非植民地化、主権そして平和維持――国連緊急軍（ＵＮＥＦ）、一九五六―一九六七』（Hanny Hilmy, *Decolonization, Sovereignty, and Peacekeeping: The United Nations Emergency Force (UNEF), 1956–1967*, Cham: Springer Nature Switzerland, 2020, xlv+426 pp.）

アラナ・オマリー著『非植民地化の外交――一九六〇―六四年のコンゴ危機におけるアメリカ、イギリス、国際連合』（Alanna O'Malley, *The Diplomacy of Decolonisation: America, Britain and the United Nations during the Congo crisis 1960–64*, Manchester: Manchester University Press, 2019, xiii+207 pp.）

山田哲也

はじめに

植民地独立過程における国連の役割を巡っては、日本の国連研究の文脈で数多くの先行研究が存在する。しかし、その多くは、植民地独立付与宣言（一九六〇年）や国連友好関係原則宣言（一九七〇年）などを題材に、人民自決規範の形成・定着・変容に焦点をあてる法的あるいは規範的な研究か、特定の植民地独立過程で国連総会、安全保障理事会（安保理）あるいは事務局（特に事務総長）がどのような役割を果たしたかを決議や議事録の分析を中心に行うものが多かった。第二次世界大戦後の国際社会が非植民地化を規範的要請とし、国連という場を通じてそれが達成されたことで、非植民地化における国連の存在は往々にして規範的正統性のある存在として描かれやすい。国連に対する性善説的な前提を設定することは、日本の国連研究における一つの潮流だが、国連の活動（のごく一部）を基礎づける規範が正統であることと、国連が無条件に正統性のある存在だと語ることは全く次元が異なる。

とりわけ、今回の素材として取り上げるスエズ危機（一九五六年）とコンゴ動乱（一九六〇年）は平和維持活動（ＰＫＯ）の嚆矢であり、ＰＫＯを「国連でなければできない活動」として肯定的に評価する際の契機と位置付けられる。スエズ危機もコンゴ動乱も発端は植民地独立を巡る問題といえるが、不思議なことにスエズ危機に対するＰＫＯである国連緊急軍（United Nations Emergency Force, ＵＮＥＦ）やコンゴ動乱に対する国連コンゴ活動（Operations des nations unies au Congo, ＯＮＵＣ）の役割を植民地独立過程とも結びつけて議論した、日本での先行研究はほぼ存在しない。[1] それは必ずしも国連研究の問題だけではなく、帝国（崩壊）史研究が国連を十分視野に入れてこなかった、というそれぞれの問題意識の相違に起因するものであろう。

二〇世紀後半の国際政治の構図を、イギリス帝国の最終的な崩壊、新たな「帝国」としてのアメリカの劇的な登場、そしてイデオロギーを異にするソ連との拮抗、と単純化するなら、スエズ危機もコンゴ動乱も、イギリスとアメリカの「特別な関係」が軋みを伴いつつも、ソ連には共同で対抗せざるを得ない事態として位置づけられる。また、一九五〇年代後半以降の国連は、第二代事務総長であるダグ・ハマーショルド（Dag Hammarskjöld）が、ＵＮＥＦの「成功」体験を基に、ＯＮＵＣを通じてコンゴ動乱にも対応しようとした時期である。それは、ハマーショルド自身によって「防止外交（preventive diplomacy）」と名付けられた、「対立する東西両陣営の外にある地域に生じた紛争や危険な情勢に対して、国連がいち早く介入し、それによって大国間の力の真空を埋め、いずれの側からも手出しのできないようにし、国際緊張を緩和する国連の積極政策」[2]に支えられていた。ハマーショルドがこのような定式化をするに至った背景は定かではないが、今回の二冊の書物との関係でいえば、スエズ危機とコンゴ動乱が「両陣営の外」で発生したのか、また、国連が「大国間の力の真空」を埋めたのか、「いずれの側からも手出しのできない」状態だったのか、という直観的な疑問が湧く。スエズ問題は明らかに中東地域におけるイギリスとフランスの帝国的支配の残滓であり、コンゴは旧ベルギー領であって、周囲にはイギリス、フランス、ポルトガルの植民地が存在しており、コンゴ情勢の帰趨は、周辺の西側植民地情勢にも関わるという意味で、いずれもすぐれて「西側」の宗主国・植民地関係を巡る問題であると位置づけられる。

本論では、スエズ危機とコンゴ動乱を扱う二冊の書物を手掛かりに、国連と植民地独立過程の関係を巡る問題を扱う。ただし、これら二冊の射程は、いずれもこの問題設定より広い。ヒルミーは、国家主権と集団安全保障・PKOの理論的検討をベースにしつつ、彼がエジプト育ちである、という個人的背景もあって、UNEFが具体的事例として詳細に検討される構成となっている。一方、オマリーは、副題からの印象に比して、分析の中心は当時の英米関係に置かれており、国連――ハマーショルドやウ・タント（U Thant）への言及は多いが――については、「主体」としてより「会議の場」として位置づけられているようにも見え、狭義の国連研究というより、外交史あるいは国際関係史の研究書と位置付けられる。そこで本論でも、植民地独立過程におけるPKOを通した国連の役割という設定を超えた、問題提起を含めた考察を試みたい。

一　植民地独立過程としてのスエズとコンゴ

(1) スエズ危機とは何であったか

一九三六年条約に基づくスエズ運河地域へのイギリス軍の駐留は、第二次世界大戦後も続いた。しかし、アラブ・ナショナリズムの高揚に抗うことはできず、イギリスは撤兵の検討を余儀なくされる。しかし、一九五〇年の朝鮮戦争以降、アメリカは中東におけるイギリスの存在の重要性を再認識することになる。とりわけ一九五五年以降、エジプトはソ連からの武器調達を望み、同年、武器取引協定を締結した。その背景には、エジプト＝イスラエル関係の再悪化という事情もある。そこで、イギリスとアメリカがエジプトをつなぎとめる切り札と考えたのが、アスワン・ハイ・ダム建設計画に対する財政的援助であった。それは、ダム計画からソ連を排除し、「エジプトがソ連の衛星国に陥ることを阻止」[3]することを意味する。しかし、援助計画が撤回されると、エジプトは、一九五六年七月二六日、スエズ運河の国有化を宣言し、同時に運河会社の事務所を接収したのである。

これに対して、イギリスは直ちに軍事行動を決意した。その際、イギリスは当初から、主権国家であるエジプトがスエズ運河会社を国内法に基づいて国有化することに法的障害はなく、一八八八年スエズ運河条約（コンスタンチノープル条約）違反も存在しないことも認識していた[4]。フランスはイギリスの決定に同調したが、アメリカの見解は違った。条約に違反していない国への武力行使が、「時代遅れの帝国主義」と映ったのである。ヒルミーは、スエズ危機勃発までの経緯を、旧来の植民地主義に加え、イスラエル建国を通じた新たな植民地主義を通じて中東地域の支配を強化する企ての帰結と捉えている（一〇九頁）。これは、一九二二年のエジプト独立が「不完全で腐敗した（truncated and tainted）」、「最低限の（nominal）」ものに過ぎなかったという認識に基づいており（九〇頁）、イギリスによる帝国的支配は一九二二年以降も継続していたとヒルミーは捉えていたのである。

その後の対応については後述するとして、スエズ危機は、第二次世界大戦後の中東地域における帝国による支配（第一次世界大戦後に委任統治領となった地域を含む）の崩壊過程の中で、国際法的な独立は達成したものの依然としてエジプト国内に残る「植民地」の回収を巡ると位置付けられるのである。

(2) コンゴ動乱の構造的要因

これに対してコンゴ動乱は、コンゴのベルギーからの独立とその後の国家建設の過程で生じたという意味で、文字通り植民地独立過程の文脈に位置づけられる。コンゴが一九六〇年六月三〇日にベルギーからの独立を果たした直後、七月一一日には同国の支援を受けたモイーズ・チョンベ（Moise Tshombe）が、南部カタンガ州の分離独立を宣言した。当初、アメリカとソ連は、コンゴ国家保安隊（Armé Nationale Congolaise）の円滑な任務遂行、さらには、ベルギー軍の撤退とコンゴの法と秩序の回復とONUCの設立などを内容とする安保理決議を採択した（安保理決議一四三および一四五）。しかし、その後、カサブブ（Joseph Kasa-Vubu）大統領とルムンバ（Patrice Lumumba）首相の解任合戦や、その後大統領となるモブツ（Joseph Mobutu）参謀長のクーデターによる「憲政の危機」、カタンガ州における戦闘激化などにより、事態は悪化した。その後、安保理は、一九六一年二月二一日に安保理決議一六一を採択し、事態を「国際の平和と安全に対する脅威」と認定した（ただし憲章七章への言及はない）。八月末以降、ONUCは傭兵排除のために武力を行使したが作戦は失敗し、九月一七日には、停戦交渉に向かうハマーショルド事務総長が飛行機事故で殉職した。その後、ONUCは二度にわたって武力行使を重ね、ようやく一九六三年一月ごろにカタンガ分離運動は終結する。

コンゴ動乱は、コンゴ側の独立要求が早急で、対するベルギーもそれに応じつつ、自らの経済的な権益の維持を図るという意味において典型的な新植民地主義的であったことに端を発する。中央政府では西欧寄りのカサブブと民族主義者であるルムンバが対立し、カタンガではベルギー軍や白人入植者の支持を得たチョンベが分離独立を企てた。カタンガ州は天然資源の宝庫であり、ベルギーはもとよりイギリスもカタンガ州に莫大な経済的権益を有し、アメリカにとっても第二次世界大戦期の原爆開発（マンハッタン計画）の際はコンゴ産ウラニウムが用いられていた[5]。

オマリーは、コンゴ動乱の背景として、長年に亘る人的経済的搾取と土着の氏族（tribal）システムの崩壊を利用し、ヨーロッパ人が自らの権益を擁護しつつ、中央と地方あるいは氏族間の対立を利用したと分析する（一二頁）。その上で、国連職員だった人物の書物を引きつつ、他のアフリカ諸国にとっては、自らの独立がコンゴ問題によって風前の灯となる可能性があったこと、ソ連にとっては、反植民地主義を掲げて関与を深める天啓の機会に思われたこと、さらに、他の西欧諸国にとっては、カタンガでユニオン・ミリエール（Union Minière）社の巨大銅山に経済的戦略的意義を見出していたこと、をコンゴ動乱の構造的要因と指摘する。(6)

(3) 二つの紛争の結節点

地域も時代も異なるスエズ危機とコンゴ動乱であるが、両者を合わせて分析する際の視点として、いくつかのことが考えられる。

まず、「イギリス・アメリカ関係」という視点である。両国の関係は、スエズ危機とコンゴ動乱の期間だけで見ても目まぐるしく入れ替わる。ただ基調にあったのは、オマリーが一九六一年一二月一四日付のタイムズ紙を引用するように、「コンゴ政策の遂行におけるイギリス・アメリカ間の相違はスエズ危機以降のいずれの時期よりも深刻になってきている」（二二頁）という点である。両国関係に齟齬を来たした要因は、スエズ危機への対応以来、当時の両国が異なる世界観を有していたことにある。当然のことながらイギリスは「帝国」としての自己認識から脱却できていなかった。もちろん、アメリカもカタンガ州の天然資源には一定の関心はあったが、むしろ、冷戦構造の中での戦略的な振舞い方に力点を置いていた。朝鮮戦争終結の約三年後にスエズ危機が発生し、ベトナムやキューバへの介入も、一九五六年からコンゴ動乱までの時期と重なる。アメリカは、常に冷戦を意識して国際情勢を眺めていた。

次に、次第に姿を明らかにしつつあった、「国際社会の構造変化」である。一九五六年までに国連に加盟し、かつ独立国として一九五五年のアジア・アフリカ会議にも参加していた国（日本と中華人民共和国は除き、南アフリカ連邦を含む）が二四カ国であったのに対し、一九六〇年末までに国連への新規加盟を果たした国は四四カ国となった（うちアフリカ諸国は二五カ国）となった。すなわち、国連は、イギリスやアメリカが設立を主導した国際機構から、スエズ危機の時期を経て、一九六〇年には新興独立国が数的に優位となる形で「普遍的」国際機構に変貌を遂げていた。そのことで国連、とりわけハマーショルドがアジア・アフリカ諸国寄りの立場を強めることにつながり、スエズ危機とコンゴ動乱に対する対応を方向づけたのである。加えて同年は、「植民地独立付与宣言」（総会決議一五一四）や「憲章73条eの下で情報を送付する義務の有無を決定する際に加盟国の指針となる原則」（同一五四一）が採択された年でもある。決議一五一四が八九票という圧倒的多数で採択されたことにイギリスは苛立ちを隠さず、決議を総会の権限踰越（ultra vires）または国内問題不干渉を定めた憲章二条七項違反であるという極めて保守的な憲章解釈に固執せざるを得ない事態となり、それがアメリカの反植民地政策と衝突することになった（オマリー五七頁と注一三六）。

ところで、UNEFの派遣・展開を巡るインドの役割について、ヒルミーは関心を払っていない（二〇一頁で、インドが要員提供国であり、派遣段階で二名の司令官がいたことには言及がある）。他方で、ガマール・アブドゥル＝ナーセル（Gamal Abdel Nasser）エジプト大統領がバンドン会議への出席を決め、さらに非同盟運動に傾斜した契機はジャワハルラール・ネルー（Jawaharlal Nehru）インド首相の影響であったとされる。[7] すでに一九五〇年代後半には、インドは国際社会において一定の発言力を有していた。オマリーの著書が随所でインドに言及するのは、単にONUCへの最大の要員提供国だっただけではなく、非同盟諸国の雄として発言力と影響力を有していたことを含意する。国際社会の構造変化とは、単に数の問題だけではなく、種々の多国間外交に新たな担い手が登場していたことを含意する。この点は、二〇二二年二月のロシアによるウクライナ侵略以降の国連総会における、いわゆる「グローバル・サウス」と呼ばれる諸国家の投票行動を考える上でも示唆的である。

二　国連憲章と非植民地化

国連であれ、それに先立つ国際連盟であれ、これらは当時の帝国的な国際秩序と無縁ではない。国際連盟構想を打ち出した南アフリカのヤン・スマッツの念頭にあった国際連盟構想の基礎はイギリス帝国であり、加盟国すべてが参加する総会と大国のみによって構成される理事会という組織構造は、イギリス帝国全体と本国とドミニオン（自治領）という二つの構成からの類推である。[8] また、同じくスマッツの発案による委任統治制度も、ドイツやオスマン・トルコといった敗戦国の植民地を対象としたものであり、イギリスやフランスなど戦勝国の植民地が除外されていたことは明白である。『十四カ条』提案においてウィルソンが植民地問題の公正な調整を掲げた際、その、「植民地」という範囲は必ずしも明らかではなかった。仮にイギリスやフランスの植民地をも対象とすれば、国際連盟規約を巡る交渉は紛糾することになり、ウィルソンもあえて論点としなかったともいえるし、当初からアジア・アフリカ地域を後進的で民族自決原則の対象外とみなしたともいえる。[9]

国連憲章における植民地問題も、基本的には国際連盟規約を踏襲したものである。国際信託統治制度は委任統治制度を受け継ぐもので、その対象は委任統治領と日本やイタリアといった第二次世界大戦の敗戦国の植民地を対象とするものであった（七七条一項aおよびb）。しかし、第一次世界大戦以降の植民地ナショナリズムの高揚や中小国の声に押されて挿入せざるを得なかったのが「非自治地域に関する宣言」（一一章）である。これは、一九四五年のサンフランシスコ会議において初めて提案され、戦勝国植民地を対象とした。しかし、国際信託統治制度が対象地域の将来の独立を目指すものであった（七六条b）のに対し、非自治地域については自治の発達にとどまる（七三条b）。憲章起草時においては、旧来の帝国・植民地関係は戦勝国についていえば温存されるはずだった。特にコンゴは戦勝国ベルギーの植民地であり、ベルギーが望まなければ非自治地域にもならないはずであった。ベルギーはもとより、イギリス、フランス、ポルトガルも、自らの植民地を非自治地域として扱うことはなく、仮に植民地を独立させるにせよ、宗主国の国内問題として処理することを望んだ。

しかし、彼らの思惑は、国連発足当初から外れることになる。一九四六年には、フィリピンが非自治地域の代表による地域会議を開催することを求める決議案を提出したのである。[10] これに対してイギリスをはじめとする宗主国の側は、自らの植民地を巡る問題は国内問題であって、国連の場で取り上げることは国内問題への干渉であり、憲章二条七項違反だと主張したのである。スエズ危機からコンゴ動乱に至る時期のイギリスが、「会議の場」としての国連が非植民地化と武力行使への非難という文脈で一定の役割を有している、ということと無頓着であったことは、イギリス帝国（崩壊）史研究の文脈でも指摘されている。(11)

確かにイギリスなどが主張するように、植民地問題を憲章二条七項にいう国内問題とみなすことは、憲章の解釈としては妥当する。しかし、一九六〇年時点での加盟国の顔ぶれは、そのような伝統的解釈を許すものではなかった。一二月一四日には植民地独立付与宣言が採択され、「いかなる条件または留保もなしに、〔宗主国から植民地に〕すべての権力をこれらの地域人民に委譲する迅速な措置を講じなければならない」（五項）とされた。偶然だが、オマリー（五七頁）はこれを総会決議一五四一と誤記している一方、翌一五日に採択された本来の決議一五四一は、憲章七三条がいう非自治地域が「完全な自治を達成する」ことの意味を、独立主権国家となること、独立国家との自由な連合および独立国家との統合の三つと定義し（原則Ⅵ）、それらを達成するまでは同上ｅ項に基づく情報提供義務がある、とするものだった。さらに一九六一年になると植民地独立宣言の履行状態を調査する特別委員会を設置した（総会決議一六五四、一九六一年一一月二七日）。いわば、非自治地域制度の過激化であるが、これも新興諸国の数の力がなせる業だった。これに対し、アメリカも国連における植民地問題への対応を変化させた。ちょうど大統領がアイゼンハワーからケネディに変わる時期にあたるが、反植民地主義的立場を取ることで、ソ連・国連関係が悪化していたことも利用して、新興諸国が東側へ靡くことを防ぐという冷戦思考の枠組みが植民地問題にも波及し、結果的にイギリス・アメリカ関係は冷却化していったのである。

三　二つの平和維持活動を巡って

国際司法裁判所（ＩＣＪ）が、ＵＮＥＦとＯＮＵＣについて経費問題の観点から勧告的意見を与え、(12)かつ、その中で「平和維持活動」という表現を用いたことで、両者は一括りに「最初のＰＫＯ」とみなされることが多い。しかし、実際には、一九四八年の第一次中東戦争の際に派遣された国連休戦監視機構（ＵＮＴＳＯ）などもＰＫＯとして扱われる。ヒルミーは、ＵＮＴＳＯを含む初期（一九四六―四九年）の活動もＰＫＯに含みつつ、なおＵＮＥＦを「最初の伝統的平和維持ミッション」と捉える（七一頁）。その明確な論拠は明らかではないが、紛争当事国の出身者ならではの独自の視点も垣間見える。すなわち、ＵＮＴＳＯ、ＵＮＥＦそして第四次中東戦争（一九七三年）に伴う第二次国連緊急軍（ＵＮＥＦ　Ⅱ、一九七三―七九年）は、一連の中東紛争（植民地独立とパレスチナに対する新植民地主義的搾取の両面を持つ）に対する国連を通じた対応だと位置づけられている。そのため、彼の初期ＰＫＯ理解では、「同意原則、不偏原則」と並んで、「紛争そのものの解決機能を持たない」という特徴が強調される（七二頁など）。講学上、ＰＫＯの第三の特徴としては「内政不干渉」を挙げ、紛争そのものの解決は他者に委ねることを含意することが一般的である。紛争当事国の側から見れば、「物足りなさ」を感じていたことがヒルミーの書からは窺われる。

紛争の根本的解決という点においては、ＯＮＵＣの方が積極的であった。すなわち、カタンガ州の傭兵排除を目的として、三度にわたって武力を行使したからである。「ＰＫＯによる武力行使」の妥当性は冷戦後に改めて論争を巻き起こした点であるが、「伝統的」ＰＫＯの一つと理解されるＯＮＵＣにおいて、すでに同じ論点が出現していたのである。一九六一年八月末から九月中旬にかけての第一回目の国連による武力行使は失敗に終わったが、その原因は、三須によれば国連側の情報と武器の不足であった[13]。加えて、国連による武力行使は、傭兵側に「国連からの解放戦争」という口実を与えることになった[14]。一九九〇年代のボスニア＝ヘルツェゴヴィナ紛争における国連保護軍（ＵＮＰＲＯＦＯＲ）の失敗も、彼らがムスリム系住民への人道支援や安全地帯の設定を行ったことで、ＵＮＰＲＯＦＯＲの中立性あるいは不偏性を損ねたからだと理解されている。国連は、初期のＰＫＯにおいて既に同じ過ちを犯していたのである。

ではなぜ、国連事務局は、そのような積極的介入に踏み切ったのだろうか。ハマーショルドは、ＵＮＥＦの経験を踏まえ、一九五八年一〇月九日に、「部隊の設置及び活動に基づく経験の研究摘要（Summary study of the experience derived from the establishment and operation of the Force）」〔以下、「研究摘要」〕を総会に提出していた[15]。ＰＫＯは自衛以上の武器使用を行わないとされるが、その根拠は「研究摘要」に求められる。すなわち、一七五項は、ＵＮＥＦの準軍事的性格を認めつつ、事務総長には攻撃的性格の軍隊を編成する権限がなく、自衛上必要な武器のみが許されると指摘する。また、一七九項では、ＰＫＯと戦闘行為（combat operation）が区別されている[16]。この「研究摘要」はＵＮＥＦに加えて、一九五八年の国連レバノン監視団（ＵＮＯＧＩＬ）での経験も参照しており、わずか二年でハマーショルドあるいは国連事務局がＰＫＯの根本原則を覆したことに違和感はある。

事務総長としてのハマーショルドは、「ダグに任せろ（Leave it to Dug）」といわれた程の指導力を持った人物として描かれる傾向にある[17]。マーク・マゾワー（Mark A. Mazower）は、国連事務局や事務総長の研究が彼らの国際的「中立性」を前提とした「聖人伝」に傾きがちであると批判的に叙述する[18]。では、当時のハマーショルドの「指導力」の源泉は何であったのか。三須は、書物の副題にもある通り、国連の対コンゴ政策全体を「米国と国連の協働介入史」と総括する。また、オマリーは、アフリカに冷戦構造が持ち込まれること、すなわち、東側諸国の浸透が平和的な非植民地化の障害になることを懸念したアジア・アフリカ諸国――とりわけアルジェリア、インド、ガーナ、マリ、モロッコ――がハマーショルドに圧力を加え、彼もそれに応えたことを詳述する（オマリー第2章）。ただし、アメリカと協調しつつ、アジア・アフリカ諸国の期待に応えざるを得なかった背景には、ソ連による国連事務局とハマーショルド自身への強烈な不満が存在する。すなわち、彼らは国際的中立性を欠いているから、事務総長を東西陣営と中立諸国からそれぞれ選出すべきだという、いわゆる「トロイカ提案」を一九六〇年の国連総会に提出していた（オマリー五三―五八頁）。このような状況も手伝って、「研究摘要」公表の二年後には、「ＰＫＯの基本原則」の大幅な、あるいは根本的な修正をして対応したのではなかろうか[19]。

おわりに

国連研究はもとより、国際機構を対象とする研究一般にいえることだが、利用する資料・史料によって浮かび上がってくる国連像あるいは国際機構像は大きく異なってくる。ヒルミーの書は、ＵＮＥＦそのものの分析を通じ、国際政治学あるいは国際法学的な文脈と論点でＰＫＯの位置づけを探り、さらにそれがエジプトに対していかなるインパクトをもたらしたかという視点が中心である。これに対してオマリーはイギリスやアメリカの公文書や報道の分析に重点を置きつつ、コンゴ自身を含むアジア・アフリカ諸国や国連事務局・事務総長の動向にも注意を払っている。そのような時代も視点も研究手法も異なる二冊を対比することで、一九五〇年代後半から六〇年代初頭に至る国連、とりわけＰＫＯの出現と非植民地化を通じた国際社会の構造変容の中で直面した国連の蹉跌が浮かび上がってくるように思われる。

国連の事務局であれ事務総長であれ、それらは確かに国際関係の独立した主体なのであるが、加盟国の意向を無視し得る存在でも、加盟国に自らの意思を押し付けることができるような存在でもない。実際の国連においては、グローバル・ガバナンス論の文脈で「本人・代理人（principal-agent）関係」[20]と説明される関係が、幾重にも存在する。そもそもの国連は、イギリスが自国の命運をかけてアメリカに協力を求め、さらにドイツと戦うソ連にも協調的な姿勢を示し、一九四一年八月の「大西洋憲章」と一九四二年一月の「連合国宣言」を原点とするものである[21]。その意味で、当初の「本人」とはイギリス・アメリカ・ソ連の間の協調関係だけであるはずであった。しかし、冷戦によって、ソ連という二番目の「本人」が生まれ、さらに非植民地化に伴うアジア・アフリカ諸国の発言力の増大によって三番目の「本人」も登場した。これら三者の拮抗が明確となったのが、一九五〇年代半以降なのである。

この構造は、現代においても継続している。いや、むしろグローバル・サウス諸国の存在感の増大は、この構造を強化しているのかもしれない。そのような現状における国連の位置づけをどのように描き出すか。一つのテーマについて、さまざまな資料・史料を丁寧に検討しつつ、「立体的に」国連像を浮かび上がらせるしか方法はない。それが唯一、国連研究を「聖人伝」にしない手法なのだろう。

（1）管見の限り、コンゴに関するまとまった研究書としては、三須拓也『コンゴ動乱と国際連合の危機――米国と国連の協働介入史　一九六〇～一九六三年』ミネルヴァ書房、二〇一七年が例外的存在である。

（2）香西茂『国連の平和維持活動』有斐閣、一九九一年、六七頁。

（3）佐々木雄太『イギリス帝国とスエズ戦争――植民地主義・ナショナリズム・冷戦』名古屋大学出版会、一九九八年、一三六頁。
（4）同上書、一五九頁。
（5）三須、前掲書、五七頁。
（6）H. G. Nicholas, *The United Nations as a Political Institution* (Oxford: Oxford University Press, 1975). なお、オマリーは引用頁を記していない。
（7）佐々木、前掲書、一三一頁。
（8）後藤春美「世界大戦による国際秩序の変容と残存する帝国支配」荒川正晴ほか編『二つの大戦と帝国主義I　二〇世紀前半〔岩波講座世界歴史20〕』岩波書店、二〇二二年、三三頁。
（9）草間秀三郎『ウィルソンの国際社会政策構想――多角的国際協力の礎石』名古屋大学出版会、一九九〇年、一三六―一三七頁。
（10）金東勲『人権・自決権と現代国際法――国連実践過程の分析』新有堂、一九七九年、七二頁。
（11）半澤朝彦「国際政治における国連の『見えざる役割』――一九五六年スエズ危機の事例」『北大法学論集』五四巻二号、二〇〇三年、二八八―二六三頁。
（12）International Court of Justice (ICJ), *Certain Expenses of the United Nations (Article 17, Paragraph 2, of the Charter), Advisory Opinion of 20 July 1962, I.C.J. Reports 1962, p. 151.*
（13）三須、前掲書、一七一頁。
（14）同上。
（15）U.N.Doc. A/3943, 9 Oct. 1958.
（16）「研究摘要」の邦語訳は、香西、前掲書、九四―九五頁を参考にした。
（17）この点を批判的に考察したものとして、三須、前掲書のほか、玉村健志「ハマーショルドのコンゴ政策――国連平和活動に見られるパターナリズム」『クァドランテ』一四巻、二〇一二年、一八五―二〇六頁。
（18）マーク・マゾワー〔依田卓巳訳〕『国際協調の先駆者たち――理想と現実の二〇〇年』NTT出版、二〇一五年、一〇七頁。
（19）この文脈では、ハマーショルドの殉職の原因も問題となる。当時、イギリス・アメリカとハマーショルドの関係が良好ではなかったこと、さらに、今日に至るまで両国が関連の機密文書の公開を拒んでいることから、ハマーショルドの殉職に両国が関与しているのではないかという疑念は今日まで抱かれ続けている。オマリーは断言しない（一一四―一一八頁）が、殉職の四日前にアメリカ国務省は「次の事務総長候補」について検討していた（本来、ハマーショルドの二期目の任期は一九六二年末までであり、いささか尚早な感は否めない）ことには触れられている（一一六頁）。
（20）詳細については、Hawkins, Darren G., David A. Lake, Daniel L. Nielson and Michael J. Tierney (eds.) *Delegation and Agency in International Organizations* (New York: Cambridge University Press, 2006) を参照。
（21）細谷雄一「『国際連合』の起源――戦後構想をめぐる英米関係、一九四一年」『法学研究』七八巻八号、二〇〇五年、一―三四頁、特に二六―二八頁。

（やまだ　てつや　南山大学）

日本国際政治学会編『国際政治』第213号「アメリカ——対外政策の変容と国際秩序——」（二〇二四年三月）

〈書評論文〉

デジタルシルクロードは中国的価値観の普及・拡大ツールとして機能しているか

持永大著『デジタルシルクロード　情報通信の地政学』（日本経済新聞出版、二〇二二年、二九一頁）

ジョナサン・E・ヒルマン著『デジタルシルクロード　世界をつなぐ中国のインフラ戦略』

(Jonathan E. Hillman, *The Digital Silk Road: China's Quest to Wire the World and Win the Future*, Profile Books, 2021, 368pp.)

伊藤和歌子

はじめに

中国における科学技術の進歩は目覚ましく、もはや「科学技術大国」であることは誰もが認めざるをえないだろう。科学技術・学術政策研究所（NISTEP）の発表する「科学技術指標」の最新統計によると、自然科学八分野（化学、材料科学、物理学、計算機・数学、工学、環境・地球科学、臨床医学、基礎生命科学）の論文数は、二〇一八年～二〇年の平均値で中国が世界第一位であり、また、研究者による引用回数が上位十％以内、及び一％以内の論文数でもそれぞれ世界第一位である[1]。特許件数においても、国内だけでなく、国外での取得件数が十万件を超え、世界知的所有権機関（WIPO）によると、二〇二一年の世界の特許出願件数のうち、中国によるものが五割近くを占めている。先端技術分野においても驚異的なスピードで技術力を向上させ、二〇二一年には世界初の衛星・地上間量子通信ネットワークを構築するほか、一カ国単独では初めての宇宙ステーションの運用を開始した。

ＧＤＰでも世界第二位の経済大国となり、科学技術分野においても指標だけでなく、その研究開発能力においても先進国に肉薄するようになった習近平政権では、科学技術振興政策においても、「先進国にどう追いつくか」よりも、科学技術力を用いて、習近平の掲げる「中華民族の偉大な復興」という「中国の夢」をいかにして実現するのか、に主眼が置かれるようになった。習政権では、科学技術の「自立自強」を国家戦略の柱に据え、「科教興国（科学・教育による国家振興）＋人材強国＋イノベーション駆動の発展戦略」による「科技強国」の建設を提唱し、自国の研究開発能力の向上に重点的に取り組んでいる。その一方で、中国の科学技術振興は、経済発展の牽引役であるイノベーションとデジタル化を中核に、外交理念とのリンケージを一層強めている。

「中華民族の偉大な復興」のための「特色のある大国外交」推進において、「人類運命共同体」や「新型国際関係」という理念を打ち出しているが、その実現における科学技術の役割が強まっている。二〇二一年に再改定された「科学技術進歩法」では「国際科学技術協力」という章が新規に設けられ、その筆頭に、「国家は開放的・包括的、互恵的な国際科学技術協力・交流を促進し、人類運命共同体の構築を支援する」（第七九条）という条項が盛り込まれた。さらに、第八〇条として、中国企業や大学・研究機関等が国際的な技術協力・交流を通じて世界の科学技術進歩の推進を奨励することを国家の役割として規定した。

外交理念の体現手段である「一帯一路」構想と、その補完的位置づけとみられる「グローバル開発構想（ＧＤＩ）」においても、科学技術の果たす役割はますます大きくなっている。「デジタルシルクロード」や「イノベーション・シルクロード」がその好例であろう。経済大国であり科学技術大国である中国のこうしたイニシアチブの推進には、リベラルデモクラシー諸国が築いてきた既存の国際秩序の再構築への野心が見え隠れしている。

二〇二二年一〇月の第二〇回中国共産党大会において、習近平は以下のように述べた。すなわち、人類運命共同体の構築推進の下、①いかなる社会体制を採用しようともそこには干渉しないこと、②発展途上国に対して連帯・協力を強化して共通の利益を守りつつ、グローバルな開発協力に重点的に投資して経済成長の加速を支援・援助し、周辺国に対しては友好・相互信頼関係、利益の融合を深化させること、③グローバル・ガバナンス体系の改革・構築に積極的に参加し、公正で合理的な方向、すなわち国連を核心とする国際体系、国際法を基礎とする国際秩序等の断固保守やあらゆる形態の一国主義や特定の国への敵対的陣営化への反対といった方向に促すこと、上海協力機構（ＳＣＯ）やＢＲＩＣＳの影響力を高めて新興国や途上国の代表性と発言力を高めること、である。

ここから、発展途上国に対し、経済支援を足掛かりに関与を強め、地域レベルの多国間枠組みを用いて発言権と影響力を高め、（②で示すような）中国的価値観に基づく国際秩序形成への賛同者を増やそうとしていることが見てとれる。

「科技強国」とならび、「デジタル強国」「サイバー強国」「宇宙強国」「海洋強国」といったスローガンを掲げ、世界中にその影響力を浸透させつつある中国だが、これを非民主主義国の筆頭たるロシアと中国の接近を踏まえ、自由主義対権威主義の体制間競争、との見方があるが、構図はそう単純ではない。

中国にとっての最大の関心事項は、政権の安定とその正当性を担保する継続的な社会・経済発展、そして「西洋の衝撃」による屈辱を晴らし「偉大なる中華民族の復興」を実現することであり、中国のイデオロギーを輸出することではない。習近平は前述のとおり、「いかなる社会体制を採用しようともそこには干渉しない」ことを明言しており、異なる政治体制の国民に対し、アイデンティティを変えるような中国の教化の経験の強制には興味がない[2]。あるとするならば、上記関心事項の実現のため「価値」の普及・拡大と、その手段としての国際ルールへの中国的価値の組み込みであろう。

中国が目指すのは自国の体制を正当化し、存続させるためのルール改定と賛同者の増加である。今起きている事象は、非協議的で専制的な統治を是とするような諸価値とルールの拡大・浸透と自由、民主主義、人権、法の支配といった普遍的価値とルールとの勢力圏争いといえる。

「デジタルシルクロード」構想は、まさにその最たる戦場であり、デジタルインフラの整備を通じた中国の標準規格の導入や通信機器・システムを提供し、資金援助を行うことで勢力圏の拡大を目指すものである。二〇二一年時点で一七の「一帯一路」沿線国と「デジタルシルクロード」協力覚書を締結しており[3]、その概要をみても、情報通信網のみならず、スマートシティやオンライン教育などの経済・社会のデジタル化や、そのためのデジタル技術や人材育成等、協力分野は多岐にわたる。中国の外交・安全保障・経済発展・科学技術振興戦略がすべて体現された構想といえる。

だからこそ日米欧を始めとするリベラルデモクラシー諸国は、民主主義からも権威主義からも距離を置くグローバルサウスと呼ばれる途上国・新興国を中心に、中国の経済・技術的影響力の浸透に焦燥感を募らせ、最大級の警戒を示す一方で、民主主義的価値に引き付けるための方策を日々模索している。

しかしながら、中国から技術やデジタルインフラの恩恵を享受する国々の中には、権威主義体制を敷くがゆえに、無論、中国の提案が自国の体制維持に都合がよいと考えて採用する国もあるが、自国の政治的安定や経済発展との引き換えに、やむを得ず中国的価値に基づく法制度を受け入れている国も少なくない。これら「浮動層」的立場の諸国に対し、日本や米国をはじめとする国々が、自由、民主主義、人権、法の支配といった普遍的価値に重要性を見出し、中国的価値を採用せずとも、政治的安定、経済発展、安全保障の確保が可能であることを示せれば、リベラルでルール基盤の国際秩序を再び盛り返すことができるのかもしれない。

今回書評論文にとりあげた二冊は、上述の価値をめぐる争いにおいて、中国がグローバルサウスを含む「一帯一路」沿線国に対し、情報通信技術やデジタルインフラを用いてどのような手法で影響力を拡大しているのか、そのリスクは何か、なぜこれら諸国は中国由来の技術やインフラを受け入れるのか、その影響力はどの程度であるのか、そして、中国の影響力下にある／ないにかかわらず、こうした諸国が、リベラルデモクラシー諸国の共有する価値を利益あるものとして受け入れるようになるには、どうすればよいのか、といった問いに答えるものである。両書は、中国の「デジタルシルクロード」構想をそれぞれの角度から解き明かし、日本を始めとするリベラルデモクラシー諸国が取り組むべき課題を示してくれている。以下では、両書の概要を紹介するとともに、その意義について考察する。

一　国際政治から見たデジタルシルクロード

『デジタルシルクロード　情報通信の地政学』は、デジタルシルクロードの問題の本質を整理したうえで、国際政治におけるパワーの概念を分析枠組みに用い、経済、安全保障、技術という要素と、インド太平洋地域の地政学から、デジタルシルクロードの目的とその影響力を明らかにしている。国際政治を切り口とし、これほどまでに体系的・網羅的なデジタルシルクロード分析は本書をおいて他には見当たらない。

本書の白眉の一つは、第一章でデジタルシルクロードを「技術の社会実装に関する価値を促進しようとする価値外交」と定義づけたことにある。「技術の社会実装に関する価値」とは、筆者によれば、体制の強化や社会の管理のために技術を利用し、海外にその方法を広げることで、国際的な技術の社会実装の方法を規定しようとするものである（二〇頁）。中国は情報通信技術を利用して社会を管理するデジタル権威主義を敷くことで、習近平の意思による統率力強化と対外的拡大を目指している。この「価値」は、国際政治学上議論されてきた「テクノ・ナショナリズム」や「テクノ・グローバリズム」とは一線を画すという。

その狙いやメリットは以下のとおりである。

第一に、発展段階と環境の似た中国周辺の権威主義体制を敷く国に対し、意思疎通の良好なエリート層を通じてデジタル権威主義を拡大できれば、情報通信技術を用いた社会の管理を地域のデファクトスタンダードとすることができる（二一頁）。

第二に、さらなる経済発展を成し遂げ、情報通信分野で世界を主導したくも、中国国内の施策を国際社会にそのまま適用することが難しい状況にある中国は、情報通信技術を用いた管理手法の正当性を国際社会に訴え、価値を共有する共同体を拡大したいと考えており（二二五頁）、デジタルシルクロードはその手段である。その過程で、国家がインターネットを統治する取り組みについても、正当なものと認知される必要があると考えている（同頁）。この考え方は、二〇一五年の第二回世界インターネット大会で習近平が披露した「サイバー主権」に集約される。この概念は、サイバー空間を国の主権が及ぶ範囲とみなし、それゆえ国際法上の内政不干渉の原則が適用されるというものである。この主張に基づけば、中国の国内法によるインターネット上の情報の検閲やアクセスの遮断といったサイバー政策に対する諸外国からの関与を「内政干渉」として排除することが可能である。

本章のもう一つの意義は、なぜ「一帯一路」沿線国がデジタルシルクロードの恩恵を受けているのか、あるいは受けざるをえないのか、について、その要因をデジタルインフラのロックインにあることを指摘したうえで、その手法を明らかにしたことである。

第二章では、中国の情報化戦略の変遷を丁寧に説明したうえで、中国の経済発展の主軸である「双循環」概念を用いながら、三段階からなる中国の諸外国への影響力行使の手法を説明する。

第一段階では、国内企業や大学、研究機関に対し、補助金の交付や税制上の優遇等をつうじて研究開発や中国国内の競争促進を図る。その一方で、特定分野の外資の参入規制により国内産業を保護する。そうすることで、中国企業や研究機関の技術力や研究開発能力を強化する。

第二段階では、「一帯一路」における政府間の合意による紐付き融資による中国企業の受注獲得、中国企業の標準化提案をつうじた国内標準の国際展開及び同標準を取り入れたインフラの受益国への提供、物流網と結びついた電子商取引のプラットフォームの輸出、等の手段を講じて、中国由来の技術やインフラが生活に欠かせないものとして浸透させる。これにより他のインフラやプラットフォームの乗り換えコストが上昇し、ロックイン状態に追い込まれ、中国との依存関係が強化される。

第三段階では、受益国のデジタルインフラやプラットフォームのロックインを確実にするため、中国はインフラ整備の契約を維持・運用につながるように仕向ける。国際標準となった技術のライセンス収入と合わせて、中国企業は長期にわたり利益を得るエコシステムを構築した。さらにはこのような経済的・技術的依存関係を梃に、政策的な影響力も行使していることを、シエラレオネの事例をとりあげて説明している。

デジタルシルクロードをつうじた経済的・技術的依存関係の深化は、中国による受益国のエコノミック・ステイトクラフトや経済的強制といった地経学的手段の行使を容易にする。本書でも指摘されるように、その事例は膨大かつ多岐にわたり、いくつかの手段を取り上げて整理することはできても、その全体像を俯瞰するのは殆ど不可能といってよい。

しかしながら本書は第三章から第五章にかけて、およそ体系的分析が不可能とみえるデジタルシルクロードの影響力行使を、ジョセフ・ナイのパワー概念、及びストレンジの関係的パワーと構造的パワーの概念を用いて見事に説明している。

第三章では、ナイとストレンジによるハードパワー／ソフトパワー、関係的／構造的パワー概念を説明する。そのうえでストレンジの提唱する構造的パワーの対象とする安全保障・生産・金融・知識の四つの構造に着目した分析手法が、情報通信技術が国際政治経済学における安全保障・富・自由・公正といった基本的価値に対して影響を与えているかの分析に適していると説明し、同技術がそれぞれの構造をどう変えたのかを分析している。

第四章、第五章ではパワー行使のありかたを事例を用いて分析している。第四章では、ある国が他の国を動かす関係的パワーについて、まず、ハードパワーの例として海底ケーブル敷設への関与といった通信回線の整備や道路・鉄道と組み合わせた通信インフラ整備をあげる。すでに第一章で指摘のある通り、情報インフラの整備は、地理的・経済的制約から地理的に集中しやすい。マラッカ海峡は中国と東南アジアを結ぶ海底ケーブルが集中し、中国はインド洋の海底ケーブルへのアクセスにはミャンマーを、アラビア海のケーブルへのアクセスにはパキスタンを経由しなければならないことから、東南アジアと南アジアは中国にとって通信インフラのボトルネックである（六一―六二頁）。この解消のため、通信回線の整備ルートで中国国内と東南アジア諸国を結ぶことで経済的連結性を強化している。さらなる解消の例として、中老鉄路や中国・パキスタン経済回廊にて道路・鉄道インフラに沿った通信インフラ整備、ジブチ保障基地と中国本土を結ぶケーブル敷設プロジェクトＰＥＡＣＥの実施を通じた中国、南アジア、アフリカの政治的・経済的結びつき強化をあげる。

ソフトパワーの行使の例としては、前述の中国の技術の社会実装に関する価値外交をあげているが、本章では、価値の拡大事例として、中国に類似するインターネット規制に関する法整備が発展途上国を中心に広まっていることを新しく指摘している。

第五章では、構造によって権力行使の場を形作り、国・企業などの主体を導く構造的パワーの行使の事例を取り上げている。

その中でも特に目を引くのは、中国による海外企業への制裁に関する分析である。本章では、中国が単独制裁を用いて自国の考え方を相手に強要していること、他国のそれとの相違点には、①目的が自国の価値観にそぐわない行動をとっている相手の行動を変えさせるための行為であること、②制裁の理由が自国の主権、安全、利益を脅かす行動の抑止や懲罰であること、③法による支配ではなく、中国共産党による法を利用した支配が基本のシステムとなっていること、と整理する。経済安全保障の重要性の高まりを背景に、中国の地経学的手段に対する数多くの論考が発表されているが、本章の分析は、とりわけ傑出している。

もう一つ注目すべきは、知識構造における事例分析である。中国は二〇二一年一〇月に「中国国家標準化発展綱要」を発表し、標準化への取り組みを強めているが、本書では、その取り組みにおいて、単に中国国内で開発した基準の国際化をめざすというのではなく、強制製品認証（ＣＣＣ）を利用したソースコードの開示要求や、国際標準化機構（ＩＳＯ）の委員会ポストを利用した先端技術情報の収集など、標準化が核心的技術の獲得手段としても用いられているという重要な指摘をしている。さらには、「中国の社会実装に関する価値」の拡大において、「グローバル・データセキュリティ・イニシアティブ」の提唱、インターネットの通信方法を規定するプロトコルへの監査を容易にするNew IPの提案という、技術と国際ルールの両面から取り組んでいることも明らかにしている。

最終章となる第六章では、「自由で開かれたインド太平洋」によるデジタル分野の取り組みや、日米豪印それぞれの対応事例を紹介しつつ、デジタルシルクロードに飲み込まれつつある「一帯一路」沿線国に対し、リベラルデモクラシー諸国がどう対応すべきかについて、「デジタルシルクロードによってインフラなどを整備した受益国が、自由や開放性といった価値の重要性を見出せるように呼び掛けるべきである。そのためには、中国共産党による価値を採用せずとも、政治的な安定、経済的な発展、安全保障の確保が可能であることを示す必要がある」(二四五頁)と提言し、その際にはＦＯＩＰの原則に基づく経済・安全保障上のメリットの共有が効果を発揮するだろう、と述べている。

二　臨場感あふれる体験的事例を駆使したデジタルシルクロード分析

一方、『The Digital Silk Road: China's Quest to Wire the World and Win the Future』は、文献調査と合わせて、中国の「一帯一路」プロジェクトの現地視察や、筆者自身のハイクビジョンの研修コースやアフリカ最大のデータセンターへのオンラインツアーへの参加体験等に基づき、デジタルシルクロードの実情に深く入り込み、米国を始めとするリベラルデモクラシー諸国がどのように立ち向かうべきかを示している。筆者はＵＳＴＲの政策アドバイザーを前歴にもつ元ＣＳＩＳシニアフェローだが、その臨場感あふれる筆致は中国、米国、発展途上国の政府、企業、国民等それぞれの立場から見たデジタルシルクロードを鮮明に浮かび上がらせることに成功している。

第一章は、問題意識の提示と、本書の構成を説明している。デジタルシルクロードを「中国企業が厳しい監視の目にさらされる中での巧みなマーケティングツールであり、ハイテク産業の市場シェアを獲得し、世界シェアを目指すもの」と説明したうえで、中国による米国の地方都市や開発途上国、新興国へのデジタルリーチの進展と、対する米国による国内外での中国の技術やインフラの締め出しの強化をめぐる動きを、米中によるネットワーク支配権をめぐるネットワーク戦争と評する。

また、情報通信技術をつうじた中国の世界的浸透を助長した要因として、西側諸国における情報通信技術の自由化効果に対する強力かつ純粋な信念を挙げている。すなわち、サイバー空間は我々の集団的行動によって自然に成長するもので、政府の支配の及ぶ空間ではない、という考え方である。

ところが、中国はインターネット開通当初から、サイバー空間を政府の介入しうる、国家主権の及ぶ範囲ととらえていた。中国共産党は毛沢東時代から、大衆に伝わる情報を統制しようとしており、インターネット規制においてもその本質は変わらないといえる。インターネットを通じた世界の情報ネットワークとの連接は中国の経済・社会発展において不可避であるが、一方で国内外の敵対勢力がそれを利用して大衆に情報を送り付けることも可能となる。中国の指導者は中国共産党の指導の正当性を根本から揺るがしかねない「西洋化」「和平演変」を警戒しており、二〇一五年版国防白書でも反中国勢力が「カラー革命」を画策していると言及している(4)。中国共産党にとっては、情報通信技術が進歩し、情報共有とアクセスの容易化が進めば進むほど、経済発展の恩恵を受けることと、情報統制の維持とのバランスを如何にして図るかが、一党独裁の継続にとってより一層死活的な課題となるのである。

第二章では、ファーウェイ（華為）がいかにして中国最大のグローバル企業となったのか、特に海外企業や技術の取り込み手法について、二〇〇九年に経営破綻したカナダの通信機器大手のノーテル（ノーザン・テレコム）社を事例として、ファーウェイが外国の技術や情報をどのように取り込み、成長したのかを明らかにしている。そのやり口はリバースエンジニアリング、合弁企業の立ち上げ、企業の技術拠点における研究活動のネットワーク構築であり、リバースエンジニアリングを通じて技術にアクセスし、競合他社から優秀な人材を引き抜いた。明らかな違法行為にも言及しており、ノーテル社では幹部のメールアドレスへのアクセスを通じて、技術文書、製品開発計画、価格情報を含む販売計画書等の重要文書が取り出されたという。このほかに、IBM等の欧米コンサルタントに多額の資金を投じ、欧米の経営・財務慣行もとりいれたという。

第三章では、ファーウェイによる米国の地方都市へのデジタルリーチの実態を、モンタナ州グラスゴーの事例を通じて明らかにしている。グラスゴーを始めとする米国一二州農村部の通信事業者がファーウェイの通信機器を導入した背景には、人口規模の小ささ故、米国の大手キャリアによる投資がなされなかったこと、エリクソン、ノキア等、他の海外通信機器の費用の高さがある。デジタル化の進展により生じる問題として、情報通信網の恩恵にあずかれる層とそうでない層とのデジタルディバイドがある。一般的には、都市と情報通信インフラの乏しい農村や遠隔地等との間で生じうるが、都市部においても、高速ネットワーク構築の際にプロバイダーが低所得者層をスキップするデジタル・レッドライニングとよばれる行為がみられるという。ファーウェイは、このようにデジタルディバイドで取り残された先進国の農村部や、新興国・途上国に進出することで成功を収めた。

グラスゴーの事例は、リベラルデモクラシー諸国が、中国の魅力的な提案にどのようにして対応すべきか、その問題点を明らかにしている。すなわち、米国政府がいくらファーウェイのもたらす安全保障上の脅威について警鐘を鳴らしても、同社の機器のユーザーにとっては、既存のサービスへのアクセスを失うリスクのほうが大きい。マズローの五段階欲求を使い、米国政府は第二段階（安全欲求）よりも第三段階（社会的欲求）を優先するように人々に求めているという本書の指摘は、まさに問題の本質をついているといえよう。

第四章では、中国が都市部を「天網」、農村部を「雪亮」と呼ばれる顔認証付きのカメラを用いていかにして監視社会を構築しているのかを明らかにした上で、監視システムの輸出イコール「権威主義の輸出」なのか、という疑問を提起する。筆者はこのような単純な見方は、各国が中国の技術をなぜ導入しているのか、技術の使用方法への影響要因は何か、技術自体の限界は何か、といった問題を見落とすと指摘する。パキスタンでは、約二千台のカメラ、五百キロメートル以上の光ファイバーケーブル等を導入したが、カメラの半数が機能しておらず、犯罪件数は前年比で三割増となった。さらに、カメラへのリモートアクセスが可能になっていたことが明るみになったが、本システム導入のために多額の借金をし、長期的な課題をかかえるパキスタン政府にとってより切実な問題は、プロジェクトの成功である。カメラによる中国からの不正アクセスよりも、カメラが機能しないことの方が深刻だという。ケニアでは別の問題がある。中国によるケニアのスマートシティ建設支援プロジェクトにおいて、成果が芳しくないにもかかわらず、さらに別のプロジェクトを立ち上げ、中国からの資金がつぎ込まれているという。筆者は、政府が顧客の場合、プロジェクトが成功したかのように見せかけようとするインセンティブが働くと指摘する。失敗すれば、政府は国民から公的資金の浪費を糾弾されるし、主要な援助供与国かつ貿易相手国である中国との関係を危うくするリスクは避けたい。

さらに、筆者は中国の国家監視モデルが設計上、応用上とも非効率的であり、平和的な反対運動さえも武力で粉砕するような社会を構築していると指摘する。このような監視システムは極めてコストがかかるため、海外に技術を導入できたとしても中国モデルの再現は不可能ではないが高価であると指摘する。

第五章では、中国の三大通信キャリアによるインターネットの地図の塗り替えへの取り組みを分析する。中国では、①すべての受信トラフィックを中国通信事業者経由にしてデータフローを政府当局が監視、検閲、妨害すること、②三大通信キャリアによる国際データの大部分を伝送するＳＡＩＬやＰＥＡＣＥプロジェクト等を通じた海底ケーブルのシェア拡大、③アフリカや中南米を中心とした三大通信キャリアによる世界各地でのデータセンターの設立、によるデータフローの掌握を目指しているという。

こうした動きに対し、筆者は、米国はデータフローを信頼できるパートナーに限定せず、量子暗号技術等の信頼に依存しない技術を開発すべきだという。また、米国のクラウドプロバイダーの持つインフラへの国内投資や海外アクセスへのオープン性は強みだとも指摘する。一方、海底ケーブルの切断や遮断は、グローバル・ネットワークを米国の国益に見合わない方向に導く可能性があることを示唆している。

第六章では、中国の宇宙インフラを用いた影響力の拡大状況について言及している。中国は「一帯一路」構想の一環で、「『一帯一路』宇宙情報回廊」建設を実施している。同構想では、中国の通信衛星、リモートセンシング衛星、測位・航法衛星を用い、地上のＩＣＴインフラと連携し、「一帯一路」全域をシームレスにカバーした通信網の構築、測位・航法及びリモートセンシングの実現を目指す(5)。本章では、この構想の実態を詳らかにしている。とりわけ見事なのが、中国の発展途上国に対する衛星輸出に関する分析であり、中国による衛星輸出が、結果として当該国にもたらす利益を上回る費用を支払う状況になっていること、経済利益よりも戦略上の利益を得るための事例もあること、財政難にあえぐ発展途上国にとって、中国の衛星輸出は不透明性がつきまとうものの、政治的魅力が高いことなどを指摘している。最後に、衛星インターネットをめぐる競争についても言及しており、低軌道における衛星コンステレーションでは、欧米企業は通信回線等の地上インフラを敷設することなく市場参入が可能であるため、中国が新興国や発展途上国のデジタルインフラ市場で獲得してきた優位性が損なわれる可能性があることを指摘する。

最終章となる第七章では、ネットワーク戦争への勝利への道筋が示されている。第一に、グローバル・ネットワークはインテリジェンス的・軍事的意味合いを含む技術的・経済的な問題であることを認識し、完璧な安全保障を求めるよりも、レジリエンスを優先させた、「オープンでレジリエントな経済連合（CORE）」の構築を提言する。その際に、欧州は米国と価値観を同じくするも、中国との距離の取り方が異なること、インドが重要なスイングステートとなること、等を指摘する。そして、米国はデジタルインフラにより多くの資源を投入すること、海外市場や新興技術において、より起業家的になること、同盟国・同志国とのリスクとリターンを共有すべきであること、新興国や途上国に対し、インフラ自体の建設だけでなく、運用・保守コスト、サイバーセキュリティ関連の追加費用も視野に入れた援助プランを提示すること、が提案されている。

おわりに

二冊の書籍は、デジタルシルクロードの多面的な分析をつうじて、リベラルデモクラシー諸国と中国との価値をめぐる争いにおける問題を明らかにし、勝ち抜くための術を提示している。中国はますますデジタル権威主義に基づく「社会実装に関する価値」を広め、外国への介入頻度もあがるだろうが、デジタルインフラの構築支援は、受益国政府指導者の思惑もあって政治的に成功しているように見えても、実際は費用対効果に見合っていない場合がある。また、中国由来の技術・インフラの導入は中国的価値への賛同と必ずしも同義ではない。リベラルデモクラシー諸国は同盟国・同志国同士で連携しながら、中国の強みにばかり着目し、過剰に防御するのではなく、弱点を冷静に特定し、利用していかなければならない。両書籍の発行後に設立されたインド太平洋経済枠組み（IPEF）が、果たしてデジタルシルクロードにより生じる脅威やリスクの軽減にどのように貢献しうるのか、注視していく必要がある。

（1）文部科学省科学技術・学術政策研究所『科学技術指標 2022』八頁。

（2）イワン・クラステフ／スティーヴン・ホームズ著、立石洋子訳『模倣の罠』中央公論新社、二〇二一年、二八四―二八五頁。

（3）「中国〝数字絲綢之路〟創造新机遇（国際論道）」人民日報海外版、二〇二二年一〇月一〇日、http://world.people.com.cn/n1/2022/1010/c1002-32541811.html（二〇二三年五月二日閲覧）

（4）「《中国的軍事戦略》白皮書（全文）」国務院新聞弁公室、二〇一五年五月二六日、http://www.scio.gov.cn/zfbps/ndhf/2015/Document/

143516l/1435161.htm（二〇二三年五月二日閲覧）
（5）伊藤和歌子「中国の科学技術力を用いた影響力の行使：宇宙分野を例に」川島真・鈴木絢女・小泉悠編、池内恵監修『ユーラシアの自画像「米中対立／新冷戦」の死角』三二四頁。

（いとう　わかこ　日本国際フォーラム）

日本国際政治学会編『国際政治』第213号「アメリカ――対外政策の変容と国際秩序――」（二〇二四年三月）

〈書評論文〉

湾岸アラブ諸国研究の新潮流は生まれるか

ヘラ・ミニアウィ編『湾岸協力会議諸国における経済開発：レンティア国家から経済多様化へ』（Miniaoui, Hela. ed. 2020. *Economic Development in the Gulf Cooperation Council Countries: From Rentier States to Diversified Economies*, Springer, 208 pp.）

モハンメド・アカセム、デニス・ディクソン、ジョン・レオナルド・フォルクナー編『中東における石油、制度、持続可能性：市民のエンパワーメントを通じたラディカル・アプローチ』（Akacem, Mohammed, Dennis Dixon, John Leonard Faulkner. eds. 2020, *Oil, Institutions and Sustainability in MENA: A Radical Approach thought the Empowerment of Citizens*, Springer, 251pp.）

クジェティル・セルヴィク、ビヨルン・オラフ・ウトゥヴィク編『新しい中東における産油国、反乱と安定性』（Selvik, Kjetil. and Bjorn Olav Utvik. eds. 2016. *Oil States in the New Middle East, Uprisings and stability*, Routledge, 212 pp.）

松尾昌樹

はじめに

　地域研究には、研究対象地域の詳細な情報を提供する、あるいはそれぞれの地域で発生している現象を、その地域の文脈で解釈する枠組みを提示するという役割が求められる。地域研究が多様な地域を扱えばそれだけ、世界に対する我々の理解・解釈も多様性を獲得し、また正確な像を結ぶことが可能となる。しかし、それだけで研究対象地域の多様性が確保されるわけではない。研究領域の拡大・存続は研究需要にも影響され、それは第一に当該地域が有する国際社会での重要性に左右される。これは本稿で取り上げる湾岸アラブ諸国研究も例外ではない。湾岸アラブ諸国（クウェート、バハレーン、カタル、サウジアラビア、アラブ首長国連邦、オマーン）はとりわけ九〇年代末から目立つようになった急激な経済成長や、直近では二〇一一年以降の「アラブ騒乱」における「倒れなかった権威主義体制諸国」として注目を集めてきた。

　こうした関心の高まりは湾岸アラブ諸国の精緻な分析にもとづく研究成果を生み出すに至ったが、ヘルトグ（Steffen Hertog）やハーブ（Michael Herb）といった傑出した研究者を除いて[1]、他地域・他分野の研究に貢献するような普遍性を持つ成果は今日まで生み出されていない。現地を精緻に描き出すことは確かに貴重であるが、当該地域への関心が低下して需要が縮小すれば、この種の地域研究は市場から撤退せざるを得ない。サウジアラビアのような大国は別として、バハレーンやカタルといった「小国」にどれほどの人々が関心を持つだろうか。湾岸アラブ諸国研究が今後も存続するためには、この地域を分析することで得られる知見を普遍的な議論に接続することが不可欠である。地域への関心が高まる数十年に一度の好機であった「アラブ騒乱」が去った後で、改めて理論の重要性を指摘したマーク・リンチ（Marc Lynch）は、現地の知識を追求するあまり政治学の理論的発展に遅れをとった地域研究は衰退し、それとは対照的に理論的発展を踏まえた地域研究が生き残ることができると主張した[2]。

　こうした関心から、本稿では、湾岸アラブ諸国の政治経済研究に関する近年の書籍を取り上げつつ、この地域の研究動向をレビューする。本稿が主に取り上げるのは冒頭の三書籍である。この三書籍はいずれも湾岸アラブ諸国の政治・経済状況を、経済的・財政的に石油資源に依存するというこの地域の特徴に照らして分析する点が共通している。本稿が石油資源に関連づけた議論に注目するのは、それが湾岸アラブ諸国研究の国際政治学、あるいは国際政治経済学への貢献が期待できる議論であること、また地域研究の一分野として「湾岸アラブ諸国研究」が生き残るための最も基本的な研究分野であることに基づく。

一　「石油の呪い」「レンティア国家論」と湾岸アラブ諸国研究

「石油の呪い」（Oil Curse）と「レンティア国家論」（Rentier State Theory）は、この地域の政治経済現象を説明する代表的な理論である。[3]「石油の呪い」は国際政治学あるいは国際経済学で発展し、「レンティア国家論」は中東地域研究で発展した理論であるが、経済的・財政的な石油依存が産業の多角化や民主化を阻害すると説明する点で共通している。また、どちらも完全に「正しい」と結論づけられた理論ではなく、今日まで批判や検証が続けられている。湾岸アラブ諸国は石油の世界的な埋蔵地域であり、これらの理論の実証を行う上で対象とされる代表的な地域であるため、これらの理論を用いて政治経済学や国際政治学に貢献できることが、湾岸アラブ諸国研究の存続に大きく作用すると考えられる。

　本稿で取り上げる書籍の一編であるミニアウィ編 *Economic Development in the Gulf Cooperation Council Countries: From Rentier States to Diversified Economies* は、湾岸アラブ諸国における経済多角化の必要性を検証するものである。本書はカタル大学の湾岸研究センター（Gulf Studies Center）に所属するミザヌール・ラフマン（**Mizanur Rahman**）がシリーズエディターを担当する湾岸研究叢書の一巻であり、その執筆陣にカタル大学やイスファハーン大学（イラン）、バハレーン大学（バハレーン）、スース大学（チュニジア）といった中東の研究機関に所属する研究者が多く含まれている点に特徴がある。近年ではＳＤＧｓやその目標の一つである脱炭素化の国際的な潮流を背景に、石油輸出収入に立脚する湾岸アラブ諸国の経済・財政の将来に対する関心が高まっている。また、二〇〇〇年代初頭から湾岸アラブ諸国は相次いで長期的な経済開発目標であるナショナル・ビジョンを公表し、自国の経済多角化をその最優先事項にあげている。[4]それらはいずれも人的資源開発や社会開発、環境開発を経済多角化に繋げ、それを経済成長の柱とすることで一致している。ただし、広く知られている「資源の呪い」の議論によれば、経済的に天然資源に依存する国家ではこの依存から脱却して経済成長を達成することが困難とされる。古典的な「資源の呪い」は「オランダ病」の枠組みに依拠し、天然資源への依存から脱却することが困難であることを説明するが、サミ・ベン・ミムとモハメド・サミ・ベン・アリ（Sami Ben Mim and Mohamed Sami Ben Ali）による本書第一章 "Natural Resources Curse and Economic Diversification in GCC Countries" で指摘されるように、近年では天然資源の負の影響は、保健や教育といった社会開発の停滞、人的資源開発の阻害、「制度」に対する負の影響も対象とするようになってきている。このため、本書も人材開発や持続可能な開発、エネルギー移行問題といった多様な観点から分析が行われている。

　本書は一章ごとに湾岸アラブ諸国の一カ国を扱っており、カタルであれば知的産業の開発（第三章）、アラブ首長国連邦であればメディカル・ツーリズム（第十章）など、それぞれの特徴に基づいた分析がなされている。同時に、湾岸協力会議（第四章）や中東地域（第九章）など、複数国あるいはより広範な地理的範囲の文脈で分析する章が準備されているため、この地域における経済多角化に関する議論を俯瞰する上で便利な構成となっている。

　上記の通り、本書の執筆陣には中東や湾岸アラブ諸国の研究機関に所属する研究者が多く含まれている。言論の自由が制限されている中東、とりわけ湾岸アラブ諸国では、現地で観察される政治・社会問題を現地の研究者が明示的に論じることはそれほど自由ではない。にもかかわらず、本書は湾岸アラブ諸国が「資源の呪い」に蝕まれていること、そしてその原因が「汚職」であることを指摘している点は高く評価される。例えば本書の第一章では、計量分析を用いて湾岸アラブ諸国の六カ国に「資源の呪い」が見られるのか確認がなされ、石油資源は国民が豊かになることに統計的に有意な効果を持ちながら、同時に失業を増加させ、投資を縮小する効果もあることが明らかにされている。この結果を人的資源の開発と投資が経済多角化に重要な要素であることと照らし合わせて、少なくとも湾岸アラブ諸国では、石油資源が経済多角化を阻害する負の効果があることが確認される。また、ニコラス・アペルギスとモハメド・サミ・ベン・アリ（**Nicholas Apergis and Mohamed Sami Ben Ali**）による第六章 **"Corruption, Rentier States and Economic Growth Where Do the GCC Countries Stand?"** は上記第一章の議論を推し進め、「資源の呪い」が汚職を経由して発生することを明らかにしている。「資源の呪い」は主に経済成長に負の（あるいはこの理論を批判するときには正の）効果があることを論じようとするが、それが発現するプロセスまで明らかにされることは少ない。これに対して第六章では、石油が汚職を媒介して経済成長に負の効果を持つことを、二〇〇八年から二〇一八年までの一一年間のデータを用いた一階階差一般化積率法（GMM）によって明らかにしている。

石油資源が国有資産であり、その配分が主要な経済成長要因である湾岸アラブ諸国において、経済成長のボトルネックが汚職であるのだとしたら、それは国家による石油収入の配分とそれを通じてなされる開発計画に汚職が蔓延していることを示している。もっとも、この議論がなされる各章では汚職に関する具体事例については言及がなく、モデルに投入された「知覚された汚職指数」（**CPI: Corruption Perceptions Index**）の推定値が示されるに過ぎない。それでもなお、現地の研究機関が国家の汚職を経済成長に関わる基本的な問題として提示していることをここでは高く評価したい。

「資源の呪い」のような法則性に基づく理論を検証・批判するには、計量分析を用いることが有効である。計量分析に依拠しない少数事例の分析も確かに重要であるが、その一事例が偶然の産物である可能性は否定できない。理論を肯定・否定しうる事例は必ず存在するので、それらに該当する少数事例を提示して理論を肯定・否定する行為は、都合の良い観察事例の選択（チェリーピッキング）の失敗を招く。本稿で取り上げる二冊目のモハンメド・アカセムとデニス・ディクソン、ジョン・レオナード・フォルクナーによる *Oil, Institutions and Sustainability in MENA: A Radical Approach thought the Empowerment of Citizens* は、このような失敗を招いた事例に位置付けられるかもしれない。本書の主張は、「資源の呪い」が中東地域の産油国における経済成長および民主化停滞の原因ではないという点で特徴がある。「資源の呪い」は完全に正しいと合意されたものでなく、適切な分析方法に基づいた批判は参照される必要がある[5]。ただし、アカセムらの議論にはいくつかの問題がある。

第一に、彼らは資源の呪いが見られない少数事例、特にルウェーやシンガポールに限定し、「資源の呪い」を批判する。第二に、多角的な分析が検討されず、ほとんどの場合において一つの変数に依拠して議論を進めているため、因果推論が不完全である。例えば本書の第三章 "Resource Curse and Institutions" では、「我々は石油が必ずしも呪いであるとは信じていない」と明言し、その事例として「ノルウェーは産油国であるが繁栄を謳歌する民主主義国であり、一人当たりのGDPで中東諸国やアメリカを凌駕する。他方でシンガポールは天然資源を持たないにも関わらず一人当たりのGDPは中東を凌駕する」と論じる。すなわち、経済成長には石油は無関係であり、「シンガポールとノルウェーの事例に答えがあり、それは経済成長に貢献する制度の存在である」と指摘する。制度が重要であることは否定できないが、なぜ比較対象がシンガポールとノルウェーなのか、論理的な根拠は示されない。仮に「石油と制度のどちらが真の原因なのか」という問いであれば、GDPに占める石油の割合が似ている国を複数選び、その中で経済成長に資する制度を持つ国とそうでない国を比較したり、あるいは制度が似通っているがGDPに占める石油の規模が異なる国を比較することで、計量分析を用いずとも分析は可能となるだろう。しかし、シンガポールとノルウェーは確かに経済成長においては似たトレンドを辿り、その背後に経済成長に資する制度が存在するものの、両国は石油資源の規模や民主主義等の経済成長以外の制度の度合いでは全く異なる。

制度の影響は重要であり、それゆえこれまでも制度は「資源の呪い」研究で取り上げられてきた研究テーマでもある。前出のアペルギスらが汚職に注目したのもまさに「制度」が機能不全に陥る原因がそこに潜んでいると考えたからであり、他変数を統制しながら分析することで、汚職が経済成長に対する「資源の呪い」の負の効果の媒介変数として機能していることを明らかにしたのであった。このように、原因を特定するためには適した分析方法が存在しており、またそれに基づく研究蓄積が存在する。本書がそうした分析に立脚しなかったのは非常に残念である。本書は学術出版社として大手の Springer Nature から発行されてはいるが、学術的な価値は残念ながら高くない。本書には上記に指摘したような分析手法に見られる問題に加え、先行研究を正しく理解していない部分[6]や、Wikipedia を典拠とする杜撰な部分（第二章）もある。基本的な学術的手法を踏まえない書籍が学術書籍の大手から出版されることの原因が、この書籍や出版社にあるのではなく、湾岸アラブ諸国研究に内在する問題——学術的な価値ではなく、注目を集める地域を対象とするコンテンツが流通する——のであるなら、この地域の研究に従事するものは本書を戒めとするべきかもしれない。

二　石油が引き寄せる移民と湾岸アラブ型エスノクラシー論

湾岸アラブ型エスノクラシーとは、国民と移民の間の格差を生成・維持することで、統治の安定を現出する統治形態を指す。エスノクラシーは民族統治と訳されることもあるが、支配集団と被支配集団の境界を民族境界と一致させ、この生得的な境界に基づいて支配者集団の優越や被支配者集団に対する収奪を正当化する仕組みを指す。エスノクラシーの概念を用いて政治体制を初めて論じたのは、アリー・マズルイ（Ali. A. Mazrui）とされる。[7] マズルイはウガンダの政治システムを説明するにあたり、市民権が生物学的な系譜に基づくこと、民族的に排他的な国家形態をとること、職業区分と民族区分が一致すること、といった特徴を挙げつつ、それを血縁に基づく政治システムの一形態として「エスノクラシー」と呼んだ。エスノクラシーはその定義から一般的に多民族国家が分析対象とされ、歴史的な民族対立、制度的な人種差別に基づく統治体制の説明に用いられてきた。例えば、中東地域を対象としたエスノクラシー研究では、ユダヤ民族主義に立脚してアラブ・パレスチナ系住民を抑圧する制度を分析したオレン・イェフタヘル（Oren Yeftachel）の論考がある。[8]

エスノクラシーを初めて湾岸アラブ諸国に適用させたのはアン・ロングヴァ（Ann N. Longva）である。[9] クウェートでの現地調査を実施したロングヴァは、一定程度の報道・言論の自由があり、普通選挙と立法府が機能しているクウェートが民主主義的に見えない理由を、移民と国民の関係がエスノクラシー的状況にあることに求めた。クウェートをはじめとする湾岸アラブ諸国では、国民は公的部門に就労し、移民は民間部門に就労する傾向が強い。また、公的部門の平均賃金は民間部門の三倍以上であり、賃金以外の労働条件も公的部門の方がずっと寛容である。湾岸アラブ諸国では、多数派の移民はあたかも国民に奉仕する存在であるかのようにそこに存在しており、少数派の国民は特権的な社会集団として君臨する。移民が帰化することが事実上不可能であることから、国籍は支配者と被支配者を区分する生得的な境界となり、エスノクラシーを機能させる。[10]

移民は世界的な現象であり、エスノクラシーも地理的に特定の範囲に限定される現象ではない。このため、移民とエスノクラシーを組み合わせた湾岸アラブ型エスノクラシーもまた、世界中で発生している移民現象と支配・被支配を取り扱える可能性を有しており、レンティア国家論に似た普遍性を獲得できるかもしれない。とりわけ、本稿で取り上げるセルヴィクとウトゥヴィクによる *Oil States in the New Middle East, Uprisings and stability* に収録されている論考は、湾岸アラブ型エスノクラシーに数理的基礎を与えるものであり、そこで展開される議論を参照することで、より普遍性を持った議論を展開することが可能となるだろう。本書は、その執筆陣に中東の政治経済学の教科書をはじめ多くの著作を著しているスプリングボーグ（Robert Springborg）や、サウジアラビア研究で知られるヘルトグ、中東地域研究で多くの論考を発表しているオクルフリク（Gwenn Okruhlik）、レンティア国家研究の創始者の一人であるルキアーニ（Giacomo Luciani）といった著名な研究者を揃えているところに目を引かれるかもしれない。しかしそれ以外にも、本書は北欧発の中東研究という点が特徴的である。編者の一人であるセルヴィクはノルウェーのベルゲン大学に所属し、もう一人のウトゥヴィクはオスロ大学のイスラーム・中東研究センターに所属する。また、第三章を執筆しているビョルヴァトゥン（Kjetil Bjorvatn）とホイギルト（Jacob Hoigilt）はそれぞれノルウェー経済大学とオスロ平和研究所に所属しており、また第四章を執筆したメフラム（Halvor Mehlum）とモエネ（Kalle Moene）、オステンスタッド（Gry Ostenstad）の三名もオスロ大学所属である。従来、英語で出版される中東研究の多く、特に湾岸アラブ諸国を対象とするものは、アメリカやイギリスの研究機関に所属する研究者によるものが大半であった。オスロ合意のように中東和平に大きな貢献を果たしたことは広く知られているが、ノルウェーが中東研究の拠点としてはほとんど注目されていなかったことを考えれば、本書は画期的な一冊に位置付けられよう。

本書はアラブの春が中東・北アフリカ地域の産油国に及ぼした影響を分析し、長期的な政治的安定性に関する含意を引き出すことを目的としている。[11]本書において出色なのは、メフラムとモエネ、オステンスタッドが執筆する第四章 "Guest workers as a barrier to democratization in oil-rich countries" である。この章は、短期滞在移民が民主化に負の作用を及ぼすことを、数理モデルを使った国民の選好によって説明している。[12]この議論は湾岸アラブ型エスノクラシー論に分類することが可能であるが、メフラムらはこれを、国民を分断する仕組みを生み出すことで支配者への抵抗を弱体化する「分断統治」と比較して、「追加統治（add-and-rule）」と呼んだ。この表現は、移民を国内居住人口に「追加」することで、その住民を分断し、為政者に対する住民の集合的抵抗運動を阻害する仕組みであることを端的に示している。

議論は二段階で構成され、第一段階では石油収入の配分方法を国民と移民に等しく配分される民主主義国と、移民に配分されない代わりにその大半を為政者が獲得する権威主義体制国――湾岸アラブ諸国が想定されている――を比較し、後者の方が国民の利得が大きくなることを説明する。石油収入の規模が一定であると仮定すると、国民と移民に等しく石油収入が配分される民主主義国では、移民が増加すればそれだけ国民一人当たりの配分額は減少する。これに対して、為政者があらかじめ個人的な取り分を差し引いた残額を国民に配分する権威主義国では、為政者が自身の取り分の一部を民主主義国で国民に配分されるべき金額にわずかでも上乗せすれば、国民の利得は民主主義国よりも大きくなる。ここに、国民が移民に資源配分を行わない湾岸アラブ型エスノクラシー体制を選択する合理性が確認される。支配者の個人的な取り分は最大で人口に占める移民割合に近似するため、移民人口が増えればそれだけ支配者の取り分が増加することとなる。

第二段階では、移民人口の増加に伴う国民の購買力の変化をもとに、移民の人口規模が一定水準を超えると、移民を受け入れる権威主義国の国民の利得は移民を受け入れない民主主義国のそれを凌駕することを指摘する。権威主義国では移民が増加しても国民が受け取る石油収入の配分額は一定だが、移民という労働力の増加によって国内の非貿易可能財部門の価格が低下するので、国民一人当たりの購買力は増加する。これに対して、国民と移民に等しく資源配分が行われる民主主義国では、移民の増加によって非貿易可能財部門の価格が低下するのは同じだが、国民一人当たりの配分額も減少するので、国民一人当たりの購買力は減少する(13)。国民人口規模と石油収入の規模が同程度の民主主義国と権威主義国を比較する場合、移民人口がゼロであれば、為政者が石油収入からあらかじめ個人的な分前を獲得する権威主義国よりも、その全てを国民で分け合う民主主義国の方が、国民一人当たりの購買力は大きい。しかし、上記の通り移民の増加によって国民一人当たりの購買力は権威主義国で増加し、民主主義国で低下する。移民人口がある規模に達すると、両者の購買力は逆転する。さらに移民が増加し続ければ、権威主義国は移民がゼロの場合の民主主義国よりも、国民一人当たりの購買力が大きくなることが予想される。このため、権威主義国の国民は、移民と国民が等しく石油収入を分け合う民主主義体制を選ばない。

経済学の分析枠組みを援用したメフラムらの論旨は明確であり、為政者や国民が統治や自己の利益のために移民を利用している様子を論理的に描き出すことに成功しているといえよう。あえて批判点を挙げるとすれば、移民の利得が考慮されていないことと、参照される実例が乏しい点であろう。為政者と国民、移民の三者はおそらく異なる目標・理想を持ちながら、石油収入と権威主義、越境移動に支えられた奇妙な安定―同床異夢の状態にある。この状態を、移民の利得を考慮した経済モデルの構築と、現地社会における国民と移民の格差の実例を踏まえることで描くことが可能となると思われる。

おわりに

湾岸アラブ諸国研究は徒花として終わるのだろうか、それとも国際政治や政治経済学に貢献する理論を生み出すフィールドとして存続し続けるのだろうか。国際的なエネルギー転換が引き起こす政治・経済的影響に加え、この地域はイランとイスラエルの対立の最前線となる可能性がある。また、二一世紀の移民現象はその人口規模で見ればアジア・アフリカ地域が中心的な地域となることは確実であり、湾岸アラブ諸国はその中心となる。このため、幸か不幸か、この地域は今後も注目を集めるであろうことは間違いない。これは、個別の事例を挙げながら現状を説明することで短期的な需要に応えるという経路が保存されることになるだろう。しかし、湾岸アラブ諸国が真に注目すべき研究対象地域となるためには、この経路を脱してより広い研究領域に貢献することが求められる。本稿で紹介した書籍にその手がかりがあれば幸いである。

（1）Hertog, Steffen. *Princes, Brokers, and Bureaucrats: Oil and the State in Saudi Arabia*, Cornell University Press, 2011; Herb, Michael. *All in Family: Absolutism, Revolution, and Democracy in the Middle Eastern Monarchies*, State University of New York Press, 1999.

（2）Lynch, Marc. "Introduction: the Project of Middle East Political Science: Research Agendas for a Maturing Field", in Marc Lynch, Jillian Schwedler, Sean Yom eds. *The Political Science of the Middle East: Theory and Research Since the Arab Uprisings*,

Oxford University Press, 2022.

（3）「石油の呪い」については、Ross, Michael, L. *The Oil Curse: How Petroleum Wealth Shapes the Development of Nations*, Princeton University Press, 2012（ロス、マイケル・L著、松尾昌樹・浜中新吾共訳『石油の呪い　国家の発展経路はいかに決定されるか』吉田書店、二〇一七年）を参照。「レンティア国家論」については、Beblawi, Hazem and Giacomo Luciani. *The Rentier State*, Croom Helm, 1987を参照。

（4）最も早いものが一九九五年にオマーンで公表されたビジョン二〇二〇であり、それは二〇二〇年の開発達成目標を公表したものである。これは二〇一九年にビジョン二〇四〇に引き継がれた。二〇〇八年にはカタルのビジョン二〇三〇、クウェイトのビジョン二〇三五、バハレーンのビジョン二〇三〇が公表され、二〇一〇年にはアラブ首長国連邦でビジョン二〇二一が、二〇一六年にはサウジアラビアでビジョン二〇三〇が公表された。

（5）例えば、Dunning, T. *Crude Democracy: Natural Resource Wealth and Political Regimes*, Cambridge University Press, 2008; Lederman, D. and W. F. Maloney (eds.) *Natural Resources: Neither Curse nor Destiny*, Stanford University Press, 2007.

（6）例えば本書は、石油の富が民主化を阻害する原因として「抑圧効果」（為政者が石油収入を武器の購入にあて、それを国民の抑圧に使用することで民主化を抑止する効果）を指摘し、その典拠としてRoss, M. L. "Does Oil Hinder Democracy?", *World Politics* 53(3), 2001, pp. 325–361 をあげる。しかしロスはこの論文で「抑圧効果」が確認できないことを指摘しているのであり、アカセムらはロスの研究を間違って解釈している。

（7）Mazrui, A. A. *Soldiers and Kinsmen in Uganda: the Making of a Military Ethnocracy*, Sage, 1975.

（8）例えば、Yiftachel, Oren. *Ethnocracy -- Land and Identity Politics in Israel / Palestine*, University of Pennsylvania Press, 2006.

（9）Longva, A. N. "Neither autocracy nor democracy but ethnocracy: citizenship, expatriates and the socio-political system in Kuwait", in Dresch, P. and J. Piscatori eds., *Monarchies and Nations: Globalization and Identity in the Arab States of the Gulf*, I. B. Tauris, 2005.

（10）松尾昌樹『湾岸産油国　レンティア国家のゆくえ』（講談社メチエ）、二〇一〇年、第六章

（11）Utvik, Bjorn Olav. "Introduction", p. 1, in Utvik, Bjorn Olav and Kjetil Selvik eds., *Oil States in the Middle East: Uprisings and Stability*, Routledge, 2016.

（12）数理モデルの詳細については、別項で解説を行ったので、そちらを参照されたい（松尾昌樹「湾岸アラブ諸国の移民社会——非包摂型移民制度の機能——」松尾昌樹、森千香子編著『移民現象の新展開』（グローバル関係学六）岩波書店、二〇二〇年、七一—九〇頁。

（13）この点について、Mehlumらの議論には曖昧な点が残る。移民の増加が労働力の増加をもたらし、それが非貿易財の価格低下をもたらしたとしても、それが移民増加がもたらす国民への石油収入配分額の減少を相殺あるいは上回るのであれば、民主主義国においても移民増加は購買力の増加をもたらす。明言はされていないが、こうした現象は発生しないと想定されているものと思われる。

（まつお　まさき　宇都宮大学）

書評

土屋由香著

『文化冷戦と科学技術――アメリカの対外情報プログラムとアジア』

（京都大学学術出版会、二〇二一年、三五〇頁）

武田悠

冷戦史研究の多様化が指摘されて久しい。かつて主流であったイデオロギーや核兵器をめぐる米ソ間の権力政治にとどまらず、テーマに関しては開発援助や人権も、アクターに関しては日本を含めた米ソの同盟国や第三世界の国々、各国の市民たちまで、その対象は拡大し続けている。その中で、文学、音楽、科学技術といった様々な文化の優劣を競うという意味での文化冷戦や、そうした文化を発信する各国の広報外交も、生活様式をめぐる対立だった冷戦を理解する上で重要であり、数多くの研究がなされてきた。本書もそうした研究の一つであり、文化冷戦の中でも科学技術に関する米国の対外情報プログラム、すなわち科学技術の普及を通じて道徳的な自由の擁護者としての米国というイメージを示し、ソ連に対抗して世界の人々の心を勝ち取るための対外情報発信を取り上げている。

まず序章は関連する用語や概念の説明、広範な先行研究の紹介を行った上で、一九五〇年代から一九六〇年代前半にかけての米国の対外情報プログラムと、その対象となった科学者・技術者たちという具体的な検討対象を設定する。これを踏まえ、続く第一部で扱われるのは戦後直後に期待を集めた原子力の平和利用である。

第一章は、マンハッタン計画の一貫で設立されたシカゴ大学治金研究所を舞台に、多くの亡命者を含めた原子力科学者たちが一九四五年一二月に創刊した『原子力科学者年報』を取り上げている。彼らは当初、核兵器への懸念と国際協調への期待ゆえに原子力の国際管理を主張した。しかし年報はシカゴ大学から離れ、ＣＩＡの援助も受けて設立された文化自由会議とも接点を持ち、ソ連とは違う自由主義社会においてのみ科学の自由は可能だというその主張にも影響され、共産主義と戦い自由主義を守るという二分法的な世界観へ傾斜していった。

第二章は、米国の原子炉や原子力技術の対外援助という「フォーリン・アトムズ・フォー・ピース」について、南ヴェトナム、ビルマ、日本を事例に検討している。米国は市場開拓に加え、技術の移転等を通じてソ連に対抗し、自由世界に相手国を組み込む心理的な効果も期待した。しかし南ヴェトナムに提供された研究炉は北ヴェトナムに接収され、ビルマも社会主義の下で外国資本を排除し、米国の支援を活かせないままに終わった。日本は研究炉に続いて発電炉も米国から大規模に導入しており、成功を収めたと言える。ただその思惑は食い違っており、米国がアジアに原子力技術を伝播させる際の仲介役を日本に期待したのに対し、日本はアジアでの国際原子力協力に独自の役割を果たそうとしていた。

第三章は、こうした技術や設備の移転に伴って相手国で必要となる科学者・技術者を育成するため、冶金研究所の後継組織であるアルゴンヌ国立研究所に設置された外国人研修用の「国際原子力科学技術学校」を論じている。一九五五年に設立されたこのプログラムは、研修内容への不満を招きつつも、米国の期待通り各国の科学者・技術者に米国の生活様式を体験させつつ技術を習得させた。一方で留学生は技術を持ち帰って母国の近代化に寄与し、留学生間の国際的なネットワークも生まれ、技術の移転が核兵器の拡散につながった可能性も否めない等、米国の思惑を越えた影響もあったことが示唆されている。

第四章は、核実験をめぐって米国が試みた、それまでの積極的な宣伝とは逆の情報統制を取り上げている。一九五四年の第五福竜丸事件の後も米国は水爆実験を続行し、日本政府は漁業補償を求めていた。米国務省はこれを拒否していたものの、在日米国大使館は反核・反米世論の高まりを懸念し、一九五八年の核実験では海上保安庁の船舶が被曝する事件も起きた。日米両政府は補償に関する交渉を極秘扱いとし、米国は関連する報道だけでなく抗議運動も抑制しようとし、最終的に日本は補償請求を諦めた。もっとも、日本を含め核実験への国際的な批判は高まり、この年米国は英ソと共に部分的核実験禁止条約に向けた交渉を開始することになる。

こうして核・原子力は、イメージの悪化やそれに対する情報統制の限界が明らかとなった。また日本のように一定の成功を収めた国でも、発電炉の輸出で米国の技術が根付き、イメージ戦略の段階ではなくなった。そのため米国の対外情報発信は、原子力からより身近な医療や食糧援助、あるいは一九五七年のスプートニク・ショックで注目を集めた宇宙開発に重点を移しはじめた。これらのテーマを扱ったのが第二部である。

第五章では、米国政府でこうした「サイエンス・フォー・ピース」が重視されはじめた経緯を追っている。国務省や米国情報庁（USIA）は原子力以外の科学分野に関して対外情報プログラムを担当する科学顧問を新設し、スプートニク・ショックを受け、米国だけでなく世界の福祉に資する、非政治的で純粋で善良な科学のアピールを検討した。その過程では、科学エリート向けの事業が多かった原子力のみならず、放射性同位元素の農業・医療への応用のような、一般市民の生活水準向上につながるような科学技術も重視された。

第六章では、その例の一つとして第三世界への医療援助を取り上げている。マラリア対策に見られるように、米国では民間団体が第二次世界大戦前からこの課題を担ってきた。それが戦後は米国政府も関与し、ソ連と競いつつ対外情報プログラムの一貫として推進することになる。その一例が民間の国際親善事業として宣伝された医療援助船ホープ号であり、実際には米国政府が助言指導や資金援助を行った。しかし人員不足もあってインドネシアや南ベトナムへの訪問は十分な成果を上げず、政府の関与を秘匿したため米国の科学技術が一般市民の生活を向上させているというメッセージも十分伝わらなかった。

第七章では、医療とは対照的に非日常的な宇宙開発の対外宣伝が重視されるようになった経緯を追っている。スプートニク・ショックで広がった米国がソ連に遅れをとっているというイメージを覆すため、米国初の有人宇宙船飛行を目指したマーキュリー計画は、USIAも協力して『ライフ』誌の特集や映画、博覧会等で盛んに宣伝された。しかしそれに対する反応はかつての原子力に対するものほどではなかった。一九六〇年代に入ると、他国の経済復興もあって、米国の科学技術の圧倒的な優越性は失われていた。その必要性も、冷戦下の東西対立が揺らいだこともあって、次第に低下していた。本章の末尾は、宇宙開発は米ソが科学技術で第三世界の人々の心を勝ち取ろうとする文化冷戦の時代の最終章だったかもしれない、という印象的な一文でしめくくられている。

以上のように本書は文化冷戦の様々な事例を取り上げており、それらは著者自身も含め多くの研究者が既に取り組んでいるが、それでも本書にはいくつもの魅力がある。以下では、評者の専門に近い原子力を例にとってそれを紹介したい。

まず本書は、原子力や医療、宇宙開発に共通して対外情報プログラムとしての側面があったことを明らかにし、より包括的に科学技術と冷戦の関係とその変遷を描いている。これは原子力のような、現在注目を集める問題を考える際にも有用であろう。核兵器や原発事故と関係する原子力も、戦後一貫して注目を浴び続けてきたわけではない。夢のある科学技術として宣伝されたのは一九五〇年代後半の限られた時期であった。

また本書は科学史と文化冷戦史の架橋を目的の一つに挙げているが（一三頁）、科学史と伝統的な政治外交史、冷戦史をつなぐことにも成功していよう。例えば日本の原子力について科学史は、個々の物理学者と平和運動の関わりに注目することが多かったように思われる。その点本書は、実際に現場で日本の原子力平和利用を支えることになる様々な分野の科学者・技術者たちを取り上げている。例えば第三章で言及される伊原義徳や田宮茂文は、米国留学の後に科学技術庁の幹部となり、一九七〇年代には核不拡散上の規制強化を主張する米国との外交交渉や国際会議でも活躍した。こうした経緯は、核兵器や日米関係を扱う狭義の日本政治外交史や冷戦史の研究者にとっても参考となる。

一方で、あえて本書が残した課題を挙げるとすれば二つある。一つは米国以外の視点からの研究である。本書は個人文書まで含めた幅広い史料を活用しているが、その中心はあくまで米国にある。そのため、著者は対外情報プログラムの対象となった国々のローカルな事情を重視してはいるものの、そこには更なる研究の余地が残されていよう。例えば第二章では、対象国のうち日本はある程度参照されているが、他国も含め相手側の史料や証言、研究が本格的に活用されれば、米国の対外情報プログラムの効果をより鮮明に描き出せよう。

もう一つの課題は、科学技術に関わる米国の対外情報プログラムの全体像である。本書も時折触れているように、米国はアジア以外の途上国も、また分野によっては先進国もその対象とした。そうした支援もあり、英仏独等の原子力産業はやがて米国から自立し、ビジネス上のライバルとなる。冷戦後には日本もここに加わり、三極の間で国境を越えた企業再編が進み、現在では原子力に関する政策は技術開発から輸出規制に至るまで米国単独では何もなし得ない状態になっている。こうした展開は、著者が序章において触れた、冷戦によって利用される文化が政治的な意図を越えて普遍性を持ちうる現象の一つとも言えよう（六頁）。アジア以外の国や地域の視点を取り入れた研究は、米国の政策の対象となった国や技術の自律的な変化を描写し、本書を補完しうるように思われる。

いずれにせよ、本書は米国の視点から科学技術をめぐる文化冷戦を描いた、優れた研究である。科学技術が安全保障から文化まで様々な分野に関わることもあり、本書は冷戦に関わるテーマを手掛ける研究者であれば誰もが一読する価値のあるものと言えるであろう。

（たけだ　ゆう　広島市立大学）

谷一巳著

『帝国とヨーロッパのあいだで――イギリス外交の変容と英仏協商　一九〇〇―一九〇五年』

（勁草書房、二〇二一年、iii＋三八〇頁）

後藤春美

本書は、これまであまり研究されてこなかったランズダウン英外相期を、一九〇四年の英仏協商がイギリス外交を大きく変容させたという観点から検討する。一四世紀の百年戦争以来長く敵対関係にあった英仏両国は、協商により現在にまで至る友好関係に入った。本書はまた、元来は植民地をめぐる対立解消のためのものであった英仏協商が、第一次世界大戦に向かう時期にヨーロッパでの軍事協力の色彩を強めていったことについても考察する。

序章「二〇世紀初頭における国際政治の転換」で右のような見取り図を示した後、第一章「『光栄ある孤立』の動揺と終焉、一九〇〇―一九〇二年」では、イギリス帝国が覇権国としての地位を謳歌していた時期から叙述を開始する。この時期のはじめには、一八七〇年代から首相や外相といった要職を歴任したソールズベリが依然として力を持っていた。しかし、短期間で終わると考えた南アフリカ戦争でイギリスは苦戦を強いられ、計四五万人もの大軍を投入することとなった。この戦争の最中には義和団戦争も勃発し、イギリス帝国の覇権は見た目より脆弱であることが露呈した。

ソールズベリの求心力は低下し、一九〇〇年一〇月には、兼任していた外相の座をランズダウンに譲ることとなった。著者はT・G・オッティ（Thomas G. Otte）の研究を利用して、イギリスの政治外交において世代交代が起こりつつあったことを示す。旧世代に属すソールズベリは行動の自由を重視したが、若い世代はいずれかの国と同盟関係を結ぶ必要を考えた。関係が従来良かったのはドイツなのだが、ドイツとの同盟には三国同盟と連動し東欧での戦争に巻き込まれたり、露仏同盟からの敵意を招いたりするリスクがあった。

結局、イギリスは東アジアの権益を守るため、一九〇二年、日本との同盟を締結した。一方でイギリスは、帝国防衛の問題を解決するために、一八九八年のファショダ事件をはじめ各地で衝突してきたフランスとの協定も考えはじめていた。

第二章「新時代の到来と英仏接近の萌芽、一九〇二―一九〇三年」は、第一章とも重なる一九〇〇年秋のロシアとフランスの連携強化の動きから説き起こす。「資金力に不安があり、自力では新たな鉄道を建設できないロシアにとって、フランスの金融資本を用いた大規模な公共事業は新たな雇用を創出すると同時に、戦略的な鉄道建設事業も進められて一石二鳥だった」（一一二頁）。フランス、ロシアとも日英同盟締結を冷静に受けとめたが、露仏同盟の適用範囲は東アジアにも拡大された。

一九〇二年七月、ソールズベリが引退し、彼の甥であるバルフォアの政権が成立した。ランズダウンは引き続き外相の座に留まった。バルフォアは帝国防衛に強い関心を抱いており、彼の指導のもとで帝国防衛委員会（Committee of Imperial Defence, ＣＩＤ）が設立された。

一方、一九〇〇年のパリ万国博覧会、仲裁裁判条約の締結運動、一九〇三年五月のエドワード七世のパリ訪問などによって英仏友好の機運が高まった。並行してモロッコ情勢が緊迫化し、英仏両国は長年にわたる敵対関係の克服を図るようになった。

第三章「英仏協商の締結とモロッコ、一九〇三―一九〇四年」は、一九〇四年四月八日に締結された英仏協商交渉について、エジプトとモロッコの取引に焦点を当てて検討する。イギリスはエジプトの恒久的な支配をフランスに認めてもらう代償として、モロッコにおけるフランスの優先的な立場を承認した。交渉にはニューファンドランド沖の漁業権なども含まれて難航したが、最終段階で日露戦争が勃発し、交渉を進展させた。イギリスは、戦争に巻き込まれること、日清戦争後に見られたフランス、ロシア、ドイツの東アジアでの連携が再現されて日英同盟と対峙することを懸念した（一八八、二二一頁）。英仏両国は関係改善を望み、双方の同盟国が戦闘状態にあるというやっかいな状況に直面すると互いに譲歩して交渉の決着を急いだ。

第四章「日露戦争による制約と大国間関係の再編、一九〇四―一九〇五年」は、英仏関係という観点から日露戦争を考察する。イギリスは「苦悩しながらも国益の追求に邁進」し（二一八頁）、バルフォアは冷徹に「ロシアが勝とうが負けようが、どちらにしてもイギリスの得にしか」ならないと考えていた。彼は「もしわれわれにとって利益をもたらす戦争があるとすれば、これがそうだ」と書いていた（二二八頁）。

本章は、具体的には日露戦争中の清の中立問題、借款問題、バルチック艦隊の航海などを取り上げる。英仏両国には日英同盟と露仏同盟を通して戦争に巻き込まれる可能性があったのだが、イギリスは何よりも英仏関係悪化の回避を重視した。本章の描くイギリスは、日英同盟、東アジア情勢よりも英仏関係を重視している。

本章はまた、日露戦争がヨーロッパに及ぼした影響を考察する。ロシアが太平洋艦隊を失うと、イギリスの二国標準の対象となる世界第三位の海軍大国の座にドイツが浮上することとなった。二国標準とは、一八八九年に制定された海軍国防法によって示された原則であり、世界最大の海軍国イギリスは、第二位と第三位の国の海軍力を総体としても、また個別地域においても上回る戦力を保持しなくてはならないという考え方であった。英仏両国とも、ロシアが大国の地位を失うこと、それによってドイツが相対的に強大化することを恐れた。一方、ロシアにとっては、日露戦争での敗戦によってイギリスとの和解が現実的な選択肢となり、一九〇七年に英露協商が締結された。

日露戦争後のイギリス外交の重心はヨーロッパの勢力均衡と本国防衛へ傾き、英仏間の協力の焦点はヨーロッパへ移った。ロシアの敗北によってヨーロッパ大国間の勢力バランスは動揺し、ドイツの脅威が相対的に目立つこととなった。

第五章「第一次モロッコ事件と英仏協商の進化、一九〇五年」は、モロッコをめぐる国際的な危機の発生と、モロッコ問題を議論する国際会議の開催に向けた経緯を論じる。会議が始まる直前には、イギリスで保守統一党から自由党に政権交代が起き、英仏協商への影響が懸念された。この危機感を背景として英仏軍事協議が開始された。終章「英仏協商の意義」では、第一次世界大戦前夜の緊迫した情勢を描きつつ、英仏協商に至る道のりと、当初は植民地協定であった英仏協商が実質的な同盟に発展していく過程を振り返る。

著者は、当時のイギリスには領土と権益のネットワークが二つ存在したとするオッティの議論を紹介する。すなわち「本国を中心としたヨーロッパにおけるブロック」と、「インドを中心とした植民地のブロック」である（二七九頁）。本書の分析の中心は前者にあり、帝国といってもこのブロックとの関連で考えられている。この点に関し本書は、豊富な一次史料、二次文献を渉猟して、イギリスをはじめとするヨーロッパ諸国についての興味深い情報を多く提供している。

あくまでも、その上で、であるが、「インドを中心とした植民地のブロック」は本書の考察対象ではなく、このブロックに対するロシアの脅威がそれほど大きくないものと扱われている箇所がいくつもある。日露戦争終結までのロシアの脅威、英露の和解可能性、日英同盟と日露戦争についての本書の評価には疑問が残る。たとえば著者は、英仏がニューファンドランド沖での漁業権、シャム、西アフリカなど世界各地において対立したのに対し、「イギリスとロシアの利害が衝突していたのはペルシアやアフガニスタン、極東のようにユーラシア大陸の内部であり、それ以外の地域に拡大することはなかった」（一五五頁）と書く。しかし、英露の対立は、拡大していかないものであったのだろうか。

一九世紀英露のユーラシア大陸をまたにかけた対立はグレート・ゲームという名称を与えられて非常に重視されてきた。イギリス帝国の根幹であるインド周辺へのロシアの南下はイギリスにとって看過できないものであった。著者も帝国防衛委員会の「議題の中でのインドの重要性は際立っており、バルフォア政権下で開かれた八四回の委員会のうち、約五〇回でインド防衛の問題が取り上げられた」（一二二頁）と書くが、これらの会議を開かねばならなかったのはどうしてか。また、「イギリスの視点から見れば、英露間の合意だけが帝国防衛の負担を根本的に軽減することに変わりはなく、英仏協商はあくまでもロシアとの協定への『踏み石』と見なされた」（一二三頁）と書いてもいる。帝国の何を防衛するのか。ロシアの脅威についての著者の評価は、章や節によっては漠然とし、一貫せず揺れている。

著者はまた、一九〇四年四月について、「日露戦争の影響で英露和解が困難」であったと書く（二九九頁）。「日英同盟の存在と日露戦争の勃発によって」、少なくとも短期的には英露関係の改善という目的を実現することは困難（三〇八頁）という記述もある。しかし、日露戦争終結までの日英同盟は、英露関係改善の障害と見なされるものだったのだろうか。オッティの分類による「インドを中心とした植民地のブロック」を十分に視野に入れ、ユーラシア大陸全体を見渡した際には、本書の分析・記述には見直される箇所もあるだろうと考えられる。

評者の関心に基づく疑問点について長く書いたが、本書は、一九〇〇―一九〇五年のイギリス、「本国を中心としたヨーロッパにおけるブロック」については、種々のエピソードをまじえ活写している。日露戦争後のヨーロッパにおいてドイツが次第に孤立し、英仏露が結びついていく様も説得力を持って描かれている。本書はまた、焦点の一つとしてモロッコ問題を取り上げているが、この問題に関する先行研究はそれほど多くない。これらの点において本書は重要な貢献と言えるだろう。

（ごとう　はるみ　東京大学）

五百旗頭真監修、井上正也・上西朗夫・長瀬要石著『評伝福田赳夫――戦後日本の繁栄と安定を求めて』

（岩波書店、二〇二一年、七〇八頁）

若　月　秀　和

一九七〇年代の日本政治のリーダーとして、田中角栄や大平正芳は多くの著書で言及されるのに対し、彼らの対抗勢力を率いた福田赳夫はなぜか顧みられることが少ない。二一世紀に入り、自民党政治の中心軸が、田中から福田の系譜へ移行した事実に鑑みても寂しい限りである。

しかしながら、監修者の五百旗頭真氏が、かつて福田を「政策の勝者」と評したのを裏付けるかのように、本書を紐解くと、一九六〇年代から七〇年代にかけて日本の内政・外交両面における福田の大きな存在感を改めて認識する。

すなわち、佐藤政権初期に初めて蔵相となり、戦後初めての公債発行により「六五年不況」を克服し、二回目の蔵相時代には「いざなぎ景気」の過熱を抑えつつ、高度成長の持続を果たす。さらに、一九七三年の石油危機に伴う経済混乱の中で、また蔵相となり、田中首相の金看板の「列島改造」に引導を渡し、総需要抑制政策で「狂乱物価」の抑え込みにかかる。以来、一時的な無役の時期を除き、七八年一二月に首相の座を退くまでの約五年間、経済面では実質的に首相であった。この間、日本経済を安定成長へと導きながら、一九八〇年代の日本の繁栄の礎を作るのである。

一方、外交に関しても、佐藤政権末期に外相を務めた後、一九七二年の総裁選では、過去の歴史に一般的であった軍事大国への展開ではなく、「平和大国」という新たなアイデンティティを、経済大国となりつつあった七〇年代の日本に付与しようとした。また、「世界の中の日本」として「心のかよった経済協力の実現」を謳う。ここで示された外交理念は、そのまま一九七〇年代後半の首相期の福田ドクトリンとして結晶化する。さらに、この福田ドクトリンによる東南アジア外交の確立と日中平和友好条約の締結という福田政権の外交業績は、田中・三木両政権以来の懸案事項の総仕上げもあった。外交でも、福田は羅針盤的な役割を果たしたのである。

本書を読む中で、最も強く印象付けられたのは、石油危機後の「狂乱物価」とその後遺症との戦いのなか、民間労組の幹部と対話を重ねつつ、物価と賃金の上昇の悪循環を断つよう尽力したことである。

一九七四年の春闘は三二・九％の賃上げとなり、翌年の春闘もこのままのプラス・ベースで行くと、雪だるま式に賃金・物価上昇のスパイラルが起こって、日本経済は泥沼に沈みかねなかった。時の田中首相は政府介入による賃金の抑え込みという所得政策の導入に傾いていた。

これに対し、福田蔵相は、所得政策や賃金統制を排す一方、労働組合との力の対決を避け、政府が物価安定に最大限の努力をしたうえで、労組のリーダーに理を説いて、労使の合意形成を図るのが道理だと考えた。若き大蔵官僚として、一九三〇年代初めにロンドンに駐在した際、保守党と労働党の英国の二大政党制を目の当たりにした福田にとって、労働組合との対話に違和感はなかった。

福田と民間労組との対話の始まりは、一九七一年頃まで遡り、翌年その対話は「愛宕会」と命名される。当時、労組幹部が保守党幹部と席を共にすることを厭う空気があったが、彼らは福田の真摯な対応やユーモラスな人間性に好感を持った。この会合で、福田は、「物価は私が全責任をもって抑え込む、これ以上物価が上がれば社会的弱者がかわいそうすぎる」と必ず口にした。

そして、一九七四年末に三木政権の経企庁長官兼副総理となった福田は、七五年春闘を天王山に位置付け、志を同じくする長谷川峻労相と共同歩調で民間労組の代表たちと懇談を重ねた。その結果、七五年春闘の賃上げ率は、消費者物価の上昇率の範囲内である一三・四％に収まった。福田の政治手腕と人柄を拠り所とした労使協調の成功によって、物価の安定がもたらされ、輸出が伸長して、安定成長への道が開かれたのである。

物価安定に心血を注ぐ福田の政治理念の根底には、社会的弱者に対する眼差しがあった。一九七四年夏の参院選を念頭に田中首相が提唱した「二兆円減税」に対し、財源上の問題から当初批判的であった福田も、最終的にこれを呑んでいる。確かに、公共事業費の圧縮など福田が求めた政策を田中が全て受け入れたことから、二兆円減税容認はその代償の意味合いもあったが、何よりも「インフレで国民が痛みを受けるのを減税で緩和する」との判断もあった。

さらに時間を遡ると、福田は五五年体制の揺籃期、持ち前の政策能力を武器に日本民主党、自由民主党双方の立党文書の作成に関わっている。福田が重視したのは、経済計画の採用による経済拡大と「福祉国家」の建設であった。これらは社会党への対抗の側面もあったが、それ以上に、経済成長の果実を国民に分配して「社会均衡」を実現するという福田の思想が反映されていた。経済発展から取り残される人々を支援して、社会格差を是正することが政治の役割と考えていたのである。

その後、岸信介政権下で早くも枢機に関わるようになった福田は、国民皆保険を確立し、老後年金を作ることや、結核の撲滅、低所得者対策、母子家庭や障害者の援護を掲げた。一般に岸政権は安保改定のイメージが強いが、新国民健康保険法の制定、国民年金の制定、制定賃金法の制定といった内政上の業績も看過できない。これらの政策を立案・牽引する役割を果たしたのが、福田であった。

福田が示したのは、自民党が右派ナショナリスト政党ではなく、福祉などリベラルな政策領域に意を用いて、幅広い国民的基盤を持った包括政党として成長する方向性であった。彼が一貫して「福祉国家の建設」を掲げてきた背景には、彼の原体験に根差した社会的平等を重んずる思想があった。そこには、幼少期における郷里の貧しい農村での体験や、大恐慌下のロンドンでの生活を通じ、英国型の福祉社会を目指すべき社会モデルと捉えるようになっていた点も作用していよう。

外交面で見ても、福田＝「タカ派」という単純な見方を修正しなければならない。彼が首相時代に標榜した「全方位平和外交」は、一九七〇年代の国際秩序変動によって直面した東西問題と南北問題という二つの外交課題に対する回答であり、日本国憲法の下で国家の安全と繁栄を維持してきた「平和大国」の行動準則に他ならなかった。

さりながら、「全方位平和外交」は、福田ドクトリンの表明や日中条約締結で終わるものではなく、その先に中東やソ連との関係を視野に置いていた。一九七八年九月の福田首相の中東諸国歴訪は、石油危機後の資源の安定確保とともに、異文化社会との相互理解を模索する試みであった。もっとも、中東地域はＡＳＥＡＮ諸国のような地域的一体性はなく、産油国と非産油国の経済格差も大きいうえ、イラン革命の胎動も相まって、中東版福田ドクトリンの実現は容易ではなかった。

そして、本書を通じて、福田が、非公式な外交ルートを使いながら、対ソ関係に常に注意を払いつつ、日中条約交渉をあたっていたことが鮮明に浮かび上がる。特に、日中条約締結後、福田の対ソアプローチは加速する。すなわち、日ソ経済協定によってソ連首脳の訪日を実現させ、日ソ交渉を進めながら、領土問題に関して柔軟な姿勢を引き出すことであった。領土問題解決を日ソ交渉の前提とする歴代内閣の対ソ方針を明らかに転換するものであった。

ところが、一九七八年一一月の総裁選敗北―首相退陣により、「全方位平和外交」は未完に終わる。しかし、東南アジアでのカンボジア紛争勃発とその長期化、さらにグローバルなレベルでの米ソ関係の緊張再燃という状況の下では、福田外交の理想が実現する余地は狭かったに違いない。それでも、新冷戦に向かう趨勢の中で、日本外交が独自に緊張緩和を目指した事実は、特筆されて良いだろう。

以上のような福田の行動や思想に着目すれば、「三角大福」の政治抗争において、党近代化と派閥解消で共通の立場を有する党内左派の三木武夫と提携関係を結ぶのは、極めて自然な流れとなる。事実、田中首相の経済運営や金権体質への不満から、一九七四年七月の参院選後、蔵相の福田は三木とともに閣僚辞任をして、倒閣に動く。三木政権は実質的に「三木・福田政権」であったし、「三木おろし」で袂を分かつものの、大平政権時代の「四十日抗争」では、またも三木と提携して、大平首相の退陣を迫ったのである。

それだけに、三木の政策について、福田がいかなるスタンスをとっていたのか気になるところである。しかるに、本書において、福祉を旗印に掲げた「ライフサイクル計画」に対して、福田が財政の見地から内心批判的であった点以外には、独占禁止法や公職選挙法をめぐる三木の肝入り政策への福田の立場がよく分からない。また最終的に「三木おろし」に加勢した理由についても、あれほど言葉を極めて田中を批判してきた福田が、自民党の改革と再生を掲げて、田中逮捕を事実上容認した三木に退陣を迫るというロジックが、評者には合点がいかないのである。

また、福田政権が積み残した財政再建という大きな課題を引き継いだ大平首相は、将来の財政悪化を憂いて一般消費税を掲げたことが国民に不評を買い、一九七九年一〇月の総選挙での自民党敗北を招く。そのような大平に対し、福田は三木と共に引責辞任を迫るのであるが、「田中金権」打破の大義名分の前に財政健全化を志す大平の思いは、本来は健全財政論者の福田に一顧だにされなかったのだろうか。

以上のような疑問点は残るが、本書は福田赳夫に関する初の本格的評伝であるにとどまらず、彼の政治的軌跡をたどることを通じて、戦後の日本政治史にまつわる通念に重要な修正を迫る内容を多く含んでいる。その研究的価値の重さは測り知れない。

（わかつき　ひでかず　北海学園大学）

編集後記

冷戦終焉後、唯一の超大国として国際秩序の形成・維持を目指してきたアメリカは、現在大きな変動期にある。中国の台頭を背景とする国家間のパワーシフト、テロや国際犯罪、新型感染症や環境問題などの国境を越えた課題への対応に迫られるとともに、国内の経済格差拡大を背景とする世論の内向き志向がアメリカの対外政策の在り方を制約するようになっている。自由と民主主義の盟主として君臨し、自らを例外と位置付けてきたアメリカの対外政策の在り方と、それが国際秩序の在り方に与える影響について考察することが重要なのは論を俟たないだろう。本特集号に収められた諸論稿は、多様な観点から、アメリカの対外政策と国際秩序の過去・現在・未来を論じており、この重要な課題の一端を明らかにしている。

二〇二一年五月に当時の編集委員会主任の遠藤貢会員と理事長の大矢根聡会員から本特集号の編集の依頼を受けた時には、何らかの形でアメリカについて研究している人は多いため、執筆希望者は容易に集まるだろうと高を括っていた。だが、実際に公募を始めようとしてみると、アメリカに関する研究をしている会員は当然ながら他の特集号に既に寄稿しているので二年ルールに抵触する（多くの会員に執筆機会を提供するため『国際政治』への掲載は二年間に一回に限られている）とか、商業出版の企画で忙殺されているなどの事情で、本特集号に寄稿してもらうのが容易でないことがわかった。そもそも、ウクライナ情勢が変化し、イスラエルとハマスの武力衝突が発生するなど国際情勢が大きく変化する中で、時事評論ではない本格的な学術論文を作成するのにためらいを感じる人も多いだろう。気軽に考えていた己の浅はかさを痛感させられた次第である。

本特集号作成に向けて、一五名の方に原稿の作成をお願いした。この中には、投稿希望者だけでなく、当方から執筆をお願いした人も含まれている。そして、原稿一本に対して二名の方に査読を依頼し、評価が大きく分かれた場合にはもう一名に加わっていただくことを原則として厳正な審査を行い、最終的に八本の原稿を掲載することになった。プロポーザルを提出してくださった会員、執筆依頼に応えて素晴らしい原稿を提出してくださった会員、査読に献身的に貢献して論文の質向上に寄与してくださった会員の皆様に、心よりお礼を申し上げたい。

また、現編集委員会主査の宮城大蔵会員には編集時に適切なご助言をいただいた。中西印刷の小口卓也様には、私が編集委員会副主査・書評小委員会主査を務めていた時から引き続き、素晴らしいお仕事をしていただいた。多くの方に支えられて完成した本特集号が、国際政治研究の発展に寄与することを願うばかりである。

（西山隆行）

編集委員会からのお知らせ

独立論文応募のお願い

『国際政治』に投稿された独立論文は、年度末に刊行する独立論文号への掲載を優先する必要性から、投稿から掲載まで時間を要しがちで、早期掲載の希望が寄せられておりました。その要望に応え、Newsletter 167号でもすでに理事会便りとしてご案内差し上げたように、二〇二一年度よりすべての独立論文を各特集号に掲載し、独立論文号の刊行は停止し、年間三号の刊行となります。それに伴って、各特集号のページ数は掲載論文数に応じて拡大することとなりますので、『国際政治』の年間総ページ数は従来通りとなります。なお、独立論文の査読・掲載条件等には、何ら変更はありませんので、会員の皆様の積極的な投稿をお待ちしています。

論文の執筆にあたっては、日本国際政治学会のホームページに掲載している「掲載原稿執筆要領」に従ってください。特に字数制限にはご注意ください。投稿いただいた原稿は、「独立論文投稿原稿審査要領」に従って審査いたします。

独立論文の投稿原稿は、メールで『国際政治』編集委員会に宛てて提出して下さい。

メールアドレス　jair-edit@jair.or.jp

特集号のご案内

編集委員会では、以下の特集号の編集作業を進めています。

214号「地球環境ガヴァナンス研究の最先端（仮題）」

215号「国際政治のなかの日米関係――同盟深化の過程（仮題）」
（編集担当・阪口功会員）
（編集担当・楠綾子会員）

216号「地域主義の新局面（仮題）」
（編集担当・勝間田弘会員）

217号「国際関係への文化的アプローチ（仮題）」
（編集担当・川村陶子会員）

218号「転換期としての一九七〇年代（仮題）」
（編集担当・山本健会員）

編集委員会（二〇二二―二〇二四）

宮城　大蔵（主任）
井上　正也（副主任、独立論文担当）
大林　一広（副主任、独立論文担当）
柄谷利恵子（副主任、書評担当）

『国際政治』編集担当者

福田　円（研究分科会・ブロックA〔歴史系〕幹事）
青木　まき（研究分科会・ブロックB〔地域系〕幹事）
齊藤　孝祐（研究分科会・ブロックC〔理論系〕幹事）
古沢希代子（研究分科会・ブロックD〔非国家主体系〕幹事）

書評小委員会

柄谷利恵子（委員長）
大山　貴稔　　小浜　祥子　　河越　真帆　　小林　昭菜
佐々木雄一　　大道寺隆也　　手塚　沙織　　藤山　一樹
松尾　昌樹　　三船　恵美

アメリカ
——対外政策の変容と国際秩序——

『国際政治』213 号

令和 6 年 3 月19日　印刷
令和 6 年 3 月31日　発行

〒187-0045　東京都小平市学園西町一丁目 29 番 1 号
一橋大学小平国際キャンパス国際共同研究センター 2 階
発行所　一般財団法人　日本国際政治学会
電　話　042(576)7110

〒101-0051　東京都千代田区神田神保町 2-17
発売所　株 式 会 社　有　斐　閣
振替口座　00160-9-370
https://www.yuhikaku.co.jp/

ISBN 978-4-641-49009-3

印刷・中西印刷株式会社

CONTRIBUTORS

NISHIYAMA Takayuki	*Professor, Seikei University, Tokyo*
SASAKI Takuya	*Senior Professor, Rikkyo University, Tokyo*
NISHIDA Tatsuya	*Professor, Tokai University, Kanagawa*
MIMAKI Seiko	*Associate Professor, Doshisha University, Kyoto*
OTSURU-KITAGAWA Chieko	*Professor, Kansai University, Osaka*
OYANE Satoshi	*Professor, Doshisha University, Kyoto*
MISHIMA Takenosuke	*Associate Professor, Josai International University, Chiba*
MIZOBUCHI Masaki	*Associate Professor, Hiroshima University, Hiroshima*
WATANABE Riko	*Ph.D. Student, Waseda University, Tokyo*
YAMADA Tetsuya	*Professor, Nanzan University, Aichi*
ITO Wakako	*Director of Research, The Japan Forum on International Relations, Tokyo*
MATSUO Masaki	*Professor, Utsunomiya University, Tochigi*
TAKEDA Yu	*Associate Professor, Hiroshima City University, Hiroshima*
GOTO Harumi	*Professor, The University of Tokyo, Tokyo*
WAKATSUKI Hidekazu	*Professor, Hokkai-Gakuen University, Hokkaido*

Summary

Transformation of American Foreign Policy and World Order

NISHIYAMA Takayuki

After the end of the Cold War, the United States, as the sole superpower, sought to form a world order. Although the United States still occupies a superior position in military and economic power, the world order centered on them is under pressure to change. The United States is losing its will to play an important role in maintaining international order.

American politics in recent years has been characterized by political division and intensifying conflict. It has been taken for granted among diplomatic elites to view the United States as an exceptional country that reigns as a leader of freedom and democracy. However, as suspicions of the elites who supported the Bush administration that started the Iraq War grew, and populism became widespread in domestic politics, criticism of elite diplomacy intensified. As America became increasingly inward-looking, people with little understanding of foreign policy began to occupy key positions in Congress. Today, when the power of the two major political parties is balanced, the ruling party needs to make decisions that are in line with the wishes of the extremists within the party.

There currently is bipartisan support for emphasizing domestic jobs, taking protectionist trade positions, and implementing economic sanctions without fiscal spending. Although the United States has long maintained a liberal international economic order, American public opinion has become skeptical of free trade in recent years. There is also a growing consensus within the country that economic security should be emphasized rather than achieving peace through the promotion of economic interdependence.

American diplomatic elites have consensus that spreading American ideals and principles such as freedom, democracy, and the rule of law around the world is important. However, the unilateralist actions taken by the United States diverged too much from its norms, and many countries lost confidence in the United States. The Biden administration is developing diplomacy while emphasizing principles such as democracy and the rule of law. However, as a result of the United States requiring developing countries to emphasize liberal

norms as a condition for providing economic aid, many countries have come closer to authoritarian countries these days.

After World War II, the United States created various international organizations in building a liberal international order. Today, when American power is considered to be in decline, whether these international organizations will continue to maintain their influence is debatable. America and the world need to build a new international order and appropriately manage it.

The Long-Term Evolution of American Foreign Policy and International Order

SASAKI Takuya

This article is an attempt to discuss and explore the evolution and transformation of American foreign policy over the last 120 years while illustrating the unfolding of America-led open-democratic international order.

Emerging from the Spanish-American War as a world power, the United States chose to embrace Woodrow Wilson's conception of internationalism over Theodore Roosevelt's internationalist perspective as the fundamental tenet of foreign policy. Wilson put forward a set of ideas which came to be called American liberal internationalism, and successfully led the US into war to make the world safe for democracy. Although Wilson failed to convince the Senate to agree on his plan for a League of Nations, he bequeathed an enduring legacy for generations to come. Next to Wilson, Franklin Roosevelt was the most pivotal figure in promoting the liberal international order. He was politically and diplomatically skillful in crafting many of the core institutions such as the UN, IMF, and the World Bank. In doing so, importantly, Roosevelt won the bipartisan cooperation. Following the end of World War II, Soviet-American rivalry gave way to the start of the cold war. This new international situation deepened the Wilsonian diplomatic impulse to construct a liberal international order. The US embarked on the containment policy of providing its allies in Europe and Asia-Pacific with massive economic aid as well as military protection, thus breaking the tradition of avoiding the foreign military entanglement. While sporadically voices were raised against containment either by prominent Republicans or Democrats, the two parties were in broad agreement on maintaining and advancing the US-led international order.

With the end of the cold war, however, the American people decisively turned inward and grew disinterested in foreign affairs; the post-cold war recession had only strengthened an isolationist inclination. Bill Clinton, prioritizing

economic interests over geopolitical interests, actively pursued a policy of economic globalization, The two major wars in the Middle East which the US conducted in the wake of 9/11 turned out a costly distraction for American foreign policy; without them, the US could have harnessed more resources to confront an increasingly aggressive Russia and an assertive China. Donald Trump's successful run in 2016 and his America First agenda exploited rising political anger and economic frustration among voters who felt disconnected with the policy elites. Although Trump was denied a second term, his foreign policy undermined the Western alliance, America's standing abroad and the liberal international order. Before Joe Biden who assumed office in 2021 could reaffirm the international leadership, he faces an uphill battle at home in rebuilding broad support of internationalism. When the US has its hands full taking care of its own domestic problems, the prospect for the liberal international order which has relied so much on American role of global leadership is daunting.

Transformation of "Liberal Internationalism" and New Cold War 2.0

NISHIDA Tatsuya

This paper explores how "liberal internationalism" has changed in the post-Cold War period. It also investigates how this change has affected and will affect the international order in the near future. Wining the Cold War and defeating the communist Soviet Union, the United States (US) has achieved its primacy in the world. In other word, the US has enjoyed a so-called "unipolar moment" in which the U.S. possess both unparalleled economic power and invincible military might to accomplish its national interests in the post-Cold War period. American foreign policy after the Second World War has been characterized as "liberal internationalism" because the U.S. has built and has promoted liberal values and institutions in the world to make "a world safe for democracy." Free trade has been the pillar of "liberal internationalism" in the economic dimension while democracy and liberty have been the core values in the political and social dimension for more than half a century. The number of liberal democracies accordingly increased significantly and they have enjoyed prosperity under the liberal international order. "Liberal internationalism" is, however, often said to face a crisis in recent years. The US also has been said for more than a decade to be declining. Why is "liberal internationalism" said to face a crisis? Or is the US in decline despite the fact the US has accomplished hegemony for more than three decades? What does the crisis imply about American foreign policy and

the existing international order? What is the nature of the crisis? Intending to demonstrate major features of American foreign policy after the end of the Cold War, the paper also investigates each foreign policy of William Clinton, George W. Bush, Barak Obama, Donald Trump and Joseph Biden administrations. Although the US had attempted to promote free institutions universally since the end of the Cold War, the US seems to have discarded the universal promotion since the Trump administration scrapped "liberal internationalist" policy and started confronting openly China. Although Biden declared, "the US is back", it is doubtful whether he can put "liberal internationalism" back in track. Furthermore, Russia's aggression in Ukraine make it difficult for the Biden administration to cooperate with Russia and China. In short, the paper finds that the US has started to take more limited measures of "liberal internationalism" and more exclusive approaches, which probably intend to exclude illiberal states including China and Russia, than the previous administrations had taken. The paper finally argues that continuing a war against Russia accompanies a risk of going to the Third World War and also of urging Russia to take the Chinese side so that liberal democracies will be forced to confront formidable combination of threats for a long period.

The Erosion of "Liberal International Order" From Within

MIMAKI Seiko

This paper examines the ongoing crisis of the "liberal international order," focusing on the identity crisis of its traditional leader, the United States, which has increasingly lacked the commitment and capacity to maintain it. The idea of American exceptionalism, namely that the United States is a unique, morally superior nation and thus has special responsibility in protecting the security and peace of the world, has guided U.S. foreign policy since the country's earliest days. In its commitment to global "War on Terror" from the 2000s, however, the United States has fundamentally undermined the rules-based international order that it had contributed to establishing after the WWII so as to reflect its power, principles, and preferences. According to the "Costs of War" project conducted by the Watson Institute for International and Public Affairs at Brown University, the total cost of the 20 year "War on Terror" amounts to $8 trillion. It is also estimated that more than 7,000 U.S. soldiers have lost their lives in the war, and the total death toll including civilian casualties amounts to around 900,000. These "costs" have significantly eroded U.S. credibility and image

abroad. The 45th President of the United States, Donald Trump's foreign policy has developed out of the "America First" ideology, which fundamentally differs from former Presidents' preference for the ideology of American exceptionalism. Trump's "America First" foreign policy, which abrogates U.S. role and responsibility as a "benign hegemon," has posed a fundamental challenge to the postwar "liberal international order." Though Joe Biden vowed on the campaign trail to break from the paths taken by Trump, the Biden administration has not made substantial breaks. Saying it was time to end America's longest war after two decades, Biden completed pulling the last American troops out of Afghanistan in 2021, which responded to the will of the majority of Americans, who had grown weary of two decades of war. Embracing the hegemonic role of the United States in the world, and being nostalgic for the heyday of the U.S.-led "liberal international order," defenders of liberal internationalism have demanded and counseled Washington to restore a battered tradition, uphold economic and security commitments, and promote liberal values. However, it is important to question if the postwar U.S.-led international order has been truly liberal. "Liberal hegemon" arguments have been increasingly criticized as ahistorical as it has erased the memory of war, and violence, conducted by the United States. In order to envision a future international order, we need critical examination of the nature of the postwar international order, which has contained expansive militarism and endless war that is neither liberal nor harmonious, and reimagination toward inventing liberal internationalism ultimately worthy of its name.

Dual Nature of the International Order Symbolized by the Borderline

OTSURU- KITAGAWA Chieko

The United States played the central role in the making of the liberal international order at the end of the second world war. While the current order represents universally appreciated values, it also satisfies the interests of the United States, who has been at the center of this order. Such dual nature of the current international order invites criticisms that it is outdated, as well as demands for an alternative international order.

This article questions the validity of such arguments and reevaluates the universality of the current international order by focusing on the dual nature of this order. It takes up one of the central values of the current liberal international order, namely human rights, and uses the development of international protection of refugees/asylees as a specific case study.

First, the article historically reviews the characteristics of American society, especially its origin as a refuge for those suffering in Europe. At the same time, its history exemplifies the negative attitudes toward newcomers taken by those who came to the United States a little earlier. Such attitudes, at least at the government level, made a big turn as they learned that they could make good use of refugees/asylees in the anti-Communist diplomacy.

The article covers the periods of WWII, Cold War, and the War on Terrorism, and looks at both ends of the policy development, namely the international and the domestic situations. When American public perceive refugee/asylee in their community, such elements as race/ethnicity, competition over the economic opportunities, and the security concerns constitute the borderline between "us" and "them," namely the refugees/asylees.

The author concludes that the current liberal international order continues to uphold important values, such as human rights, which are universally appreciated. In order to protect this order from the self-interested use by the dominant power, *i.e.* so far the United States, however, democracies should proactively promote discussion on such values at their national political level.

Trump and Biden Administrations' Semiconductor Conflict with China: The Weaponization and Viscosity of Interdependence

OYANE Satoshi

The Trump and Biden administration in the US developed and pursued contrasting policies, with the former emphasizing unilateralism whereas the latter strongly emphasizing multilateralism. This widely accepted view may actually require some refinement. Both these administrations shared a common stance in maintaining economic tensions with China and implemented similar unilateral economic sanctions and trade restrictions. These measures weaponized the interdependence between the US and China and was intended to manipulate this economic relationship through political intervention. However, these actions faced resistance from the domestic industries in the US, embodying the viscosity of interdependence. Surprisingly though, the response of this government and the industries, the weaponization, and viscosity of interdependence was to create a united front further leading to the multilateralization of trade restrictions. The American unilateralism and multilateralism were not necessarily

conflicting, but rather, existed on a continuum.

This paper analyzes the case of the semiconductor dispute, and reveals the aforementioned political dynamism. In this analysis, the paper utilizes the *weaponized interdependence* argument proposed by H. Farrell and A. Newman as an analytical framework; however, it was further modified to include the concept of viscosity.

The semiconductor dispute differed from conventional economic friction such that it was not triggered by demands for trade restrictions by American industries. It was government-driven and was derived from other economic issues. On the one hand, the Trump administration implemented an increase in semiconductor tariffs under Section 301 of the Trade Act to extract concessions from China in the challenging US–China economic negotiations. On the other hand, the Biden administration faced a global shortage of semiconductors, examined the issues in the global supply chain, thus confirming the US's dependence on China and China's growing technological capabilities.

However, the semiconductor industry of the US resisted the government policies, because they were grounded in the trade benefits with China that formed the foundation for R & D. The semiconductor industry argued that its technological leadership, supported by its R & D, was the key to the security of the US. However, the positions of the US government and industries converged over the multilateralization of restrictions against China. The government aimed to prevent regulatory loopholes with China under the framework of interdependence. Meanwhile, to ensure fairness in a competitive market amid China's sanctioned status, industries sought the multilateralization of regulations. The above may suggest an inherent tendency that, if interdependence is weaponized, the viscosity of interdependence may surface against the backdrop of economic inconsistencies, causing a contracted equilibrium of interdependence.

Two "One World"s: Theodore Roosevelt's "League of Peace" and Woodrow Wilson's League of Nations

MISHIMA Takenosuke

The statecrafts of Theodore Roosevelt and Woodrow Wilson have long attracted so many scholars because they play a leading role in the rise of the United States to a great power in a transition period of world order. The conventional wisdom on Roosevelt and Wilson is marked by a contrast between realist and idealist approaches.

However, here comes a revisionist account to challenge the received wisdom on Roosevelt and Wilson. It argues that both are internationalists who don't believe that European balance-of-power system will survive the twentieth century and do insist that the United States should lead the establishment of an international organization for the maintenance of world peace and participate in it.

In order to investigate their internationalisms and their implications for American internationalisms after the Progressive Era, this paper examined their public speeches, newspaper articles, books, private letters and remarks, and then compared their ideas on the international peace-keeping organization, that is, Roosevelt's "League of Peace" and Wilson's League of Nations.

This research showed that the Roosevelt's League was transformed by the First World War, from the mutual non-interference of "civilized" great powers in each sphere of influence, where they engaged in international police work not only for the great powers but also for the developing countries, into a league of "civilized" powers to defend the Atlantic World, which welcomed great and small powers in the developed and developing regions only on condition that they are "civilized." This transformation would curtail the American sphere assumed by the Roosevelt Corollary to Monroe Doctrine dramatically so that the United States could devote herself to the defense of the "civilized" world.

This study also revealed that the Wilson's League attempted to contain British navalism as well as German militarism and to reform the diplomatic methods and international system of modern Europe drastically by the creation of a "community of power" for the defense of the whole world, which is composed by all the democracies whether or not they are small or big, developed or developing, only if they are self-governing. This reform would commit the United States fully to the maintenance of the global territorial arrangements at the Paris Peace Conference in the entire world.

The results reveal more differences than similarities in their internationalisms. The differences are these: The Roosevelt's League could let the United States avoid military commitments unimportant to her interests, but legitimize wars for vital interests and exclude "uncivilized" countries. The Wilson's League might help America outlaw wars more completely and admit all the self-governing peoples as equals to the League, but involve America in territorial disputes anywhere and anytime. These differences are part of the essential questions for American internationalists in the twentieth and twenty-first centuries.

Why did the US invade Iraq?: The Controversy over the Reasons for the Start of the War and its Reevaluation

MIZOBUCHI Masaki

The purpose of this article is to reevaluate five hypotheses that have been proposed regarding the question of "why the US invaded Iraq."

It remains, and will continue to be, important to address this question today. First, the Iraq War has had significant consequences for the US, the Middle East, and the world as a whole since its inception. Understanding the motivations behind the initiation of this war is therefore an essential task in gaining insights into today's international security environment. Second, the war has also raised important questions about the decision-making processes that led the major powers to engage in conflict. As evident from the case of Russia's invasion of Ukraine, which commenced in January 2022, these issues are still under debate, and an examination of the reasons for the onset of the Iraq War can further enrich such discussions.

The five hypotheses that have been proposed in prior research regarding the causes of the Iraq War are generally as follows (with some overlapping points): (1) the WMD hypothesis, (2) the petrodollar hypothesis, (3) the Israel lobby hypothesis, (4) the neo-con hypothesis, and (5) the performative war hypothesis. How valid are any of these hypotheses?

The conclusions drawn in this paper are as follows. First, the Israel lobby and neo-con hypotheses, which have often been discussed in the past, are, in fact, relatively weakly supported. Israeli security concerns were a minor factor in initiating the Iraq War, and neoconservative ideals were never adopted as fundamental policies by the Bush administration. Figures like Wolfowitz and other neo-cons both inside and outside the administration were primarily utilized to garner support for the war within Congress and public opinion. Second, Cheney and Rumsfeld had formulated the concept of the Iraq War prior to the September 11 attacks, rooted in the idea of performative war, or hegemonic realism. The opportunity to execute this concept arose on September 11. Their thinking did not revolve around liberal ideals of democratic expansion, nor did they leave room for a negotiated settlement. Third, Bush, while influenced by senior officials who were actively pushing for war in Iraq, sought a diplomatic solution until the very end. However, following the failure of the final negotiations, he turned to support the war.

It should be noted that, although there is some circumstantial evidence supporting the petrodollar hypothesis, obtaining conclusive evidence or

testimony to substantiate it with a high degree of certainty was not possible. Therefore, the validity of this hypothesis must be regarded with caution in this paper, and further research is required.

ASEAN's Response to the Myanmar Matter: From the Perspective of "Quest for Regional Autonomy"

WATANABE Riko

The domestic situation in Myanmar is broadly acknowledged to have posed significant challenges for the Association of Southeast Asian Nations (ASEAN). Consequently, a critical question arises: upon which premises does ASEAN formulate its responses to the situations in Myanmar? The doctrine of non-interference in the internal affairs of member states, long identified as central to the ASEAN principles, is now understood to be changing, albeit to varying degrees. Nonetheless, there appears to be a conspicuous absence of solid explanation frameworks, particularly in the recent context. Furthermore, the modus operandi of ASEAN is difficult to explicate in terms of normative studies involving the principle of non-interference in internal affairs based on constructivism, realism, and institutionalism. A diachronic perspective is imperative to decipher the foundational principles informing ASEAN's approach to the Myanmar matter.

This article aims to examine ASEAN's responses, spanning three decades, to the Myanmar matter and comprehend its actions. The Myanmar matter is categorized chronologically, encompassing debates surrounding ASEAN membership in the 1990s, the issue on ASEAN chairmanship in the 2000s, and the affair triggered by the 2021 coup d'état. These cases are united by the overarching theme of democratization/governance challenges within Myanmar's domestic sphere. By encompassing an extensive temporal scope, this analysis facilitates an exploration of the factors shaping ASEAN's approach. This article discusses these cases from the perspective of ASEAN's quest for regional autonomy, a concept intermittently broached in ASEAN studies, albeit without comprehensive conceptual clarification. In this article, autonomy for ASEAN is construed as to not be controlled or constrained from outside the region and gives the ability to make its own decisions and act accordingly, with ensuing examination of ASEAN's responses.

The points made in this article that ASEAN countries have considered extra-regional reactions towards Myanmar matters corroborates statements by member countries' heads of state and governments and existing scholarly contributions. ASEAN has responded to these extra-regional reactions as constraints necessitating

circumvention, which is related to the concept of pursuing regional autonomy. The article further highlights that it is hardly possible to comprehend ASEAN's response to the Myanmar matters across varied temporal frames based solely on its relations with those outside of the region. Then, while reviewing the fact that ASEAN's decision-making on the Myanmar matter involves an element that is also the basis of the term autonomy, "the ability to make decisions on one's own," it presents the view that this is practiced in conjunction with the intention to avoid constraints from extra-regional countries.

日本国際政治学会編　**国際政治　既刊**

120 国際政治のなかの沖縄
121 宗教と国際政治
122 両大戦間期の国際関係史
123 転換期のアフリカ
124 国際政治理論の再構築
125 「民主化」と国際政治・経済
126 冷戦の終焉と六〇年代性
127 南アジアの国家と国際関係
128 比較政治と国際政治の間
129 国際政治と文化研究
130 現代史としてのベトナム戦争
131 「民主化」以後のラテンアメリカ政治
132 国際関係の制度化
133 多国間主義の検証
134 冷戦史の再検討
135 東アジアの地域協力と安全保障
136 国際政治研究の先端1
137 グローバルな公共秩序の理論をめざして——国連・国家・市民社会——
138 中央アジア・カフカス
139 日本外交の国際認識と秩序構想
140 国際政治研究の先端2
141 国際政治のなかの中東
142 新しいヨーロッパ——拡大EUの諸相
143 規範と国際政治理論
144 国際政治研究の先端3
145 天安門事件後の中国
146 二〇世紀アジア広域史の可能性
147 国際秩序と国内秩序の共振
148 国際政治研究の先端4
149 周縁からの国際政治
150 冷戦後世界とアメリカ外交
151 吉田路線の再検証
152 国際政治研究の先端5
153 グローバル経済と国際政治
154 近現代の日本外交と強制力
155 現代国際政治理論の相克と対話
156 国際政治研究の先端6
157 冷戦の終焉とヨーロッパ
158 東アジア新秩序への道程
159 グローバル化の中のアフリカ
160 国際政治研究の先端7
161 ジェンダーの国際政治
162 ボーダースタディーズの胎動
163 「核」とアメリカの平和
164 国際政治研究の先端8
165 開発と政治・紛争——新しい視角
166 環境とグローバル・ポリティクス
167 安全保障・戦略文化の比較研究
168 国際政治研究の先端9
169 市民社会からみたアジア
170 戦後日本外交とナショナリズム
171 正義と国際社会
172 国際政治研究の先端10
173 戦後イギリス外交の多元重層化
174 紛争後の国家建設
175 歴史的文脈の中の国際政治理論
176 国際政治研究の先端11
177 政権交代と外交
178 中東の政治変動
179 科学技術と現代国際関係
180 国際政治研究の先端12
181 国際政治における合理的選択
182 転換期のヨーロッパ統合
183 新興国台頭と国際秩序の変遷
184 国際政治研究の先端13
185 変動期東南アジアの内政と外交
186 国際援助・国際協力の実践と課題
187 歴史認識と国際政治
188 国際政治研究の先端14
189 地域研究と国際政治の間
190 移民・難民をめぐるグローバル・ポリティクス
191 グローバルヒストリーから見た世界秩序の再考
192 国際政治研究の先端15
193 歴史のなかの平和的国際機構
194 体制移行と暴力——世界秩序の行方
195 関係回復の論理と実証
196 国際政治研究の先端16
197 国際政治と中国
198 「ウィルソン主義」の一〇〇年
199 国際政治研究の先端17
200 オルタナティヴの模索——問い直す国際政治学——
201 ソ連研究の新たな地平
202 一九三〇年代の国際秩序構想
203 核と国際政治
204 国際政治研究の先端18
205 検証 エコノミック・ステイトクラフト
206 国際政治のなかの同盟
207 ラテンアメリカ——内政と国際関係の再検証——
208 SDGsとグローバル・ガバナンス
209 冷戦と日本外交
210 岐路に立つアフリカ
211 ヘルスをめぐる国際政治
212 二国間と多国間をめぐる日本外交

日本国際政治学会編　国際政治　既刊

一九五七年度—二〇二三年度

1 平和と戦争の研究
2 日本外交の分析
3 日本外交史研究—明治時代—
4 現代国際政治の構造
5 宇宙兵器と国際政治
6 日本外交史研究—大正時代—
7 二つの世界とナショナリズム
8 現代国際政治史
9 国際政治学の体系
10 集団安全保障の研究
11 日本外交史研究—昭和時代—
12 ソ連外交政策の分析
13 アメリカ外交政策の分析
14 日本外交史研究—幕末・維新時代—
15 日中関係の展開
16 東南アジアの研究
17 日米関係の展開
18 アフリカの研究
19 日本外交史研究—日清・日露戦争—
20 国際政治の理論と思想
21 共産圏の研究
22 日韓関係の展開
23 日本外交史研究—第一次世界大戦—
24 国連と日本外交
25 現代国際政治の基本問題
26 日本外交史の諸問題 I
27 欧州統合の研究
28 日本外交史の諸問題 II
29 中ソ対立とその影響
30 東西世界の統合と分裂
31 日露・日ソ関係の展望
32 軍縮問題の研究
33 日本外交史研究—外交指導者論—
34 日米関係のイメージ
35 現代ヨーロッパ国際政治史
36 開発途上国の政治・社会構造
37 日本外交史の諸問題 III
38 平和と戦争の研究 II
39 第三世界
40 中東
41 日本外交史研究—外交と世論—
42 国際政治の理論と方法
43 満洲事変
44 戦後東欧の政治と経済
45 戦争終結の条件
46 国際政治と国内政治の連繋
47 日中戦争と国際的対応
48 国際社会の統合と構造変動
49 世界政治とマルクス主義
50 国際政治学のアプローチ
51 日本外交の国際認識
52 沖縄返還交渉の政治過程
53 「冷戦」—その虚構と実像—
54 「平和研究」—その方法と課題—
55 国際紛争の研究
56 一九三〇年代の日本外交
57 第三世界政治家研究
58 日英関係の史的展開
59 非国家的行為体と国際関係
60 国際経済の政治学
61・62 戦後日本の国際政治学
63 現代の安全保障
64 国際開発論
65 社会主義とナショナリズム
66 変動期における東アジアと日本
67 相互浸透システムと国際理論
68 日豪関係の史的展開
69 国際関係思想
70 冷戦期アメリカ外交の再検討
71 日本外交の思想
72 第二次大戦前夜
73 中東—一九七〇年代の政治変動—
74 国際政治の理論と実証
75 日本外交の非正式チャンネル
76 国際組織と体制変化
77 国際統合の研究
78 東アジアの新しい国際環境
79 日本・カナダ関係の史的展開
80 現代の軍縮問題
81 ソ連圏諸国の内政と外交
82 世界システム論
83 科学技術と国際政治
30周年記念号 平和と安全—日本の選択
84 アジアの民族と国家
85 日本占領の多角的研究
86 地域紛争と国際理論
87 国際社会における人間の移動
88 現代アフリカの政治と国際関係
89 第二次大戦終結の諸相
90 転換期の核抑止と軍備管理
91 日中戦争から日英米戦争へ
92 朝鮮半島の国際政治
93 国際政治経済学の模索
94 政治統合に向かうEC
95 中ソ関係と国際環境
96 一九二〇年代欧州の国際関係
97 昭和期における外交と経済
98 ラテンアメリカ
99 共産圏の崩壊と社会主義
100 冷戦とその後 第100号記念特別号
101 国家主権と国際関係論
102 環太平洋国際関係史のイメージ
103 変容する国際社会と国連
104 CISの行方
105 一九五〇年代の国際政治
106 システム変動期の国際協調
107 冷戦変容期の国際政治
108 武器移転の研究
109 終戦外交と戦後構想
110 エスニシティとEU
111 グローバル・システムの変容
112 改革・開放以後の中国
113 マルチメディア時代の国際政治
114 グローバリズム・リージョナリズム・ナショナリズム
115 日米安保体制—持続と変容
116 ASEAN全体像の検証
117 安全保障の理論と政策
118 米中関係史
119 国際的行為主体の再検討

INTERNATIONAL RELATIONS

MEMBERSHIP INFORMATION: *International Relations* (*Kokusaiseiji*), published three times annually—around August, November, and February—and *International Relations of the Asia-Pacific*, published three times—January, May and August—are official publications of the Japan Association of International Relations (JAIR) and supplied to all JAIR members. The annual due is ￥14,000. Foreign currency at the official exchange rate will be accepted for foreign subscriptions and foreign fees. The equivalent of ￥1,000 per year for international postage should be added for foreign subscriptions. Current issues (within two years of publication) of *International Relations* (*Kokusaiseiji*) are priced at ￥2,200 per copy and available at Yuhikaku Publishing Co., Ltd., 2-17 Jinbo-cho, Kanda, Chiyoda-ku, Tokyo 101-0051, Japan, http://www.yuhikaku.co.jp; for the back issues, please visit J-STAGE at https://www.jstage.jst.go.jp/browse/kokusaiseiji. Regarding *International Relations of the Asia-Pacific*, please visit Oxford University Press website at http://www.irap.oupjournals.org for further information. Applications for membership, remittances, or notice of address changes should be addressed to the Secretary, the Japan Association of International Relations, c/o 2nd floor, Center for International Joint Research, Kodaira International Campus, Hitotsubashi University, 1-29-1, Gakuennishimachi, Kodaira-shi, Tokyo 187-0045, Japan.

Review Articles

Learning from Decolonization Process and Origins of the United Nations Peacekeeping Operations
…………………………………………… YAMADA Tetsuya…144

Is the Digital Silk Road Functioning as a Tool for the Diffusion and Expansion of Chinese Values? …………… ITO Wakako…154

Does a New Trend in the Studies of the Arab Gulf States Emerge?
……………………………………………MATSUO Masaki…165

Book Reviews

TSUCHIYA Yuka, *Cultural Cold War and Science & Technology: The U.S. Overseas Information Programs and Asia*
…………………………………………………… TAKEDA Yu…174

TANI Kazushi, *Between the Empire and Europe: Transformation of British Diplomacy and the Entente Cordiale, 1900-1905* ……………………………………… GOTO Harumi…177

IOKIBE Makoto (supervised), INOUE Masaya, KAMINISHI Akio, and NAGASE Youseki, *Review: Takeo Fukuda: In Search of Prosperity and Stability in the Postwar Japan*
…………………………………WAKATSUKI Hidekazu…181

INTERNATIONAL RELATIONS

Volume 213 **March 2024**

Transformation of American Foreign Policy and World Order

CONTENTS

Transformation of American Foreign Policy and World Order
······ NISHIYAMA Takayuki··· 1

The Long-Term Evolution of American Foreign Policy and International Order ······ SASAKI Takuya··· 15

Transformation of "Liberal Internationalism" and New Cold War 2.0 ······ NISHIDA Tatsuya··· 31

The Erosion of "Liberal International Order" From Within
······ MIMAKI Seiko··· 47

Dual Nature of the International Order Symbolized by the Borderline······OTSURU- KITAGAWA Chieko··· 63

Trump and Biden Administrations' Semiconductor Conflict with China: The Weaponization and Viscosity of Interdependence ······ OYANE Satoshi··· 79

Two "One World"s: Theodore Roosevelt's "League of Peace" and Woodrow Wilson's League of Nations
······ MISHIMA Takenosuke··· 96

Why did the US invade Iraq?: The Controversy over the Reasons for the Start of the War and its Reevaluation
······ MIZOBUCHI Masaki···112

ASEAN's Response to the Myanmar Matter: From the Perspective of "Quest for Regional Autonomy"
······ WATANABE Riko···128